KB081113

빌리브 잇

유리천장을 뚫고
로레알 정상에 오르며 깨달은 자기확신의 힘

빌리브
잇 Believe It

제이미 컨 리마 지음
한원희 옮김

유노
북스

내 인생의 사랑 원더와 와일더에게

그리고

나 자신, 나 자신보다 큰 사명, 하나님,

사랑으로 인류를 치유할 우리 각자의 위대한 잠재력,

이 모든 것을 믿을 수 있게 도와 준 이들에게

이 책을 바칩니다.

필요한 모든 것은
이미 당신 안에 있다

우리가 감수해야 할 가장 큰 위험은
우리 자신의 진짜 모습을 그대로 보여 주는 것이다.

《신데렐라》

"안 되겠어요. 투자는 힘들겠어요. 솔직히 말씀드리면 여자들이 당신 같은 사람을 보고 화장품을 살 것 같지 않군요. 내 말은… 몸매랑 체중 때문에 그렇다는 말이에요."

잠재적 투자자가 내 면전에서 한 얘기다. 나는 그때 사업가로서, 여성으로서 힘든 여정을 이어 가고 있었다. 움직이는 입에서 쏟아져 나오는 그 말에 평생을 괴롭히던 자기의심과 외모불안이 떠올라 고통스러움에 잠시 머리가 하얘졌다.

그때는 모든 것이 위태로웠고 회사의 명운이 그 사람 손에 달려 있었다. 내 급여를 가져갈 수 있을 때까지 1년은 족히 더 기다려야 했으며, 나는 라면과 코스트코 포장 매대에서 파는 1달러짜리 핫도그, 집 근처 요거트 가게에서 나눠 주는 맛보기를 주식 삼아 버티고 있었다.

남이 내뱉은 독한 말이 머릿속에서 반복 재생되지 않게 안간힘을 써 본 적 있는가? 나는 스스로 믿음을 잃지 않기 위해 노력하면서 나를 믿어 주지 않는 사람을 어떻게 대처할지 고민해야 하는 상황과 다시 마주했다. 나는 심호흡한 뒤 그의 눈을 바라보며 상냥하게 그의 거절 의사를 경청했다.

내 안의 두려움이 나를 직시하는 게 느껴졌고, 이를 더 큰 신념으로 극복할 방법을 찾아내야 했다. 머릿속에서 논리를 관장하는 부분이 그의 말이 맞다고 속삭였지만, 마음 깊숙한 곳에서는 그가 틀렸다는 본능적인 느낌이 꿈틀댔다. 그 사실을 증명하는 여정은 나를 믿는 데서 출발한다는 사실을 알고 있었다.

그 여정을 여러분과 함께할 수 있어 정말 기쁘다. 정상에 올라 만끽한 승리감과 나락으로 떨어져 맛본 좌절감이 좌충우돌하는 내 이야기에서 영감을 얻어 자신의 강인함과 꿈을 믿는 계기가 된다면 더 바랄 것이 없겠다.

나는 인간의 진짜 모습, 있는 그대로의 지저분한 측면을 외면하고, 저 멀리 존재하는 이상에서 비롯된 조언들로 점철된 수많은 책을 읽으면서 숨겨진 이면은 어떨지 궁금했다. 그런 교훈을 어떤 식으로 연결해 내 진짜 인생에 적용할 수 있는지도 알고 싶었다. 이 책에서 '진짜 당신'이 용인된다는 느낌을 받으면 좋겠다. 나도 여기서 '진짜 나'를 보여 줄 것이다.

자본금이 거의 없는 상태에서 거실 한가운데에 회사를 차린 뒤 10억 달러어치의 물건을 팔아 치우고, 세계 최대 화장품 기업인 로레알 110년 역사상 첫 여성 CEO로서 전 세계 뷰티 업계가 보여 주는 여성의 이미지를 바꾸는 데 기여하며, 유명 잡지를 장식하고 방송에 출연하며 〈포브스〉 순위에 오른 유명인. 여기에서 그치지 않고 내 진짜 모습, 진짜 투쟁, 진짜 이야기, 그리고 헤드라인 뒤에 숨겨진 진짜 교훈을 남김없이 보여 줄 것이다.

불안, 자기의심, 외모불안, 신의 존재에 대한 의문과 싸워 온 진짜 나를. 아무도 내 아이디어를 믿어 주지 않아 수없이 많은 밤을 울면서 잠들던 진짜 나를. 충분히 잘하지 못하고, 충분히 똑똑하지 못하고, 충분히 '~하지' 못하다는 자괴감을 느끼며 싸워 온 진짜 나를.

비즈니스 성공 신화로 포장되어 흥미롭고 화려한 부분만 부각되며 언론과 소셜미디어에 도배된 내 이야기를 보니, 그 뒤 수많은 사람으로부터 셀 수 없이 많은 편지와 이메일, 메시지를 받고 나니 비로소 지금의 소셜미디어와 헤드라인 중심의 사회에서는 진실을 접할 기회가 거의 없다는 사실을 깨달았다.

언론에 소개된 내 이야기는 겉모습만 보면 동화 같았다. 복이 저절로 굴러 들어왔고, 나는 행운의 주인공이었다. 나는 다른 세계 속 사람이고 바이오닉 유니콘이었다. 그제야 화려한 헤드라인 뒤에 감춰진 진짜 내 이야기를 하는 게 중요하다고 느꼈다. 다른 사람들도 혼자가 아니라고 느낄 그런 이야기 말이다.

약한 모습을 드러내기란 쉽지 않다. 하지만 나는 흠 많은 내 진짜 모습을 드러내야만 진정한 관계를 맺고 사랑할 수 있다는 사실을 깨달았다. 우리가 주체적으로 살아가고 목적의식을 가질 수 있는 유일한 길이다.

반 회고록이며 반 선언문인 이 책에서 나를 주체적으로 만들어 준 개인적이고 직업적인 투쟁과 승리, 위험과 교훈, 실패와 성공에 얽힌 일화들을 공유할 것이다. 내가 사업을 하며 얻은 교훈은 내 삶의 양육과 사랑 방식을 근본적으로 바꿔 놓았고, 내가 삶에서 얻은 교훈은 내 꿈을 10억 달러 사업으로 만드는 데 크게 일조했다. 어떻게 내게 이 모든 일이 일어났는지, 또 아슬아슬하게 일어나지 않을 뻔했는지에 관한 이야기다.

마지막 책장을 넘기고 나서 여러분들이 자기 자신과 자신의 꿈을 믿고, 그것을 실현할 힘이 여러분 안에 존재한다는 사실을 깨닫는다면 더 바랄 게 없겠다. 남에게 과소평가당하면서 자기 자신도 과소평가하는 사람들이 꼭 이 책을 읽었으면 한다.

누구나 마음속에 빛을 품고 있다. 자기의심을 소멸시키고 앞으로 나아갈 길을 밝혀 줄 빛, 내 진짜 모습을 당당하게 드러낼 때 필요한 힘과 자신감을 주는 빛 말이다.

내 안에 있는 자신감과 목적의식이라는 빛을 찾아서 밝히는 여정을 여러분에게 가감 없이 드러냄으로써 여러분이 자기 안에 있는 빛을 찾아갈 수 있길 바란다. 그게 처음이든, 오래간만이든 중요하지 않다. 여러분이 스스로 앞으로 나아갈 길을 밝힐 수 있다면(그리고 그것을 축복한다면!) 여러분 덕택에 세상이 환하게 밝아지고 그 빛을 길잡이 삼아 다른 이들도 똑같이 나아갈 것이다.

여러분이 이 책을 짚은 것은 사고나 우연이라고 생각하지 않는다. 우리가 이런 방식으로 연결될 운명이라고 믿는다. 우리 모두 내면의 빛을 밝히고, 본연의 모습 그대로 가치 있고 충분하다는 것을 인지할 힘이 있다고 믿는다. 그 사실을 포용할 때 여러분은 진정한 자기 자신이 되어 각자의 인생에 주어진 목적과 소명을 받아들일 수 있다.

필요한 모든 것은 여러분 안에 있다. 이미 그곳에 있다. 내 목표는 내 말과 이야기를 듣고 여러분이 그 사실을 충분히 깨닫는 계기를 마련하는 것이다. 우리는 서로 연결되어 있으며 같은 감정, 같은 의심, 같은 아픔, 똑같이 사랑받고 싶은 마음을 갖고 있다. 그러나 상대에게 주는 것이 저절로 내게 돌아온다는 사실을 기억해라.

이 책의 내용은 지극히 개인적이다. 정말로 힘들고 쓰라린 고통에서부터 믿기 힘든 동화 같은 기적까지 다양한 경험을 통해 얻은 개인적이고 직업적인 교훈까지. 그래서 나는 여러분이 책장을 여는 상상을 하면, 우리 집 대문을 활짝 열고 여러분을 집 안으로 초대하는 느낌이 든다. 이곳에 온 것을 환영한다. 이곳이 여러분이 있을 곳이며 여러분은 있는 모습 그대로 사랑받을 것이다. 이 책을 읽으며 집처럼 편안하다고, 제자리를 찾아왔다고 느끼길 바란다.

나를 싫어하는 사람들이 어떻게 나를 짓밟았는지부터 내가 만난 전 세계의 놀랍고도 영향력 있는 여성들이 어떻게 나를 북돋아 줬는지까지. 거의 모든 것을 잃고 셀 수 없을 정도로 많은 거절을 당한 후에도 앞으로 나아갈 방법을 모색하는 것에서부터 뷰티 업계 전체에 변화를 촉구하는 도전장을 내밀던 날, 얼마나 많은 '친구들'을 잃었는지까지. 남에게 잘 보이고 싶은 마음과 완벽주의를 탈피하기 위해 벌인 사투에서부터 용감한 것이 남의 호감을 사는 것보다 중요하다는 깨달음까지. 아기 때 입양된 것에서부터 주님이 나를 만드신 목적이 있다는 것을 이해하는 과정까지.

이 모든 이야기는 자기 자신을 믿고, 직감을 따르고, 위험을 감수하는 것에서 내가 얻은 엄청난 교훈들이다. 내가 지나온 곳이 내가 갈 곳을 결정하지 않기에 내가 생각하는 것보다 훨씬 더 높이 올라갈 수 있고, 인생은 같이 가는 것이기에 다른 사람들과 연결되어야 하는 것 (지금 우리처럼!)에 관한 교훈들이다.

내가 겪은 그동안의 경험, 실패, 투쟁, 승리를 나누는 공간이지만, 여러분의 것이기도 하다. 우리가 아직 만난 적은 없지만, 나의 순수한 사랑이 여러분에게 고스란히 전해지길 바라는 마음을 가득 담았다. 여기서 공유하는 모든 것이 어떤 식으로든 여러분에게 도움이 되고 가치가 있기를 소망한다. 내가 가장 좋아하는 기도문 중 하나를 외치며 이야기를 시작해 볼까 한다. 그럼 출발!

"주님 나를 사용하소서, 사랑이여 나를 사랑하소서."

사랑을 담아,
제이미

● 목차

제2부

외부의 신호를 차단하고
깊이 몰입하라

: 무엇에도 흔들리지 않고 앞으로 나아가는 법

제3부

기적은 준비된 자,
그것을 믿는 자에게 일어난다

: 성공을 넘어 더 큰 미래를 꿈꾸는 법

제1부

일어서기만 해도
다시 시작된다

:

자기의심을 버리고
자기확신의 길로 들어서는 법

이성이 아닌
직감을 따르라

우리가 직감이라고 부르는 것,
그것은 당신의 영혼이다. 그러니 믿어도 된다.

_작자 미상

"자, 심호흡하세요. 잘하고 있어요."

홈쇼핑 채널 QVC의 호스트가 덜덜 떨리는 내 팔을 꽉 잡으며 말했다. 그런 다음 프로답게 전국 생방송 프로그램에서 나 대신 멘트를 이어 갔다. 나는 떨지 않고 당당하게 보이려 애쓰면서 전국의 시청자들이 내 빨개진 얼굴과 덜덜 떨리는 팔 말고 마음속 공포까지 꿰뚫어 볼까 봐 불안했다.

회사와 개인 통장을 다 합해도 잔액이 1,000달러도 남지 않았다. 고작 몇 주를 버틸 수 있는 이 돈이 떨어지면 회사는 문을 닫을 수밖에 없다. 지금처럼 모든 것이 위태로운 인생의 중요한 순간에 전문가의 말을 듣지 않고 내 직감을 따랐다가 잘못되기라도 하면 어떻게 해야 할까?

전국 TV 방송에 출연해 온몸을 사시나무 떨 듯하기 전, 메이크업 및 스킨케어 전문 회사를 창업한다는 생각조차 하기 전, 나는 뉴스 앵커

겸 리포터로 일했다. 그 일이 너무 좋아서 다른 일을 하게 되리라고는 꿈에도 생각하지 못했다.

어릴 때 부모님은 맞벌이로 바쁘셨고, 집에 혼자 남은 내게 주간 토크쇼는 —부모님이 못 보게 한 MTV와 더불어— 좋은 친구였다. 특히 〈오프라 윈프리 쇼〉에서 많은 영향을 받았다. 기억할 수 있는 한 아주 오래전부터 나는 주간 토크쇼 진행자가 돼서 내가 좋아하는 일을, 다른 사람을 인터뷰해서 그 이야기를 세상과 공유하는 일을 할 수 있기를 꿈꿨다.

'인생이란 당신이 다른 계획을 세울 때 당신에게 일어나는 것'이라는 명언을 들어 본 적 있는가? 20대 후반 아침뉴스 앵커로 재직하던 시절, 얼굴에 '주사(酒皶, rosacea)'라는 피부염이 생겼다. 주사는 유전이며 빨간 반점의 형태로 나타나는데, 표면이 우둘투둘하거나 사포처럼 거칠고 때때로 사과만큼 커지기도 한다. 어떨 때는 양 볼이 시뻘겋게 달아올라 식료품점에서 모르는 사람이 내가 햇볕에 탄 건지 어디가 아픈지 묻기도 했다. 점점 남의 시선이 의식됐다. 피부과 의사를 통해 알게 된 사실이지만, 주사는 완치가 어렵고 붉게 피어나는 증상을 완화해 주는 치료법만 몇 가지 있을 뿐이었다.

주사를 가리기 위해 나는 시간과 돈을 투자해 파운데이션과 컨실러를 닥치는 대로 사들였다. 드러그스토어 브랜드를 포함해 돈을 모아 예산을 훌쩍 뛰어넘는 백화점 입점 브랜드의 제품도 사서 발라 봤다. 저녁 뉴스 앵커들에게는 전문 메이크업 아티스트가 따라붙었는데, 그들이 알려 주는 다양한 방법과 제품을 시도해 보기도 했다. 하지만 그 어떤 것도 효과가 없었다. 어떤 제품을 써도 붉은 자국이 잘 가려지지 않았고, 가려졌다 싶으면 너무 두꺼워서 가면을 쓴 기분이 들었다.

라이브로 TV 뉴스를 진행하던 중 있었던 일이다. 프로듀서가 이어폰을 통해 "얼굴에 뭐가 묻었는데 좀 닦아 낼래요?"라고 말한 적이 있다. 하지만 알고 있었다. 뭐가 묻은 게 아니라 뜨거운 HD 조명 열기 때문에 화장이 갈라지면서 그 틈새로 붉은 주사 병변이 드러난 것임을. 정말 당혹스러웠고, 나는 점점 더 소심해졌다. 머릿속 자괴감의 목소리가 다른 사람에게는 절대 하지 못할 말을 내게 퍼부어 댔다. "넌 못생겼어", "이 일로 네 커리어는 곤두박질칠 거야", "시청자들이 널 보면 채널을 돌리겠다", "시청률이 떨어지고 넌 곧 해고되겠지." 누구에게나 있는 내면의 비평가가 쏟아 낸 말이다.

나는 메이크업 문제를 해결하고 싶었다. 피부에 가려야 할 게 없으면 예쁘게 보일 수 있는 메이크업 제품을 찾기는 쉬웠지만, 피부가 극도로 민감하거나 톤과 표면이 고르지 못하면 제 기능을 하는 제품을 찾기는 힘들었다. 그러던 중 오프라가 말했던 '아하! 하는 순간'이 찾아왔다. 내가 이 문제로 고통스러워하는 만큼 이 세상에는 나처럼 자신에게 맞는 메이크업 제품을 찾지 못해 고생하는 사람들이 많겠다는 생각이 퍼뜩 든 것이다. 아니, 어쩌면 찾는 걸 아예 포기해 버렸을지도 모른다.

딱 맞는 파운데이션을 찾는 걸로 끝나는 문제가 아니었다. 무엇보다 수많은 뷰티 기업이 있었지만 그중에 나처럼 피부 질환으로 고생하는 여성들을 고객층으로 삼거나, 나를 닮은 여성의 사진을 제품 홍보에 사용하는 곳이 전무했다. 전부 과도하게 포토샵하고 필터를 덧씌우고 변형해서, 사실상 비현실적인 여성의 이미지만 사용하고 있었다. 광고 속 '선망되는' 여성들은 공감이 가지 않을뿐더러 진짜가 아니었다. 그들을 보고 있노라면 내가 마치 아름답지 않거나 부족한 사람처럼 느껴졌다.

이런 생각에 몰두하다 보니, 여자아이로 크면서 이제는 성인 여성으로서 몸매를 고민하고, 끊임없이 다이어트를 하고, '예쁘게' 보이는 데 집중하고, 또 나는 그렇지 못하다고 낙담하는 데 너무 많은 시간을 낭비했다는 생각이 들었다. 여기에 내 인생을 얼마나 허비했는지 돌이켜 보면 볼수록 속에서 천불이 났다. 그래서 그걸 바꾸자고 굳게 결심했다. 이 모든 과정은 내 안에서 불을 지폈다는 점에서 축복이었다.

나는 직감적으로 여성들이 자신과 동떨어진, 보정된 사진 속의 사람들이 제품을 홍보하는 일에 싫증을 느끼고 있다는 확신이 들었다.

거기서 '잇 코스메틱(IT Cosmetics)'에 대한 아이디어가 처음 떠올랐다. 피부에 좋으면서 나이, 피부 유형, 피부 톤과 관계없이 잘 받고, 사용자가 원하는 만큼 커버력이 좋으면서도 가면을 쓴 것 같지 않은 색조 화장품을 만들겠다는 비전이 생겼다. 그리고 당시 존재하던 뷰티 브랜드들과 다르게 모든 연령대, 사이즈, 피부 톤, 피부과적 문제를 대표하는 여성을 모델로 기용하고 싶었다. 나는 이러한 제품에 대한 수요가 반드시 있다고 확신했고, 수많은 여성들을 대신해 뷰티 산업이 내세우는 여성의 이미지를 중심으로 형성된 문화를 바꾸고 싶었다. 하지만 꿈을 갖는 것과 그것을 실행에 옮기는 일은 다른 문제였다.

이성과 직감이
일치하지 않을 때

2007년 나는 파울로와 결혼했다. 그를 처음 만난 건 대학원 1학년 통계학 수업에서였다(정말 로맨틱하지 않은가!). 나는 그 순간을 잊을 수 없다. 교수님이 칠판에 엄청나게 긴 등식을 적고 나서 학생들에게 재무용 계산기로 풀어 보라고 했는데 몇 줄 뒤에 앉아 있던 남학생이 불쑥 답을 내뱉었다. 누군지 보려고 뒤를 돌아본 순간 우리 둘의 눈이 마주쳤다. 그는 브라질인 특유의 반짝반짝 빛나는 갈색 눈동자에 똑똑하지만 꺼벙한 분위기를 풍겼는데 바로 그때 나는 직감적으로 그 사람과 내가 모종의 관계로 얽혀 있다고 느꼈다.

파울로는 가족과 함께 다섯 살 때 브라질에서 미국으로 이주했다. 맨해튼 외곽에서 살며 어린 시절 심한 차별을 경험했다. 또래 친구들은 그에게 고국에서는 나무 위에서 살지 않았느냐며 놀리면서 살던 곳으로 돌아가라고 했다. 이후 그의 가족은 훨씬 더 수용적인 분위기의 맨해튼으로 이사했다. 그는 다양한 문화 속에서 성장했고, 여행을 많이 다녔고 공부를 잘했다.

파울로를 만나기 전, 나는 항상 내 가슴에 상처를 입히는 '나쁜 남자' 타입이나 그들과 별반 다름없었던 운동선수들과 사귀었다. 하지만 통계학 수업에서 처음 파울로와 눈이 마주친 그날 나는 지적인 그에게 강력하게 끌렸다. 이 느낌이 상호적인지도 알아보지 않고 나는 성마르게 그에게 스터디를 하자고 제안했다. 그가 수락했고 우리는 날짜와 시간을 정했다.

약속 당일, 그는 나타나지 않았다. 전화도 오지 않았고, 아무런 소식도 없었다. 다음 날 학교에서 파울로를 만났을 때 그는 내가 화가 잔뜩 난 것을 알아차렸다. 나중에 사과하며 자신은 브라질에서 왔기 때문에 나의 제안이 정식적인 것이 아니라 그냥 하는 소리라고 생각했다고 말했다. 다섯 살에 이민 와서 지금까지 여기서 살아 놓고 무슨 소리인가 싶었지만, 어쨌든 파울로는 지금까지 그것이 자신이 한 최고의 실수라고 말한다. 내가 바람맞음으로써 자기를 신경 쓰기 시작했고 자기한테 더 관심이 생겼다나.

파울로는 내가 그때까지 만났던 여타 데이트 상대와는 달랐다. 그는 자신뿐만 아니라 타인의 겉모습에 무감각했다. 10년 동안 바지 한 벌로 생활했지만, (그 바지를 입고) 세계 각국을 여행했다는 게 멋있었다. 그때까지만 해도 나는 인생에서 여행할 기회가 거의 없었다. 그는 자기의 눈썹이 거의 일자 눈썹인 것도 아예 모르고 있었다. 이 얼마나 자유로운 영혼인가! 지금은 나도 그의 눈썹이 제멋대로 자라는 게 좋다. 하지만 그땐 아니었다. 우리가 사귀던 시절 언젠가 그의 눈썹을 정확하게 2등분해 손질해 준 적이 있는데, 어찌나 기쁘던지! 파울로가 미(美)의 세계에 첫발을 내디딘 순간이었다. 그는 패션이나 외모에는 절대적으로 문외한이었지만 정말 똑똑했고 왠지 모르게 나는 그게 정말 섹시하게 느껴졌다! 정말이지 그에게 확 빠져들고 말았다.

우리가 사귀고 얼마 지나지 않아 걸리는 게 있었다. 나는 그때까지 내 인생에서, 이 세상에서 남자를 행복하게 해 주기 위한 일념으로 자신의 빛을 스스로 흐리는 여자들을 숱하게 봐 왔다. 자기 능력과 꿈을 희생해 남자를 뒷바라지하는 여자들 말이다. 대학원에서조차 여학생들은 시집을 잘 가기 위해서 학교에 다닌다는 지겨운 농담이 심심찮게 나올 정도였다. 하지만 나는 그럴 생각이 없었다. 나는 남자들이 여자를 억압한다고 믿으면서 자랐는데 그 믿음이 고스란히 결혼하지 않겠다는 신념으로 이어졌다. 내 친구의 상당수는 소녀 시절부터 결혼식을 꿈꿨지만 난 아니다! 나는 제국을 건설하고 싶었다.

파울로와 5년을 교제했다. 그가 내게 프러포즈하기 얼마 전, 나는 그에게 나도 이유는 정확히 모르겠지만, 결혼에 대한 준비가 되지 않았다는 사실을 상기시키며 프러포즈하지 말 것을 당부했다. 그럼에도 불구하고 (그도 직감을 따랐으리라) 그는 일주일 뒤 내게 프러포즈했다. 그의 자신감과 신념은 감동적이었다. "온 마음을 다해 당신을 사랑한다"라고 했다. 나도 진심으로 그를 사랑했다. 그 사랑을 위해 기도도 했다. 기도할 때 내가 신뢰하는 작은 목소리가 직감이라는 형태로 찾아오곤 한다. 나는 직감적으로 무엇이 옳은지 알고 있었고, 그 때문에 혼란에 빠졌다. 직감은 이성과 일치하지 않았지만 나는 두려움과 의심을 내려놓고 그것을 따르기로 했다. 파울로와 결혼하는 게 옳다는 느낌이 들었기에 나는 그의 청혼을 받아들였다.

아는 것 하나 없이
맨땅에 헤딩하던 시간

우리의 결혼식은 사랑으로 넘쳐 났고, 신혼여행으로 떠난 남아프리카행 비행기 안에서 우리 두 사람은 잇 코스메틱에 대한 사업 계획을 써 내려갔다. 그동안 남자로 인해 내 꿈이 무산될까 봐 걱정했는데, 전속력으로 꿈을 향해 달려가는 것으로 결혼 생활을 시작한 것이다.

이후 결혼 생활과 동업을 함께 시작하는 것이 반드시 이상적이지는 않다는 걸 깨달았지만, 그 두려움이 다소 완화되긴 했다. 그가 내 일에 동참한 것은 큰 축복이었다.

집에 돌아온 뒤 우리는 둘 다 하던 일을 그만두고 거실에 회사를 차렸다. 토크쇼 진행자가 되는 꿈을 포기하는 게 슬펐지만 내 천직은 다른 곳에 있다고 확신했다. 때로는 꿈을 좇을 때를 아는 만큼 놓아 줄 때를 알아야 한다.

우리는 깨어 있는 시간과 가지고 있던 돈을 연구원과 제조사를 찾고, 제품을 제작하고, 자문 위원회를 구성하고, 회사를 출범시키는 데 몽땅 투입했다.

제품 패키지를 처음 제작하기 전, 과거 함께 뉴스팀에서 실시간 그래픽—범죄 현장이 표시된 지도 같은 것 말이다—을 담당했던 옛 동료를 찾아가 통사정했다. 그는 내 부탁을 들어주기로 했고, 시급을 받고 이른 새벽부터 출근 시간인 8시 전까지 우리 집에서 일하기로 했다. 그는 매일 차 트렁크에서 데스크톱 컴퓨터를 꺼내서 우리 집 거실 바닥에 설치했다. 그런 다음 우리는 나란히 앉아서 작업했다. 그는 한 번도 패키지 디자인을 해 본 적이 없었고 그건 나도 마찬가지였다. 하지만 우리는 최선을 다했다.

우리 부부는 뷰티 업계에 인맥이 없었기 때문에 모든 게 만만치 않았다. 이 말은 곧 우리가 엄청나게 많이 검색하고, 모르는 사람들에게 엄청나게 많은 영업 전화를 돌리고, 엄청나게 많은 나쁜 조언을 듣고, 엄청나게 많은 실수를 저질렀다는 뜻이다.

내가 찾을 수 있는 모든 것을 집요하게 검색하고 생고생하며 하나하나 터득해 가는 와중에, 제조사들을 상대하고 문제를 해결하는 법까지 익혀야 했다. 한번은 기껏 제작한 메이크업 브러시의 페룰(솔을 손잡이에 연결하는 금속링)이 한두 번 사용으로 떨어진 적이 있었다. 제조사는 우리가 큰 고객이 아니기에 환불을 거부했다. 그렇다고 거래처를 잃는 위험을 감수하고 제조사와 싸울 수도 없었다.

패키지 디자인을 하는 과정에서도 뼈아픈 교훈을 얻었다. 패키지에 인쇄된 이미지가 컴퓨터에서 확대했을 시 아무리 좋아 보여도, 고객이 걸어가다 2미터 떨어진 상점 선반에서 알아볼 수 있다는 뜻은 아니었다. 그런 시행착오를 겪은 뒤, 제작에 앞서 반드시 실물 크기 교정쇄로 테스트하고 나서 승인했다. 그리고 (메이크업 제품 구매자들, 주목!) 용기 크기를 결정할 때 그 기준이 매우 모호하다는 사실도 알게 됐다. 아무리 1년간 쓸 수 있는 용량이 담겨 있다고 해도 패키지가 너무 작아 보이면 사람들은 너무 비싸다고 한다. 그렇다고 패키지가 너무 크면 용기에 가득 담겨 있지 않다고 불평한다. 이외에도 수없이 많은 교훈을 얻었다.

자금이 빠듯한 탓에 우리가 할 수 있는 일은 스스로 했다. 파울로는 우리의 첫 웹사이트를 만드는 일에 돌입했다. 그런 다음《천재반을 위한 HTML》이라는 커다란 노란색 책을 장만했다. 우리의 임무는 너무나 심오했고, 거듭된 제조 과정 끝에 효력이 있는 제품을 개발했기 때문에 웹사이트만 완성되면 엄청난 성공을 거두리라고 나는 확신했다. 온라인 판매 수익으로 공과금을 낼 수 있을 것으로 믿었다.

웹사이트를 처음 런칭하던 날을 잊을 수 없다. 그날 아침 나는 흥분과 기대로 가득 차 있었다. 그러나 아무 일도 일어나지 않았다. 사람들이 우리 웹사이트를 발견하기까지 잠시 시간이 걸리는 거라고 생각했다. 그런데 다음 날에도 주문하는 사람이 하나도 없었다. 3일째도, 4일째도, 5일째도 마찬가지였다. 파울로를 다그쳤다.

"고장 났나 본데. 자기가 뭐 잘못한 거 아니야?"

온몸에 아드레날린이 돌기 시작했다. 주문 건수가 0인 날이 몇 날 며칠, 몇 주간 이어지다가 갑자기 첫 번째 주문이 들어왔다! 나는 신이 나서 자리에서 벌떡 일어나 크리스마스 날 아침에 일어난 꼬마 아이처럼 집 안을 질주했다. 나는 흥분해서 소리를 질렀다.

"파울로! 첫 주문이 들어왔어! 누가 지금 막 주문했어!"

파울로는 나를 향해 미소를 지은 뒤 이렇게 답했다.

"그거 나야. 웹사이트가 잘못된 게 아니란 걸 자기에게 보여 주려고 주문해 봤어."

결코 녹록치 않은 사업가의 길

훌륭한 아이디어로 놀라운 제품을 만들어 냈으니 이제 팔릴 일만 남았다고 생각했다. 그러나 그건 한참 잘못된 생각이었다! 우리 제품이 일반인 여성의 손에 전달되기만 한다면 변혁을 일으킬 게 틀림없지만 무슨 수로 그들의 손에 들어가게 할 수 있겠는가? 아마도 상점과 온라인을 통해서일 것이다. 그런데 소매점이 전부 입점을 거부한다면? 여성들이 웹사이트가 존재한다는 사실조차 모른다면? 소매점에 입점하기 위해서는 나를 믿고 허락해 줄 사람이 필요했다. 웹사이트를 홍보하려면 돈이 들었다. 우리에게는 그 두 가지가 다 부재했다.

그때는 몰라도 정말 아무것도 몰랐다. 그리고 알면 알수록 내가 얼마나 무지한지 알 수 있었다. 나는 평생 근면 성실했지만, 사업가가 되는 것이 이렇게나 힘든 일일 줄은 꿈에도 상상하지 못했다. 출퇴근카드를 찍거나 퇴근 시간에 맞춰 직장을 벗어나는 게 불가능했다.

자기 사업을 하면, 압박과 스트레스 그리고 걱정이 24시간 내내 이어진다. '어떻게 해야 입에 풀칠하고 살 수 있을까?', '소매업자들이 내 전화에 반응하는 날이 올까?', '어째서 우리 제품이 기사화되지 않는 걸까?', '내가 큰 실수를 저지른 걸까?', '내 직감이 틀린 걸까?', '모아 놓은 돈을 전부 날리면 어떡하지?' 등 머릿속이 사업으로 가득 차 있어 현재에 충실하기가 불가능에 가깝다고 처음 느껴졌다.

창업 후 첫 2년이 가장 힘들었다. 일주일에 100시간을 넘게 일했고, 우리 제품을 모든 소매점에 보냈으며, 거의 모든 곳에서 잇달아 거절당했다. 모든 백화점으로부터 안 된다고, 얼타뷰티와 세포라(미국 1, 2위 오픈 판매 화장품 전문점. 백화점과 달리 제품이 매대 뒤에 있지 않고, 제품 구매를 위해 판매 직원과 대화할 필요 없다)에서도 안 된다고, QVC에서도 안 된다는 답변이 왔다. 개중에 된다는 곳도 몇 군데 있었지만 그런 곳은 매출도 잘 나오지 않았고, 수익도 기대하기 힘들었다. 미국의 TV 홈쇼핑 채널 HSN(훗날 QVC가 인

^{수했다)}에 잠깐 출연했지만 실패로 끝나고 말았다.

나는 우리 제품이 날개 돋친 듯 팔리지 않는 게 이해되지 않았다. 제일 먼저 든 생각은 제품군이 더 다양해야 한다는 것이었다. 이번에도 나는 경험에서 영감을 얻었다. 뉴스 앵커로 활동할 당시 왔다 갔다 하는 몸무게 때문에 늘 고생했는데, 늘어난 몸무게를 감추기 위해 노력하다가 자연스럽게 컨투어링을 잘하게 됐다. 컨투어링이란 얼굴과 몸에 음영을 줌으로써 이목구비와 몸매를 살리는 것을 말한다. 페이스와 보디용 컨투어링 팔레트를 출시하면 잘 팔리겠다고 생각했다. 그렇게 출시된 새 제품은 혁신적이었지만 잘 팔리지 않았다. 반드시 첫 주자가 좋은 것은 아니었다^(참고로, 5년 뒤 컨투어링이 대세가 되면서 많은 대형 브랜드들이 우리의 초기 제품들을 거의 판박이처럼 흉내 내서 성공했다).

우리 회사가 간신히 버틸 수 있었던 데는 두 가지 요소가 있었다. 첫 번째가 토론토 외곽에 근거지를 둔 생방송 홈쇼핑 채널 '쇼핑 채널 캐나다'였다. 거기서 큰 수익이 난 건 아니었지만 우리를 믿고 계속 불러 줬다. 두 번째는 고객들의 입소문이었다. 정말로 효과가 있고 고객을 속이지 않는 제품을 만들면 사람들이 소문을 내 주는 게 가장 큰 장점이다. 현실 속 여성들이 우리 제품을 사용하면서 자신들의 '비포'와 '애프터' 사진을 온라인에 포스팅하기 시작했다. 비록 웹사이트 주문이 하루에 두세 건밖에 되지 않았지만, 초기 우리 브랜드를 지지해 준 그들이 있어서 간신히 버틸 수 있었다.

쇼핑 채널에서 얼마간 판매가 이뤄지면서 공식적으로 처음, 정규 직원을 고용하는 단계에 이르렀다. 그전까지는 프리랜서나 아르바이트생을 고용하거나 친구들에게서 도움의 손길을 빌렸었다.

우리 회사의 첫 직원은 당시 임신 6개월 차였던 내 친구 재키였다. 우리는 재키에게 수당을 따로 챙겨 줄 형편이 되지 못했지만, 재키는 우리가 하는 일을 믿고 기꺼이 위험을 감수했다. 재키는 매일 아침 우리 집 거실로 출근해 우리 부부와 함께 이케아 책상 위에서 업무를 시작했다.

우리 세 사람이 주문 포장부터 재정, 운영, PR, 마케팅, 소셜미디어, IT, 제품 개발, 포장, 패키징, 교육, 고객 서비스 등 회사에 필요한 모든 일을 소화했다. 우리가 지금 무슨 일을 하고 있는지 모를 때도 많았다. 하지만 사업가는 잘 아는 사람을 고용할 돈이 없으면 직접 알아내는 수밖에 없다.

시작 단계에서부터 나는 우리가 하는 일이 대단한 것임을 굳게 믿었다. 셀 수 없을 만큼 많이 포뮬러(formula·제조법)를 반복하고 또 반복한 결과, 마침내 나와 비슷한 피부에 잘 듣는 컨실러 포뮬러가 완성됐다. 나는 우리의 메시지와 비전이 꼭 필요하다고 믿었다. 여성들이 자신과 동떨어진 모델을 보는 것에 싫증났을 거라고 믿었다.

회사로서 우리의 소명 혹은 임무는, 모든 여성이 자신을 가치 있고 아름답다고 생각하게 만들고 뷰티 업계의 포용성을 중심으로 문화를 바꾸는 것이었다. 그러면 차차 다른 곳에서 문화가 바뀌지 않을까?

온갖 대형 뷰티 소매점에서 퇴짜를 맞고, 웹사이트에서 하루에 고작 주문 두세 건을 처리하는 사람이 갖기에는 야심 찬 임무라고 할 수 있었다. 하지만 나는 가슴 속 깊이 이 소명에 대한 확신이 있었고, 오로지 거기에 몰입했기 때문에 포기하고 싶은 마음이 들어도 아침마다 침대에서 몸을 일으킬 수 있었다.

긴 기다림 끝에 찾아온
절호의 기회

자금 사정이 점점 더 악화되자, 나는 현금 인출기에서 돈을 찾을 때마다 잔금을 확인할 용기가 없어 '명세표 출력 안 함' 버튼을 누르기 시작했다.

한 사람이라도 우리 제품을 받아 줘야 했다. 어째서 수백 개에 이르는 브랜드를 판매하는 멋진 뷰티숍들이 전부 우리 제품을 거부하는지 이해할 수 없었다. 모든 뷰티 소매점과 백화점뿐만 아니라 그곳에서 일하는 직원들에게 개인적으로 우리 제품의 샘플을 보내고 또 보냈다. 그래도 아무 반응이 없었다. 쉬지 않고 전화를 돌리고 이메일을 보냈지만, 아무런 답이 없었다. 그들의 무관심이 내 머릿속에서 자괴감으로 바뀌지 않도록 무던히 애를 썼다.

사업가라면 어떻게든 할 일을 해야 한다. 다른 직원을 뽑을 여력은커녕 자문 위원회와 유일한 정규 직원 재키에게 가까스로 봉급을 주고 있었다. 광고할 돈은 없었다. 쪼들리면 창의력을 발휘해야 한다.

우리는 '투지'를 가운데 이름으로 삼기로 했다. 가운데 이름 이야기가 나와서 하는 말인데 내 가운데 이름은 마리(Marie)다. 내가 그걸로 무엇을 했을지 맞혀 봐라. 마리는 Marie@ItCosmetics.com이라는 어엿한 이메일 주소로 우리 회사 홍보실장으로 일하면서 고객 서비스 업무도 겸했다. 마리는 모든 뷰티 에디터와 TV 프로그램에 부지런히 이메일을 써서 창업자 제이미가 인터뷰를 할 수 있다고 알렸다. 마리는 여기저기 찔러 댔다.

되돌아보면 우리의 투지가 자랑스럽기도 하지만 우리가 얼마나 얼토당토않은 일을 했었나 싶다. 하지만 때로는 그런 것도 힘이 될 때가 있다. 어떤 수단을 써서라도 해내고자 하는 쉼 없는 끈기와 의지는 실제로 효과가 있다. 뷰티 에디터 상당수가 우리 제품을 써 보겠다고 했고 그 뒤 기사를 썼다. 그렇게 소문이 나면 우리 제품을 시험해 보는 사람이 늘어났고 그 사람들이 다시 소문을 내 줬다.

기사가 나올 때마다 나는 뷰티 소매점에 있는 내가 아는 모든 바이어에게 이메일을 보냈다. 우리 제품에 대한 입소문을 공유하는 방식으로 기대감을 고조시켜 나를 만나고 싶게 만드는 전략이었고 마침내 성공했다!

세포라 바이어가 샌프란시스코에 있는 본사에서 나를 만나는 데 동의했다! '다 됐어! 분명 우리 제품을 너무 좋아하면서 매장에 비치할 기회를 줄 거야' 하고 나는 생각했다. 드디어 구원의 손길이 내려온 것이다. 급여를 줄 능력이 생기는 것이다. 우리의 비전을 가지고 전속력으로 질주할 기회인 것이다.

그 당시 세포라는 전국에 200개가 넘는 매장을 소유하고 있었다. 세포라를 통하면 전국에 있는 사람들이 우리 제품을 발견할 수 있다. 브랜드를 런칭하기 몇 년 전, 세포라에서 일하는 친구가 있었다. 세포라 본사에서 그녀를 한 번 만난 적이 있는데 내 아이디어에 관심을 보이며 가능성이 있다고 말했다. 하지만 아쉽게도 우리 제품이 출시되기 전 그녀는 세포라를 떠났다. 그 뒤 몇 년간 나는 지속해서 세포라에 샘플과 이메일을 보냈지만 그들의 관심은 항상 제로였다. 지금까지는 말이다!

나는 정신 나간 사람처럼 미팅을 준비했다. 우리 제품을 사용한 여성들이 인터넷에 올린 '비포'와 '애프터' 사진을 모아서 파워포인트 자료로 만든 뒤 페덱스에서 인쇄를 하고 투명한 아크릴 커버를 씌워서 스프링 제본을 했다. 컬러 인쇄가 장당 99센트여서 깜짝 놀랐다. 다 합치니 어마어마했다. 뉴스 제작국에서 일할 때 그래픽 디자이너의 도움으로 만든 시각 자료들은 정말이지 멋졌다.

나는 옷장을 헤집어서 나한테 맞는 가장 깜찍한 의상을 찾았다(그 당시 나는 트레이닝복 차림으로 우리 집 거실에서 하루에 20시간씩 일하느라 패션에 신경 쓸 거를이 없었다). 프레젠테이션 책자와 함께 내가 천만 번도 넘게 보낸 샘플을 혹시라도 받지 못했을까 봐 샘플까지 따로 챙겨서 샌프란시스코로 향하는 비행기에 올랐다. 세포라 건물에 들어섰을 때 내적 갈등이 시작됐다. 잘 나가는 애들 모임에 와서 나도 일원이 될 수 있다고 증명해야 한다는 기분에 주눅이 들었다.

프런트 데스크에 있던 어여쁜 직원이 나를 맞아 주면서 로비에서 잠깐 기다리리고 했다. 그때 나는 회사를 창업하고, 훌륭한 제품을 출시하고, 세포라 대면 미팅에 초대된 사람이라는 사실이 문득 떠올랐다. 심지어 대기실인데도 그 자리에 있다는 사실이 감격스러웠다. 주변을 둘러보며 아름다운 미술 작품, 맵시 있는 전등, 즐거운 분위기,

세련된 가구들을 눈에 담았다. 〈악마는 프라다를 입는다〉에 나오는 앤 해서웨이 캐릭터가 된 것 같았다. 동화 속 세상에 첫발을 디딘 외부인처럼.

약 15분 뒤 비서가 나를 회의실로 이끌었다. 세포라 직원 대여섯 명이 뒤따라 들어왔는데 모두 친절한 미소를 머금은 채 흥미를 보였다. 나는 '바이바이 언더 아이(Bye Bye Under Eye)' 컨실러를 소개하며 프레젠테이션을 시작했다. 대화가 시작된 순간부터 나는 그들이 진심으로 화장품을 좋아한다는 사실을 알 수 있었다.

하지만 곧바로 결정권을 가지고 있는 수석 바이어가 별로 관심을 보이지 않는다는 것을 눈치챘다. 그녀의 시선은 내 옷차림을 훑은 뒤 내가 탁자에 진열해 놓은 제품으로 향했다. 다른 사람들은 전부 나를 격려해 줬지만 그녀는 달랐다. 그녀의 말이 곧 결정이기에 어떻게든 그녀의 마음을 움직일 방법을 찾아야 했다.

"세포라 고객들이 이 제품을 좋아하고, 매장에서도 잘 팔릴 거라고 확신합니다. 이 제품을 사용하는 고객들에게 인생을 바꾸는 경험을 선사할 거예요. 특히 저처럼 피부 질환이 있는 사람들에게요."

나는 우리 제품을 사용하고 있는 여성들의 실제 '비포'와 '애프터' 사진을 가리키며 말했다. 갑자기 수석 바이어가 내 말을 잘랐다.

"그런 사진을 보고 고급 뷰티 제품을 구매할 여성은 없어요. '매스'로 가면 더 잘 팔리겠네요."

'매스'란 매스 마켓(Mass Market)을 의미했다. 즉, 우리 제품이 드러그스토어에서 판매가 더 잘될 것이라는 뜻이었다. 나는 이 말에 화가 났지만 감추려 애썼다. '진짜' 외모를 가진 여성들은 돈이 없다는 말로 들렸다. 뷰티 업계는 오랫동안 한 가지 방식만 고집했기에 바로 그 순간까지는 그녀의 견해가 맞을 수도 있었다. 왜 그런 말을 하는지는 이해가 갔다. 내게는 다른 방식으로 하겠다는 비전이 있을 뿐이었다.

우리는 임상시험을 거쳐 고품질의 제품을 생산하고 있었다. 제작비가 많이 들어갔기 때문에 세포라, 얼타뷰티 혹은 백화점과 가격대를 맞출 수밖에 없었다. 드러그스토어는 가격대가 높은 뷰티 제품을 들여놓지 않기 때문에 우리의 품질과 가격에 맞는 곳에서 판매하는 것 외에 다른 선택이 없었다. 수석 바이어를 향해 나는 이렇게 말했다.

"사실 저는 고객들이 자신과 닮은 여성들의 사진을 보고 제품을 구매할 것이라 생각해요. 제품을 사용해 본 뷰티 에디터들과 진짜 여성들 사이에서는 입소문이 자자한 걸요."

그다음 벌어진 일을 나는 절대 잊지 못한다. 방 안의 기운이 극적으로 바뀌었다. 마치 내가 그녀의 시간을 낭비하고 있으며 그녀의 인내심이 바닥이라도 난 것처럼 말이다. 그녀는 내 얼굴을 똑바로 바라보고 확신에 찬 목소리로 말했다.

"이 제품에 대해 입소문이 났다면 내 귀에도 들려왔겠죠. 그런데 들은 적이 없어요."

심장이 마구 뛰었다. 얼굴이 붉어지고 열이 올랐다. 보정 속옷이 온몸에 흐르는 땀을 흡수해 주길 간절히 바랐다. 한 대 맞은 것처럼 뱃속이 불안으로 옥죄여 왔다. 발을 들이기만 하면 판매할 수 있다고 믿어 의심치 않았는데 세포라는 또 다른 산이었다.

너무도 절실하게 그들이 받아 주길 원했고 또 그렇게 되는 것이 필요했다. 온몸을 타고 흐르는 아드레날린이 아니었다면, 다쳤는데도 불구하고 탭아웃을 거부하는 격투기 선수를 버티게 하는 힘이 아니었다면, 나는 정신을 잃고 그 자리에 쓰러졌을지도 모른다.

뷰티 업계가 변해야 하고, 나와 함께라면 그 변화에 동참할 수 있을 것이라고 말하고 싶었다. 그 미팅을 구원해서 승낙을 얻어 내고 싶었다. 우리 회사를 살릴 바로 그 대답을 말이다. 그러나 나는 절망했다. 쪼그라드는 돈과 함께 내 꿈도 쪼그라들고 있었기에 더 그랬다.

미팅이 끝나고 짐을 챙긴 뒤 시간을 내 줘서 고맙다고 인사하며 아무렇지 않은 척하려 안간힘을 썼다. 엘리베이터가 있는 곳으로 걸어갔다. 조금 전 절호의 찬스가 될 것이라고 한껏 기대와 꿈에 부풀어 타고 올라왔던 그 엘리베이터였다. 그런데 이제는 나락으로 떨어지는 기분이었다.

눈물을 참기 위해 애썼다. CEO는 감정을 드러내지 않고 프로처럼 행동해야 한다고 생각했다. 게다가 엘리베이터 안에 세포라 직원이 있을지도 몰랐다. 이윽고 문이 열리자 나는 힐을 신고 뛰다시피 정문을 나서 마켓 스트리트로 나간 다음, 코너를 지나 패스트푸드점 외벽에 몸을 숨긴 뒤, 울음을 터뜨리고 말았다. 이제 무엇을 해야 할지 알 수 없었다. 파울로와 재키에게 전화해서 ⑯ 거절당했다고 말하기가 망설여졌다. 사무실로 돌아온 뒤 몇 주 동안 앞으로 사업이 어떻게 될지 가늠하기 힘들었다.

거절은 깊은 상처로 남는다. 특히 나를 거부한 사람의 의견을 중히 여길 시 더욱 그렇다. 내 절친한 친구 중 한 명이었던 너태샤가 해 준 말을 되새기며 이 시기를 버텼다.

"넌 그 사람들을 숭배하고 있어. 네가 숭배할 존재는 오로지 주님뿐이야. 어떤 문이 언제 열리고 닫히는지는 그분께서 결정하시고 넌 오로지 그분을 신뢰하면 돼. 다른 사람은 신경 쓰지 마."

그녀의 말이 백번 옳았지만 그것을 실천하기는 정말 힘들었다.

수없이 거절당해도 절대 무너지지 않는 비결

오로지 탄성만으로 우리는 계속 나아갔다. 내가 뷰티 업계를 변화시키고자 하니 업계 종사자라면 내 비전을 반기지 않는 게 당연하다는 생각이 들었다. 그들의 비전, 혹은 적어도 그들이 잘 팔릴 것이라고 자신하는 것과 일치하지 않기 때문이다. 중요한 깨달음을 얻었지만, 여전히 사업을 지속시킬 방법을 찾아야 했다.

판촉 행위는 멈추지 않고 계속 이어졌다. 마치 처음 연락하는 것처럼 최대한 열정적이고 활기차게 이메일을 보내고 보이스 메일을 남겼다. 링크드인이나 다른 인터넷 사이트에서 비서들의 연락처를 알아내 그들과도 접촉했다. 몇 년간 계속 거절만 당했다. 세포라, 얼타뷰티, 노드스트롬 그리고 모든 대형 백화점에서 말이다.

그러다가 마침내 앨런 버크의 비서에게 연락이 닿았다. 앨런 버크는 국내 굴지의 홈쇼핑 채널 QVC에서 그 당시 뷰티 사업부장으로 지내던 전설적인 인물이었다. 홈쇼핑이 구식에다 흔히 유치하다는 인식을 새롭게 바꿨을 뿐만 아니라 고급 뷰티 기업을 설득해 QVC와 파트너십을 맺게 한 주역이었다. 그의 주도하에 누구나 탐내는 백화점 입점 브랜드 대부분이 QVC에서 제품 판매를 시작했고, 지금까지 그렇게 하고 있다.

나는 여성들이 잘 받지도 않는 제품에 지쳐 있다고 생각했기 때문에 QVC야말로 라이브로 우리 제품이 현실적인 여성들에게 효과가 있다는 것을 입증할 수 있는 최적의 장소라는 생각이 들었다. 나는 그와 통화하게 해 달라고 비서에게 빌다시피 했고, 내 메시지를 전달할 것이며 QVC에서 관심이 있으면 전화가 갈 것이라는 확답까지 받아 냈다. 전화를 끊고 나서 나는 잊지 않고 (또) 샘플과 제품 관련 기사를 전달했다.

그 뒤 몇 주간 긴장을 놓지 못한 채 나는 전화기를 들여다보는 것에 집착했다. 끝내주는 첫 데이트를 하고 나서 문자나 전화를 먼저 하지 않고 버틸 때와 비슷했다. 그 외에 다른 생각을 하지 못하면서도, 그 외의 모든 것에 관한 생각을 멈출 수 없었다. 점점 증가하는 비용과 커지는 피로, 우리가 저축한 돈에 친구와 가족인 투자자 세 명에게 받은 소액의 투자금까지 전부 잃게 될 것이라는 공포, 이 꿈을 접어야 할지 모른다는 불안. 바로 그때 전화벨이 울렸다!

"안녕하세요? QVC 앨런 버크입니다."

가슴이 두방망이질하기 시작했지만 남아 있던 모든 자신감을 끌어모은 다음 힘차게 인사했다. 그는 바로 본론으로 넘어갔다. 그는 자신의 뷰티 바이어 팀과 우리의 제품과 패키지를 검토했는데, 'QVC 혹은 QVC 고객과 맞지 않는다'는 데 의견의 일치를 보았다고 말했다.

그냥 그렇게, 몇 초 만에 다시 한 번 고통스러운 거절을 맛봤다. 가슴이 '쿵' 하고 내려앉았다. 아파트 겸 회사의 침실을 서성거리는 사이에 눈물이 볼을 타고 흘렀다. 그가 내 눈물을 볼 수 있을 리 만무하지만 알아채지 못하길 바랐다.

나는 피드백과 조언을 요청하고 나서, 마지막으로 한 번 더 제품 홍보를 하며 QVC 고객들이 우리 제품을 정말 좋아할 것을 확신한다고 강조했다. 그는 QVC를 좋아해 줘서 고맙다고 한 뒤 재차 거절했다. 나는 그에게 시간을 내 줘서 고맙다고 인사한 뒤 전화를 끊고 이불을 뒤집어 쓴 채 펑펑 울었다.

계속 울다가 기도한 뒤 또 울었다. 그때 이상한 느낌에 사로잡혔다. 얼마나 힘들든 간에 나는 이 일을 그만두지 않을 것임을 알았다. 포기할 생각이 없었다. 머리로는 이해되지 않았지만 직감적으로 그랬다. 내 직관이 계속해 보라고 말하고 있었다.

내가 지금까지 한 일 중에 가장 잘한 일은 좌절할 때마다 꺼내 볼 수 있도록 도구상자를 만든 것이다. 눈앞에서 거절당할 때, 내가 누구인지 또는 내가 이 일을 왜 하는지 가물가물할 때마다 열어 보는 도구상자다. 그 안에는 아무도 나를 믿어 주지 않는 순간에도 나 자신을 믿을 수 있도록 돕는 도구들이 가득하다.

눈에 보이지 않지만 도구상자를 열면, 해결책이 필요할 때마다 내가 언제든지 꺼내 쓸 수 있는 이야기와 메시지, 명언, 기도문이 들어 있다. 나는 이 도구상자를 내 머릿속, 컴퓨터, 스마트폰에 지니고 다

넜다. 이 작업은 돈이 들지 않고, 수년간 생성과 수정을 거듭해 왔다. 만약 이것의 필요성을 느끼는데 아직 마련하지 못한 사람이 있다면, 가장 쉬운 방법은 가슴을 깊게 울리는 명언이나 이야기에 강조 표시를 한 뒤 재빨리 열어 볼 수 있는 장소에 한꺼번에 저장하는 것이다.

이불을 뒤집어쓰고 누워서 앨런 버크에게 거절당한 고통에 사무쳐 울고 있던 순간에도 포기하지 않을 것임을 깨달은 것도 이 도구상자가 덕분이었다. 나를 고무시키고 모든 훌륭한 일에는 저항이 뒤따른다는 사실을 상기시키는 명언들을 읽고 또 읽었다. 약자들이 거부당한 끝에 승리를 거둔 이야기들을 찾아 읽었다. 그리고 이렇게 쉼 없이 거절당하는데도 계속 전진해야 하는지에 대한 명확한 답을 달라고 기도했다.

그리고 '소명'에 필사적으로 집중했다. 수많은 사람이 목표를 설정하고 목표 일지를 기록하기까지는 곧잘 하지만 그걸로는 부족하다. 모든 목표에는 소명이 필요하다. 그 소명은 내게 중대한 의미가 있는 것으로 어떤 어려운 상황이 닥쳐도, 일이 내 마음대로 풀리지 않는 어려운 시기에도 흔들리지 않을 만큼 굳건한 믿음이어야 한다.

이불을 뒤집어쓴 채 어렸을 적 미녀들의 사진을 보며 나 자신이 부족하다는 생각과 함께 찾아왔던 쓰라린 고통을 상기했다. 나는 이것을 바꾸고자 굳게 결심했다. 자기 자신을 의심하기 시작하는 어린 소녀들을 위해, 아직도 자기의심을 지우지 못한 모든 성인 여성들을 위해. 나는 나가떨어질 때까지, 마지막 한 방울까지 쥐어짜서 내 안에 있는 모든 투지를 끌어모아 이 소명을 이루기 위해 노력하겠다고 다짐했다. 그날 밤 잠자리에 들기 전, 더는 상기할 필요가 없을 때까지 매일 읽어 보리라 다짐하며 나 자신에게 이렇게 써서 보냈다.

'너의 소명을 잊지 마. 그리고 날자, 힘껏 날아오르자.'

대가를 치르고 얻은
인생의 크나큰 교훈

CEW(Cosmetic Executive Women) 어워드가 다가오고 있었다. 나는 우리 제품을 시연하겠다고 신청해 놓은 상태였다. 뷰티 산업에서 일하는 여성 임원을 뜻하는 CEW는 만 명이 넘는 회원을 보유한 단체로, 비서부터 행사 스폰서인 의사 결정자들까지 뷰티 산업에 종사하는 사람이라면 누구나 회원으로 가입할 수 있다.

주로 여성인 이 관리자들은 수백 개에 이르는 제품과 시연을 살펴본다. 메이크업과 스킨케어 제품을 주제로 한 거대한 엑스포라고 생각하면 된다. 나는 동종 업계에 종사하는 여성들이 우리의 '바이바이 언더 아이' 컨실러를 테스트해 본다면, 누구나 탐내는 '올해의 신제품' 후보로 뽑아 줄 것이라 기대했다.

내게 약 1미터쯤 되는 시연 테이블이 배정됐다. 엑스포가 개장하자마자 내 테이블에 수많은 업계 종사자가 멈춰 서서 제품을 테스트해 봤다. 나는 컨실러를 보여 주며 왜 그것이 특별한지 열심히 설명하다가 뒤쪽에 자리한 대형 QVC 부스를 발견하고, '우와 QVC도 왔네' 하고 생각했다.

사람들의 발길이 뜸해질 때마다 나는 혹시 바이어를 만나지 않을까 기대하며 살그머니 QVC 부스 쪽으로 갔다. 참가자들은 시연 테이블을 떠나면 안 된다는 규정이 있어서 QVC 바이어 주변에 다른 사람이 있으면 재빨리 내 자리로 돌아와 호시탐탐 다음 기회를 노렸다. 그때 다른 브랜드 설립자가 내 테이블에 와서 인사를 건넸다. 그녀에게 QVC가 와서 흥분된다고 말하니 자기 바이어를 손으로 가리키며 그를 한번 만나 보라고 했다.

나는 계속해서 내 테이블을 벗어나서 QVC 부스를 염탐하다가 마침내 그 바이어가 홀로 남겨진 순간을 포착했다. 나는 얼른 그녀에게 다가가 내 소개를 했다. 그녀는 정말 친절하게 대해 줬고 우리 제품을 본 적이 있다며 자신의 명함을 건네 줬다. 내가 더 많은 정보를 알려 주고 싶다고 하자 그녀는 추후에 미팅을 잡자고 했다. 그녀가 예의상 한 말인지는 알 수 없었지만, 나는 긴장을 풀지 못하고 어리벙벙한 상태로 내 테이블로 돌아와서 발걸음을 멈추는 여성들에게 컨실러 시연을 이어 갔다.

2시간 정도 지났을까, 한 여성이 자신을 소개했다. 그녀가 내 인생을 영원히 바꿔 놓을 사람임을 어찌 알았겠는가. 자신을 QVC 쇼호스트라고 소개한 그녀는, 몇 시간 전 나와 이야기를 나눴다고 말했다. 그때 그녀를 알아보지 못한 것을 믿을 수 없었다. 어쨌거나 그녀는 우리 컨실러에 감탄하며 이렇게 말했다.

"QVC 고객들이 이 컨실러를 정말 좋아할 거 같아요! 저쪽에 있는 우리 바이어한테도 이 제품에 대해 말해 줬어요."

그 자리에서 눈물이 왈칵 쏟아졌다.

"그게 제게는 어떤 의미인지 짐작도 못하실 거예요."

내 눈물을 보고 놀란 쇼호스트가 재빨리 덧붙였다.

"제품을 선택할지 말지는 내가 관여할 수 있는 사안이 아니에요. 전단지 이 제품이 훌륭하다고 말씀드리고 싶었어요."

나는 그녀에게 감사 인사를 건넨 뒤 마음을 추슬렀다. 이후 나는 그때 만났던 QVC 바이어에게 연락했고, 미팅 약속을 잡았다!

QVC 본사는 필라델피아에서 약 30분 되는 거리에 있었다. 차가 지나갈 수 있을 만큼 널찍한 복도를 따라 회의실로 향했다. 양옆에는 똑같이 생긴 문들이 줄지어 있었고, 그 사이사이에 대성한 브랜드와 미국을 비롯해 세계 곳곳의 QVC 유통센터 사진이 걸려 있었다. 나도 그 복도와 액자에 소속된 사람이라고 믿고 싶었다. 하지만 지금껏 거절만 당해 온 입장에서 쉽지 않은 일이었다. 회의실은 자그마했다. 순간 '이런, 이렇게 방이 작다는 건 나쁜 징조가 아닐까?'라는 생각이 들었다. 파울로와 나는 페덱스에서 장당 99센트를 준 컬러 인쇄물에 투명 커버를 덧댄 발표 자료를 꺼냈다.

나는 열의에 차 있으면서도 무감각했다. 내가 다시 자기의심에 빠지고 또 그게 표출되는 것을 막기 위한 방어기제가 작동한 것이다. 그동안 내가 겪어 왔던 절망이 표출되지 않기를 바랐다. 바이어들이 내가 돈을 많이 벌어다 줄 것이라고 믿게 해야 했다.

사실 내게는 판매가 보장될 것을 뒷받침할 데이터가 없었다. 따라서 거래를 성공시키기 위해서는, 데이터가 아니라 내 에너지와 신념을 보여 줄 수밖에 없었다. 행여 바이어가 우리 제품을 왜 어디에서도 팔고 있지 않은지 물어볼까 봐 노심초사했었다. 물어봤다면 솔직하게 모든 사람이 거절했기 때문이라고 말할 수밖에 없었다. 몇 개월 전, 앨런 버크가 우리가 QVC 고객에게 맞지 않는다는 데 '의견의 일치를 보았다'고 말한 것을 잊을 수 없었다. 나는 최대한 그 기억을 머릿속에서 지우기 위해 애썼다.

발표를 마쳤을 때 아무런 미동 없이 일순간 정적이 감돌았다. 나는 힘든 질문이 시작될 것을 예상하고 마음을 다잡았지만 그런 일은 없었다. 바이어가 미소를 지으며 말했다.

"좋아요. 한번 해 봅시다."

그렇다! 우리는 승낙을 받아 냈다! 나는 그 말을 듣기 위해 수년을 기다렸고, 이 책에서도 지금까지 그 말을 할 기회가 없었다. 그러니 다시 한 번 말하겠다. 우리는 승낙을 받았다!

그러나 승낙을 받은 이후에 우리의 대처가 일과 인생에서 내가 지금까지 얻었던 가장 중요한 교훈으로 이어진다는 사실을 그때는 미처 알지 못했다. 결국 그것은 직관의 힘을 믿는 것과 관련 있다.

요약하자면 이렇다. 우리는 QVC에서 생애에 다시없을 좋은 기회를 얻었다. 다시 말해, 해당 채널에서 라이브 방송을 할 수 있는 단 한 번의 기회가 주어진 것이다. 방송 시간은 10분이었다. 그동안 컨실러 6천 개 이상을 팔아야 했다. 10분에 6천 개라니!

위탁판매 계약이었기 때문에 우리가 비용을 대서 컨실러를 제작한 뒤 QVC로 보내야 하고 이후 팔린 개수만큼 대금을 받는다는 조건이었다. 팔리지 않은 제품은 우리가 도로 다 가지고 와야 했다. 한 푼도 받지 못하고 말이다. 기억할지 모르겠지만, 그때 우리는 웹사이트 주문을 두세 건씩 처리하고 있었다. 우리 부부의 개인 계좌이기도 한 회사 계좌에는 1,000달러도 채 남아 있지 않았다.

사업가들은 주목하길 바란다. 사업을 할 때 가장 유념해야 할 점 중 하나는, 바로 감당할 수 없는 주문은 절대로 받아서는 안 된다는 것이다! 우리에게 이번 주문은 절대적으로 감당하기 힘든 것이었다. 하지만 수년간 거절당하는 데 이골이 난 우리는 위험을 감수하기로 했다.

갖고 있던 돈 전부에다 대출까지 받아서 컨실러를 제작하고, QVC가 요구하는 임상시험과 법적 요건을 만족시키는 데 쏟아부었다. 모든 은행에서 대출 신청을 거절당하다가 마지막에 문을 두드린 캘리포니아주 소규모 독립 은행에서 SBA 융자(미국 중소기업청이 보증하는 대출) 허가가 난 덕에 딱 QVC 방송에 필요한 비용을 충당할 만큼의 돈을 마련할 수 있었다. 제품 준비는 끝났지만, 생방송 10분 안에 어떤 일이 벌어질지가 관건이었다. 단 한 번뿐인 QVC 방송을 성공시키지 못하면 재키에게 어떻게 급여를 줄지 막막했다.

창업한 지 3년째인데도 파울로와 나는 우리 몫으로 따로 가져가는 게 없었다. 쉬지 못한 채 일주일에 100시간씩 일하며 번아웃이 오는 걸 간신히 참고 있었다. 혹여 재고를 수거하는 상황이 발생하면 우리는 사업을 접어야 했다. 직감을 믿는 것과 관련해 나는 내 인생에서 가장 큰 결정을 앞두고 있었다.

성공 공식이 아닌
소신을 따르다

10분 안에 성공할 수 있는 최고의 방법을 찾아 제3의 전문가들을 몇 명 만났다. 홈쇼핑에서 성공적으로 판매하는 전략을 기업에 자문하는 사람들이었다. 그들은 입을 모아 내게 같은 조언을 했다. 우리 제품을 보여 줄 때 무조건 선별된 모델, 깨끗한 피부를 가진 20대 초반의 모델을 기용해야 한다는 것이었다. 나는 그들에게 질문했다.

"잘 알겠어요. 그런데 깨끗한 피부를 가진 사람에게 컨실러를 보여 주는 게 무슨 의미가 있나요? 시청자 중에 나처럼 피부 질환이 있는 사람이 있다면요? 그들은 이 제품이 자신에게 잘 맞는다는 걸 어떻게 알 수 있나요? 내가 만약 집 안에 앉아 있는 70세 여성이라면 20대 얼굴에 발린 제품을 보고 어떻게 나한테 맞는다는 걸 알 수 있죠?"

나는 다양한 모델군이 제품을 바른 모습을 보여 주고 싶었다. 그래서 시청자들이 자신의 나이, 피부 톤, 피부 유형과 비슷하다는 동질감을 느끼게 하고 싶었다. 나는 컨설턴트들에게 내가 직접 맨얼굴로 생방송에 출연해서 주사 병변으로 빨개진 얼굴을 보여 주며, 우리 컨실러가 얼마나 효과가 좋고 내가 거기에 얼마나 열정을 가졌는지 보여 줄 마음도 있다고 했다. 그들은 이 제안에 한사코 반대하며 자신들의 성공 공식을 따르라고 권고했다.

두 가지 방식을 전부 시도할 회사는 내게 없었다. 우리 회사의 존립이 위태로웠고 오직 10분이라는 시간과 단 한 번의 기회만 있을 뿐이었다. 남은 몇 주간 나는 그 문제를 놓고 괴로움에 몸부림쳤다. 잠도 설쳤다. 전문가들은 내 비전대로 제품을 소개했다가는 실패할 것이라고 말했다. 하지만 내 직감은 여성들이 자신과 동떨어진, 이룰 수 없는 아름다움만 바라보기보다 더 나은 대우를 받아야 한다고 말했다.

나는 방송 일주일 전, 비행기를 타고 QVC로 떠났다. 렌터카로 QVC 주차장까지 가서는 정문에서 약 30미터 떨어진 곳에 주차한 뒤 매일 몇 시간씩 그곳에 홀로 앉아 있었다. 정문과 그 앞에 세워진 거대한 QVC 로고, 쉼 없이 들락거리는 사람들을 물끄러미 주시했다. 다음에 내가 그 문을 지날 때는 성공하느냐, 망하느냐가 걸려 있었다.

차 안에서 나는 10분 동안 내가 하고 싶은 말과 행동을 계획하고 성공을 마음속에 그렸다. 피겨스케이팅 선수들이 트리플 악셀을 뛴 후에 착지하거나 올림픽에서 금메달을 목에 걸고 시상대 위에 서 있는 모습을 상상하듯, 나는 '완판'이라는 글자가 방송에 나가는 모습을 상상했다. 하지만 그 주 내내 QVC 본사 정면을 바라보며 모든 위태로운 상황으로 인해 어깨가 점점 더 무거워졌다.

오프라가 해 준 이야기가 생각났다. 그녀는 영화 〈컬러 퍼플〉에 출연하고 싶어서 견디지 못한 나머지 그 외의 다른 생각은 할 수 없었다고 고백했다. 그러던 어느 날 트랙을 돌면서 '내 모든 것을 바칩니다'를 부르며 하나님께 집착을 내려놓을 수 있게 해 달라고 기도했다. 집착의 무게를 견디기 힘들었기 때문이다. 내가 차에서 한 게 바로 그거였다. 생사가 걸린 이 일의 무게에 짓눌려 나는 짐을 좀 치워 달라고 하나님께 기도했다. 방법을 깨닫게 해 달라고 간청했다.

전문가의 조언대로 성공의 가능성이 가장 큰 방식을 택해야 할까? 그들이 전문가인 데는 다 그만한 이유가 있지 않을까? 아니면 내 직감대로, 업계 풍토를 바꾸고 '아름답다'라고 여겨지는 여성의 이미지를 재정립하는 시도를 해 볼까? 이를 어떤 이들은 직관이나 직감이라고 불렀지만, 누군가에게는 신이나 우주의 응답을 뜻했다. 몇 날 며칠 차 안에서 기도하고 응답을 기다리는 사이 모든 것이 명명백백해졌다.

나는 결심했다. QVC에서 10분간 단 한 번 주어지는 라이브 방송에서 내 맨얼굴을 '비포' 사진으로 공개하기로 했다. 우리 제품이 모든 여성, 즉 우리 엄마와 할머니, 언니, 친구, 커피숍에서 볼 수 있는 제인, 우체국에서 만나는 제니퍼와 같은 '진짜' 여성에게 잘 받는다는 사실을 보여 주기로 했다. 이 시도가 물거품이 돼 QVC에서 성공할 기회를 놓치더라도 소신을 따를 기회, 여성들에게 그들이 진정 아름다우며 아름답다고 느낄 자격이 충분하다는 사실을 보여 줄 기회를 허비하지 않기로 마음먹었다.

내게 주어진 유일한 기회를 여성 모두가 각자 '아름다운 모델'이라는 사실을 보여 주는 데 사용하기로 했다. 모든 것이 위태로운 상황이었지만 나는 소신껏 나아가기로 했다. 아니, 정말로, 성인 여성과 여자아이들 모두 자신과 전혀 닮지 않은 모델의 이미지만 보게 된다면 어떻게 자기 자신을 아름답다고 여기겠는가? 향후 어떤 일이 벌어지더라도 나는 TV를 시청하는 모든 사람을 위해 단 하나의 목표를 세웠다. 바로 모든 여성이 자신을 아름답다고 느끼도록 하는 것이었다. 생전 처음 그렇게 느끼든, 오래간만에 느끼든 상관없었다.

이제 몇 분 후면 내 인생에서 가장 중대한 일이 시작될 것이다. 나는 가장 근사한 원피스를 차려입고 파울로와 기도한 뒤 마이크를 착용하고 긴 복도를 따라 생방송 스튜디오로 향했다. 세트 위에 올라가니 사방에 카메라가 진을 치고 있었다. 방송 시작을 알리는 카운트다운이 초 단위로 빠르게 흘러가는 게 보였다. 이제 몇 초 뒤면 우리의 모습이 생방송으로 전국의 1억 가구에 중계될 것이다.

온몸이 긴장으로 뻣뻣해졌다. 내가 미쳤다고, 큰 실수를 하고 있다고 하는 전문가들의 말을 머릿속에서 지워야 했다. 회사가 파산할지도 모른다는 불안을 내려놓아야 했다. 또 내가 입은 원피스가 살짝 끼는 듯하다는 쓸데없는 생각들을 내보내야 했다.

대신 '간절하다'의 새로운 정의를 만날 자격이 충분한 전국의 여성들을 대신해 투쟁하는 데 집중했다. 나처럼 '너는 부족하다'라는 말을 들어온 여성들을 위해서였다. 충분히 말랐거나 예쁜 것과 거리가 먼 여성들로, 알고 보면 거의 모든 여성이 이에 속했다. 나와 똑같이, 그들은 '부족하다'는 말을 수없이 되뇌어서 그 말을 믿게 됐으며 마음속에 스스로 감옥을 만들었을 것이다. 나와 똑같이, 그들은 남들처럼 생기면 행복할 것이라는 말도 안 되는 생각을 하는 데 매일매일 너무 많은 에너지를 낭비하고 있을 것이다. 나는 내게 주어진 기회를 낭비하는 게 아니었다.

붉은색 '온에어' 불빛이 들어오고 생방송 카메라가 내 얼굴을 클로즈업했다. 시간은 쇼호스트가 입을 여는 순간부터 쏜살같이 흘렀다.

처음 1~2분 동안은 마치 유체 이탈을 한 것 같았다. 어떤 상황인지 의식할 수도, 이 모든 게 실제로 일어나고 있다고 믿기도 힘들었다.

우리 컨실러는 주름이 가지도, 갈라지지도 않는다는 것을 보여 주는 시연을 준비했다. 방송 전 화장실 거울 앞에서 수백 번 연습했다. 손목에 대고 시장에서 가장 잘나가는 두 종류의 컨실러와 그 옆에 나란히 우리 컨실러를 발랐다. 손목을 접었다 폈다 하자 약 10~20초 사이에 다른 두 컨실러는 마른 땅처럼 쩍쩍 갈라졌지만, 우리 제품은 부드러움이 그대로 남아 있었다.

이것은 시사하는 바가 컸다. 컨실러가 있지도 않은 주름을 만들어 낸다면 목적과 정반대되는 일을 하는 것이다. 즉, 결점을 더 부각시키는 셈이다. 이 시연은 우리가 지금까지 이뤄 낸 것을 그대로 보여 주기 때문에 나는 여기에 큰 기대를 걸었다.

그러나 방송에서 컨실러들은 제 역할을 해냈지만 내 몸은 그렇지 않았다. TV 출연이 긴장되는 게 아니었다. 성패가 달렸다는 사실에 엄청난 스트레스를 받았다. 얼마 지나지 않아 팔과 손이 덜덜 떨리기 시작했다. 살짝 긴장했을 때처럼 오들오들 떠는 게 아니라 만화 〈스쿠비 두(Scooby Doo)〉에서 개가 유령을 보고 놀랐을 때처럼 우르르 떨었다.

내가 긴장을 놓지 못하자 시연 도중에 호스트가 내 귀에 대고 "자, 심호흡하세요. 잘하고 있어요"라고 속삭인 뒤, 덜덜 떨리는 내 팔을 꽉 잡은 다음 프로답게 나를 대신해 멘트를 이어 가며 우리 제품이 얼마나 좋은지 설명했다. 그리고 인생을 영원히 바꿔 놓을 지점에 도달했다. 화장기 없이 불그스레한 내 '비포' 사진이 화면을 가득 메웠다.

결점을 무기로
바꾼 용기

20대 때 주사가 생긴 이래 나는 화장을 하지 않고 집 밖을 나선 적이 거의 없었다. 어디 아픈 건 아닌지, 어떻게 하다 햇볕에 심하게 탔는지, 풍상을 입었는지, 정말 괜찮은지 아니면 그저 '얼굴에 그거 뭐예요?'라고 묻는 사람들을 피할 유일한 방법이었다.

완벽주의자로 성장하며 평생 '이상적인 내 모습'이라는 정신적 감옥 안에 갇혀 지냈다. 심지어 외모에 큰 보상감을 얻을 방법들을 찾아다녔다 예를 들면, 'SOS 해상구조대' 에피소드에 출연하거나 (맞다, 나도 빨간 수영복을 입고 슬로 모션으로 달음질쳤다) 미스 워싱턴으로 뽑힌 뒤 미스 USA 대회에 출전했다. 실로 놀라운 경험이었고, 난생처음 '나한테 이런 일이 일어난다고?'라고 생각했다.

대학생 때는 항상 내가 얼마나 '섹시'한지 말해 주는 메이저리그 투수와 사랑에 빠졌다 (돌이켜 보면 정말 끔찍한 관계였다). 열네 살부터 건강하지 못한 방법으로 줄곧 다이어트를 했고, 지금도 여전히 감정적 섭식과 사투를 벌이고 있다. 많은 사람이 겪는 것과 다름없이 나도 살이 빠지면 칭찬을 들었다. 특히 내 인생에 존재하는 선량하고 좋은 의도를 가진 여성들에게서 말이다.

가는 곳마다 사랑과 인정이 외모와 상관 있다는 메시지가 만연했고, 그런 까닭에 주사는 자존심을 말살하는 질환이었다. 치료법이 없다는 사실을 알았을 때 부끄럽지만 처음 든 생각은 '남자들이 날 매력적으로 생각하지 않으면 어떡하지?', '이걸로 내 뉴스 경력에 해가 가면 어쩌지?', '스스로 예쁘다고 생각할 날이 다시 올까?'였다. 난 평생 아름다워야 한다는 정신적 감옥 안에 갇혀 지냈고, 내 생각은 내가 만들어 낸 창살을 넘지 못했다.

하지만 QVC에서 그 순간만큼은, 메이크업을 겹겹이 바르지 않고서는 집 밖을 나서지 않던 소녀에서 화장기 없이 주사 증상이 울긋불긋 퍼진 얼굴을 전국 방송에 드러내는 소녀가 됐다.

인생은 한순간에 바뀔 수 있다. 내 인생이 그랬다. 내 '결점'이라고 인식했던 것이 사람들의 거실에 있는 대형 TV 사이즈로 확대됐다. 그것도 고화질로. 만일 그 생각을 떨쳐 내지 못했으면 집중하지 못했을 것이다. 하지만 당시 내가 믿었던 것과 나중에 확실히 알게 된 사실은, '진실은 꾸밀 수 없다'는 것이다. 만일 내가 모든 여성이 아름답다고 말하면서 내 불안감에 집중한다면 사람들은 나와 연결되지 못하고 결국 실패로 끝났을 것이다. 이것은 나에 관한 게 아니었다. 진정 나보다 더 큰 어떤 것에 관한 것이었다.

내 '비포'와 '애프터' 사진이 전국에 생방송으로 나가는 동안 나는 이야기를 하고 있었지만, 몸에서는 아무 느낌이 없었다. 공중에 붕 떠 있는 것 같았다. 그런 다음 나는 현실적인 모델들을 불러냈다. 실제로 피부 질환이 있는 진짜 여성들이었다.

시간은 쏜살처럼 흘러갔다. 모든 것이 영화의 한 장면처럼 느껴졌다. 카운트다운 시계를 보니 몇 분밖에 남지 않았다. 감동적인 영화 음악 대신 내가 직접 나서서 대본 없이, 프롬프터 없이 내 마음속에서 우러나온 이야기를 생방송에서 그대로 했다. 내 인생에서 가장 중요한 순간에 가장 큰 위험을 감수한 것이다. 일이 어떻게 돼 가는 건지 알 수 없었다. 갑자기 호스트가 이렇게 말했다.

"총 6,200개로 시작했는데 벌써 '미디엄(medium)' 색상은 동이 났네요. '라이트(light)'는 900개 남아 있어요. '딥(deep)'은 200개 남았고요. '탠(tan)'도 딱 200개 남았어요!"

눈앞에서 꿈이 실현되려 하고 있었다. 심장이 쿵쾅 댔고 아드레날린이 솟구쳤다. 메시지를 세상에 계속 내보내야 하는데, 색상이 거의 다 팔렸다니! 진짜 여성들이 자신의 목소리, 시간, 힘들게 번 돈으로 나와 QVC 그리고 세상을 향해 이제는 제품 홍보에 사용되는 비현실적인 이미지를 원하지 않는다고 말하고 있었다. 세상을 향해 '이제 그만. 이제 우리는 우리에게 맞춤형으로 제작된 제품을 우리와 닮은 여성이 사용하고, 그 제품이 실제로 우리에게 효과가 있다는 것을 보고 싶어'라고 외치고 있었다. 회사가 살아났다는 사실보다 그게 더 큰 의미가 있었다.

시계는 불과 몇 초를 남겨 놓고 있었고 화면에는 '완판'이라는 표시가 떴다. 호스트가 나를 돌아보며 "진짜 끝내줬어요"라고 말하며 꼭 안아 줬다. 카메라가 다른 장면으로 넘어가자마자 나는 참았던 울음을 터뜨렸다. 마스카라가 얼굴에 줄줄 흘러내렸다.

이어폰을 통해 프로듀서가 괜찮은지 물어보는 소리가 들렸다. 다른 프로듀서가 다급하게 쌍여닫이문을 열고 스튜디오 안으로 들어와 근심스러운 표정으로 대기실로 바래다주겠다고 말했다. 조정실에 있던 사람들은 내가 혹여 기절이라도 할까 봐 염려한 것이다. 처음 출연하는 사람들에게 가끔 있는 일인 듯했다. 그만큼 압박이 심했다.

TV 홈쇼핑 세계에서는 일 분 일 초가 중요했다. 팔리지 않은 재고를 갖고 돌아가는 부담이 다가 아니다. 그 세계에서 '분(分)당 매상'으로 불리는 정해진 목표를 달성하지 못하면 다음 기회란 없다. 코스메틱 제품 판매라는 보드게임에서 '한 번 더' 지점을 지나지 못한 채 파산하고 마는 것이다.

멀리서 재키의 얼굴에도 눈물이 흐르는 게 보였다. 그때 파울로가 쌍여닫이문을 벌컥 열고 스튜디오에 뛰어 들어왔다. 그때 파울로의 표정을 절대 잊지 못할 것이다. 그는 나를 와락 껴안고 소리 질렀다.

"파산 안 해도 된다!"

우리는 10분 만에 컨실러 6천 개를 팔아치웠을 뿐만 아니라 많은 수요 덕분에 3천 개 이상의 주문이 추가로 들어왔다. 우리는 한 번 더 QVC에 초대됐고, 그다음에도 마찬가지였다. 그때마다 나는 내 맨얼굴을 전국 방송에 드러냈다.

나는 모델 에이전시에 전화해서 모든 연령대, 몸매, 사이즈를 막론하고 여드름이나 그 밖의 피부 질환이 있는 여성들이 나와 함께 맨얼굴을 보여 줄 수 있는지 문의했다. 다양한 피부 톤을 가진 여성 모델을 나이별로 골고루 기용했다. 그중에는 70대 여성인 헬렌, 여름에 취약한 피부를 가진 알리샤, 흔하다고 할 수 있는 과다색소침착인 실라, 유전적으로 다크서클이 심하고 평생 여드름과 씨름하며 맨얼굴로는 절대 집 밖을 나서지 않는 데지레가 있었다.

유일한 직원인 재키도 방송에 출연해 우리의 컨실러가 어떻게 과다

색소침착뿐만 아니라 팔에 새긴 거대한 'DJ 재키 잭(DJ Jacquie Jack)' 문신까지 가려지는지 직접 보여 줬다. 재키가 문신을 가리는 시연을 너무 많이 해서 나중에는 문신이 월급 인상과 혼자 쓰는 대기실을 요구할 거라고 농담을 주고받기도 했다.

뷰티 산업 역사상 우리 같은 집단은 없었다. 우리는 다 같이 생방송에서 맨얼굴을 드러내 놓고 제품이 어떤 효과가 있는지 보여 줬다. 우리는 전부 뷰티 회사 모델들이었다. 우리는 진심으로 모든 여성이 아름답다고 믿었다.

첫해 2010년에 생방송을 다섯 번 했고, 다음 해 2011년에는 100회, 2012년에는 150회를 진행했다. 우리는 점점 더 성장했고 그 이후부터 쭉 QVC에서 매년 200회 이상 생방송했다. 잇 코스메틱은 QVC에서 메이크업 브랜드 랭킹 1위로 성장했고, 이후 전체 카테고리를 통틀어 뷰티 브랜드로서 1위를 차지했다. 내가 이 글을 쓰는 지금까지 우리는 QVC 역사상 가장 규모가 큰 뷰티 브랜드다.

쓸모없이 무용한 말을 반복하는 사람들

우리는 수년간 QVC로부터 거절당했다. 겨우 승낙받았을 때는 모든 전문가가 절대 내 비전대로 되지 않을 것이라고 말했다. 내가 만일 수년간 QVC에서 당한 거절을 마음에 뒀다면 승낙받을 때까지 계속 도전할 용기는 없었을 것이다. 전문가들의 조언이 내 가슴이 하는 말과 일치하지 않을 때 그들의 경험과 실적을 믿고 따르는 것이 가장 안전하고 쉬운 길이다.

그러나 내가 배운 가장 훌륭한 교훈 중 하나는, 전문가들은 웬만해 선 새로운 아이디어나 제품, 혹은 비전이 성공할 것이라고 믿지 않는 다는 것이다. 간단히 말해 성공을 입증할 수 없다는 뜻이다. 당연하 다. 시도한 사람이 아무도 없기 때문이다.

선의를 지닌 전문가들 중에 스스로 무엇을 창조하거나 이룩하지 못 한 사람이 대부분이다. 스스로 선지자라고 생각하겠지만 대부분 한 번도 보지 못한 것이 성공할 것이라고 상상하지 못한다. 이 사실을 좀 더 일찍 알았더라면 울면서 잠자리에 들며 시간을 낭비하지 않았을 것이다.

미지의 세상을 탐험하기 위해 우리는 때로 마음속에서 전문가들을 숭배하는 것을 멈추고 직관을 따라야 한다. 우리가 무엇을 해야 할지 말해 주는 우리 안의 작지만 분명한 목소리에 가만히 귀 기울여야 한 다. 그러한 순간들이 모여 우리를 정의한다.

사실 전문가의 말을 들었어도 판매 목표를 달성했을지 모른다. QVC가 다시 불러 주는 몇 안 되는 브랜드가 됐을 수도 있다. 그랬다 면 우리는 판매보다 훨씬 중요하다고 할 수 있는 우리의 진정한 소명 을 고수하는 일 대신 그저 다른 사람이 하는 일을 따라갔을 것이다.

안전한 길을 택한다는 것은 사랑이 아니라 두려움을 숭배한다는 뜻 이다. 인생의 다른 것과 마찬가지로 두려움이나 다른 이의 의견이 우 리의 결정을 지배하게 내버려 두면, 정말로 중요한 일들이 희생되는 대가가 따른다.

QVC에서 승승장구하면서도 우리를 거절했던 뷰티 소매점에 계속 연락을 취했다. 그리고 하나하나씩 승낙을 얻어 냈다. QVC에서 첫 방송이 나간 지 3년 뒤 얼타뷰티에서 제일 먼저 열성적으로 협력을 요청해 전국에 있는 그들의 매장에 야심 차게 우리 제품을 출시했다. 그들은 우리의 비전을 알아본 뒤 우리와 함께 전속력으로 전진했다.

우리는 얼타뷰티와 합작해 메이크업 브러시 라인을 출시하기도 했다. 브러시와 메이크업 제품으로 탄력을 받아 얼타뷰티 전국 매장에서 럭셔리 브랜드 판매 1위를 달성했다. 말도 안 되는 일이었다. 거절에서 시작해 판매 1위 브랜드가 되다니!

이게 다가 아니다. 미팅에서 거절 의사를 밝혔던 세포라에서도 6년 만에 승낙이 떨어졌다! QVC에서 잘 나가고 있었지만, 세포라는 우리의 판매 실적에도 꿈쩍하지 않은 채 연거푸 거절 의사를 밝히며 우리를 몇 년 더 힘들게 했다. 세포라가 남자친구였다면 내 친구들은 "그 사람은 널 만날 자격이 없어. 그냥 잊어버려"라고 말했을 것이다.

거부당한다는 느낌은 영혼을 갉아먹는다. 특히 개인적인 이유라는 생각이 들면 더 그렇다. 하지만 일에 사적인 감정을 개입시키면 안 된다. 일을 성사시키고 싶다면, 최후의 승자가 되고 싶다면 더더욱. 수많은 사업가가 이런 실수를 저지른다. 어렵지만 정신을 바짝 차려야 한다. 승리를 맛보면 그만한 가치가 있다고 생각될 것이다.

세포라는 진정 멋진 파트너였다. 나에게 별로 친절하지 않았던 수석 바이어는 회사와 업계를 떠난 지 오래였다. 지금 우리와 일하는 세포라 바이어 팀은 정말 굉장하다. 의지할 수 있고, 친절하고, 똑똑하며, 신생 뷰티 경영자를 양성하고 데뷔시키는 데 협력한다. 이 이야기를 하는 지금 우리는 전국 세포라 매장 스킨케어 순위에서 상위권을 차지하고 있다. 수년간 거절당했지만 결국 최고의 브랜드가 됐고 즐겁고 성공적인 파트너십도 구축했다.

지금 당신이 헤어 나오지 못하는 그곳이 앞으로 당신이 갈 곳을 의미하지 않는다. 당신과 당신의 꿈에 대한 남들의 의심을 투영해 자기 의심으로 만들어서는 안 된다. 또한 그들의 불신과 거절에 분노하지 마라. 누군가로부터 상처를 입거나 불신을 얻으면 당연히 화가 나지만 나를 거부한 사람들에게 유감을 가졌다면, 나는 절대로 그 수많은 거절을 찬란한 성공으로 바꾸지 못했을 것이다!

당신의 직감은
그 누구의 조언보다 강력하다

절체절명의 순간에 직감을 따르겠다고 결심한 뒤로 나를 향해 다른 문들이 활짝 열리기 시작했다. 그 한순간이 우리 집 거실에서 시작한 꿈을 수십억 달러 가치의 회사로 바꾸는 데 큰 공헌을 했다. 나는 본능적 느낌이야말로 우리가 가진 가장 막강한 힘이라고 생각한다. 누구에나 그런 슈퍼파워가 있다! 지금 당신에게도 있다!

그러나 우리가 자주 부딪치는 가장 큰 장벽 중 하나는 우리의 본능이 이성, 감정, 다른 사람, 전문가, 소셜미디어 악성 댓글, 친구, 가족, 배우자, 동료들이 하는 말과 완전히 다른 말을 할 때다. 과거의 실수, 자기의심, 타인의 의견 등 우리가 직감에 귀 기울이지 못하게 막는 것을 알아채야 한다. 우리의 본능을 흐리게 만들더라도 그것의 존재를 알아차리면 결정권은 다시 내게 돌아온다. 직감은 우리 모두에게 있으며, 직감을 감지하는 데 능숙해질수록 진정한 자아와 온전한 힘에 다가설 수 있다.

또한 자기 자신에 대해 참을성을 가져야 한다. 성장한 다음에 직감을 신뢰하기까지 기나긴 여정이 될 수 있다. 우리 자신을 돌보면서 동시에 우리가 어디에서 왔고 얼만큼 왔으며, 얼마나 강인하게 지금 이곳까지 도달했는지 살펴봐야 한다. 거절과 실패, 심지어 직감이 잘못된 것으로 판명 나는 순간까지 모두 인생이라는 여정에서 받은 선물이다. 그러니 낭비하지 마라. 전부 소중한 수업이다. 그것을 우리의 직감과 직관을 정제하는 기회로 삼을 수 있다.

우리의 직감을 연마하는 데 있어 핵심은 건전한 조언과 반대하는 소리의 차이를 아는 것이다. 그게 가능해지면 우리를 의심하는 사람들은 장애물을 보더라도 우리의 직감은 우리를 해결책으로 안내할 것이다. 이런 경험이 거듭될수록 더욱 능숙하게 직관의 속삭임을 듣고 따를 수 있으며, 점점 자신감이 쌓이고 당신의 직관이 그 누구의 조언보다 강력하다고 확신하게 될 것이다.

지나온 곳이
갈 곳을 결정하지 않는다

고작 여기서 멈추려고 여기까지 온 게 아니다.

_작자 미상

완벽하게 허를 찔리거나 믿는 도끼에 발등이 찍혀 진실이라고 믿던 모든 것을 의심하게 된 적이 있는가? 연인 관계가 거짓으로 점철돼 있었음을 발견했거나 가족들의 믿음이나 그들의 이야기가 사실이 아님을 알았을 때처럼 말이다.

어떤 비밀이 실수로 내게 탄로 난 그날이 바로 그랬다. 우리 가족 사이에 근 30년간 부쳐졌던 비밀이었다. 이후 나 자신과의 싸움을 통해 믿는 도끼에 발등이 찍히더라도 그 뒤로 찾아오는 불확실성에 어떻게 대응하는지, 그 하나만으로도 인생의 항로가 바뀐다는 교훈을 얻었다.

어릴 적부터 나는 스스로 자신을 돌보고 백일몽으로 시간을 채우는 방법을 익혔다. 부모님은 내가 여섯 살 때 이혼하셨다. 아빠 마이크는 다정하고 카리스마 있었으며, 알코올 중독에서 벗어나기 위해 애쓰셨다. 그 시점까지 평생 세프로 일하셨는데 레스토랑이라는 환경은, 주변에 술이 즐비했고 책임감과는 조화를 이루지 못했다. 교대 근무가 끝나면 아빠는 늦게까지 술을 마시는 일이 잦았고 아예 집에 들어오지 않는 날도 허다했다. 자라면서 몰래 엿듣기로는 아빠가 바람을 피웠다고 한다. 그것도 아주 많이.

나는 아빠에 대한 좋은 기억과 좋지 않은 기억이 아주 많다. 어렸을 적에 나를 돌보기로 한 날에도 아빠는 정오가 지날 때까지 곯아떨어져 있기 일쑤였다. 이제는 그게 술 때문이었다는 것을 이해한다. 하지만 그 당시에는 아빠가 잠들어 있는 침대 옆 바닥에 몇 시간 동안 앉아서 시계를 바라보며 아빠가 깨어나면 같이 하고 싶은 일들을 상상했다. 아빠가 눈을 뜨면 마실 수 있게 캔을 대령했는데 그게 아빠를 행복하게 만든다는 걸 잘 알았기 때문이다. 엄마에게는 비밀로 했던 우리 둘만의 약속이었다. 마침내 아빠가 깨워도 좋다고 한 시간이 다 가오면 나는 맥주 캔을 손에 들고 놀 생각에 부풀어서 아빠의 귀에 대고 "아빠, 아빠, 일어날 시간이야"라고 말했다. 아빠는 계획을 변경해 1~2시간 더 기다려야 한다고 말하곤 했다. 그러면 나는 아빠 옆에 앉아 약속한 시간이 될 때까지 기다리며 시계를 쳐다봤다.

술에 취하지 않고 깨어 있으면 아빠는 세상에서 가장 친절하고 재밌는 분이셨다. 한 번도 나를 괴롭힌 적도, 훈육하려 든 적도 없다. 알코올 중독자로서 자신이 할 수 있는 선에서 최대한의 사랑을 보여 주셨다. 우리는 함께 야구 카드(겉면에는 선수의 사진, 뒷면에는 기록 등이 인쇄돼 있다)를 수집했고 아빠 무릎 위에서 아빠가 제일 좋아했던 미식축구 팀인 '샌프란시스코 포티나이너스(49ers)'가 1980년대 슈퍼볼에서 여러 번 우승하는 것을 지켜봤다. 아빠는 내게 자전거 타는 법, 고무보트에 공기를 주입하는 법, 연못 한가운데서 고무보트에 구멍이 났을 때 뭍으로 수영해 돌아오는 법을 가르쳐 줬다.

의도치 않게 아빠는 내게 여자는 남자보다 강하고, 남자가 여자의 꿈을 저지하며, 여자들도 스스로 모든 것을 할 수 있다는 믿음을 강력하게 심어 주셨다. 우리 엄마 니나가 바로 그랬다. 매일 아침 일찍 일어나, 놀이방이나 학교에 나를 데려다 놓고, 직장에 가고, 청구서를 관리하고, 잡다한 일을 처리하고, 집안일을 했다. 아빠가 당신을 실망시키고 거듭해서 약속을 깨뜨리는 와중에도 엄마는 참고 견디며 이 모든 것을 해냈다. 하지만 결국 엄마는 지쳤고, 20여 년의 결혼 생활은 끝이 났다.

이혼한 후에 아빠는 유리 공장에서 육체노동을 했다. 조립 라인에서 유리병과 와인병을 검열하는 일이었다. 매주 스케줄이 바뀌는 교대 근무였다. 한 주에 오전 7시부터 오후 3시까지 일하고, 그다음 주는 오후 3시부터 자정까지, 또 그다음 주는 자정부터 오전 7시까지 일하는 식이었다. 아빠는 잠을 푹 잔 적이 없고 항상 피로에 시달렸다. 그 뒤로 매일 밤 밖으로 나돌며 유흥을 즐기던 아빠는 180도 변해 웬만하면 집 밖을 나서지 않는 은둔자가 됐다.

걸림돌처럼 보여도
징검다리일 수 있다

부모님의 이혼이라는 강풍은 절대 쉽지 않았지만 신은 내게 재혼

가정이라는 형태로 수많은 무지개를 선사했다. 아빠는 로라 여사와 재혼하셨다. 로라 여사는 다정하고, 세심하고, 사랑이 넘치는 분이셨다. 나는 새엄마와 매우 가까워졌고, 내가 열여섯 살이 됐을 때 아빠와 새엄마 사이에서 여동생 칼리가 태어났다. 아빠는 은둔자가 되고 나서 나에게 했던 것보다 칼리에게 훨씬 존재감이 있는 아빠가 됐다.

첫날부터 새엄마와 새엄마 가족은 모두 나를 친자식처럼 예뻐해 주셨다. 정말로 그렇게 생각하셨고, 지금까지도 그렇다. 새엄마의 부모님인 베티 할머니와 딕 할아버지도 조건 없는 사랑으로 나를 품어 주셨다. 열다섯 살이 됐을 때 새엄마의 동생인 테리 이모는 수동 기어가 탑재된 1980년대식 은색 마쓰다 626으로 내게 운전을 가르쳐 주었다. 대학에 다니는 내내 가족들은 크래프트사에서 나온 맥 앤드 치즈를 포함해 월마트에서 할인하는 여러 가지 생필품을 소포로 보내 주셨다. 새엄마의 다른 동생인 카렌 이모는 내가 TV 뉴스 일을 시작해 재정적으로 여유가 없을 때 본인의 왜건을 기꺼이 빌려 주셨다.

새엄마의 가족은 진심으로 내게 사랑을 나눠 줬던 고결한 사람들이다. 내가 어느 날 어떤 식으로든 성공할 것이라고 전혀 예측하지 못하셨고, 그 뒤에도 변함이 없으셨다. 그들에게 부(富)란 사랑을 뜻하기 때문이다. 그들은 내가 아는 사람 중에 가장 부유했다.

엄마도 이혼한 후에 얼마 지나지 않아 재혼하셨다. 나는 엄마와 새 아빠 데니스와 함께 살았다. 새아빠는 처음부터 나를 친딸처럼 진심으로 사랑해 줬다. 하나님께서는 어려움을 갑절의 축복으로 갚아 주신다고 하지 않는가. 부모님의 이혼은 받아들이기 쉽지 않았지만 하나님께서 양쪽에 새로운 가족이라는 형태로 갑절보다 큰 축복으로 되갚아 주셨다. 엄마에게도 마찬가지였다. 새아빠는 바위처럼 단단한 충성심과 사랑 그리고 책임감을 보여 주셨다. 둘은 서로를 너무나 사랑한 나머지 커플 운동복을 자주 입었는데 아직도 그렇게 하신다. 어릴 때는 그 모습이 부끄러웠지만 지금은 너무나 귀엽다고 생각한다!

함께 사는 동안 엄마와 새아빠는 열심히 일하셨다. '열심히' 정도가 아니었다. 내가 일곱 살이었을 때 두 분은 에스크로 사업을 시작하셨다. 내 친구들은 전부 이렇게 물어보곤 했다.

"에스코트(성매매 여성이 남성과 동행하며 성매매를 하는 것) 사업이라고?"

"아니, 에스코트가 아니라 에스크로. 주택담보 대출 저당권자랑 주택 매도, 매수인 사이에서 소유권 변동이 일어날 때 자금을 보관해 주는 제도 말이야."

"오! 굉장한데."

영세 독립 회사는 출발부터 일주일 내내 일해야 간신히 유지할 수 있었다(어디서 많이 듣던 소리 아닌가? 나중에 내 사업에서 나도 이 엄격한 직업 정신을 그대로 따라 하고 있었다). 그날을 기점으로 내 인생이 부동산 시장에 의해 좌지우지된 듯한 느낌이 든다. 시장이 하락세면 부모님은 직원을 내보내고 사업을 유지하기 위해 더 열심히 일하셨고, 상승세면 직원들을 더 고용하고 수요를 감당하기 위해 오랫동안 일에 매달리셨다.

부모님이 항상 쉬지 않고 열심히 일하신 덕분에 체조 같은 활동에 참여하고 캠프에도 갈 수 있었다. 하지만 어릴 때 많은 시간 혼자 지내며 외로울 때가 많았다. 일주일 내내 혼자 있던 적도 있다.

나는 TV, 특히 MTV의 광팬이었다. 또 전 세계에 먹을 것이 부족한 나라의 어린이들을 보여 주는 월드비전 광고에 집착했다. 나는 가족이 필요한 아이를 입양하자고 부모님을 졸라 댔다. 부모님이 꿈쩍도 하지 않자 이 아이들을 어떻게 입양할 것인지 계획을 작성하기도 했다. 중국의 한 자녀 정책을 알았을 때는 부모님께 여자아이들이 당장 우리를 필요로 한다고 말했다. 입양은 안 된다고 말씀하시는 가운데 부모님께서는 내가 언젠가 얼마든지 할 수 있을 것이라고 말씀해 주셨다. 부모님은 내가 마음먹은 것은 무엇이든 할 수 있는 힘이 내게 있다는 생각을 심어 주셨다. 불가능이란 없고 꿈을 꾸고 열심히 노력하면 성공할 수 있다고 격려해 줬다. 그렇게 아주 어렸을 때부터 나는 커서 꼭 입양해야겠다고 생각하곤 했다.

그 시절 체조 수업이 끝나고 체육관에 홀로 남아 코치와 단둘이 늦은 밤까지 부모님이 데리러 올 때까지 기다리는 날이 왕왕 있었다. 저녁 9시가 훌쩍 넘어갈 때도 많았다. 두 분은 거의 언제나 일에 매여 있었다. 가족 휴가를 떠나는 해도 있었지만, 사무실을 비우지 못해 가지 못할 때가 더 많았다. 하지만 두 분은 최선을 다하셨고 나는 그들의 사랑을 의심한 적이 없다. 그 직업 정신을 내가 고스란히 물려받았다.

꼬리표는 언제든 떼어 낼 수 있다

고등학교 초반에 여자아이들로 구성된 랩과 보컬 그룹 'SOB+1'에서 활동했다. '블랙 시스터스 플러스 원(Sisters of Blackness plus One)'이라는 뜻이었는데, 내가 바로 '플러스 원'이었다. 우리는 학예회에서 공연도 하고 녹음실에 가서 노래도 했다. 나는 그룹에서 랩을 하고 춤을 췄으며 '남자를 보여 줘 봐'라는 곡을 공동으로 작곡하기도 했다.

나는 항상 남자애들에게 관심이 많았고, 고등학교 때 멋진 남자친구들을 사귀기도 했다. 그렇지만 그때도 내게는 결혼에 대한 환상이 없었다. 내가 품은 유일한 환상은 남자에게 의지하지 않는 삶이나 남자와 관련 없는 것들이었다. 제국을 건설하고, SOB+1와 MTV에 나가고, 광고에 등장하는 방치된 아이들 사태를 해결하는 것 등이었다.

딱 한 번의 예외가 있었는데, 고등학교 때 꽤 오랫동안 사귄 남자친구 에릭을 만났을 때다. 에릭의 성 때문에 늘 결혼을 생각했다. 지금은 아주 바보처럼 들리지만, 그때 우리가 결혼하면 어떻게 될지 걱정했던 기억이 난다. 성이 라드(Lard: 돼지의 지방을 가공하여 만든 반고체의 기름을 뜻함)였기 때문이다. 그렇다, 라드. 10대인 나에게 이것은 큰 고민거리였다. '제이미 라드'를 되뇌이며 '내가 그 성을 자신 있게 말할 수 있을까? 아이들이 놀림당하지는 않을까?' 걱정하곤 했다.

알고 보면 '라드'라는 말은 그때부터 벌써 커지는 몸매에 대한 불안감을 촉발했다. 그러한 불안감은 어찌 된 셈인지 우리의 가치가 외모와 관련 있다는, 우리가 주변에서 매일 접하는 메시지들에 의해 더욱 공고해졌다.

에릭을 만나던 초반에 나는 그 나이 또래가 으레 그러하듯 내가 천하무적이라는 잘못된 믿음으로 몇 년째 아무 다이어트 약이나 닥치는 대로 먹고 있었다. 다이어트 셰이크를 학교에 몰래 들고 가서 가

방에 숨긴 뒤 점심시간에 나랑 똑같은 친구들 몇 명과 함께 마시곤 했다. 미성년자는 살 수 없는 체중 감량용 에너지 알약을 친구의 언니가 주유소에서 사다 주기도 했다. 약병에는 건강 경고가 붙어 있었지만 늘 무시했다. 말라 갈수록 더 많은 칭찬을 들었다. 그런 칭찬에 화도 났지만 칭찬은 애정으로 느껴졌기에 나는 애정처럼 느껴지는 것을 더 많이 얻기 위해 건강을 해치는 선택을 했다. 몇 년 뒤에 에릭과의 로맨스는 시들해졌고 더는 그의 성에 대해 걱정할 필요가 없어졌다.

고등학생 시절은 흔들리는 자존감과 새롭게 찾은 포함과 제외의 시간이라고 할 수 있다. 즉, 꼬리표와 인지된 차이점에 대해 생각하면서 또래들과 어울리기 위해 노력하는 일이 과연 의미가 있는지 고민하는 시기다. 나는 그때도 화장품을 좋아했다. 하지만 그때는 기껏해야 비오레(Biore) 코팩이나 틴티드 클리어라실(Clearasil)—왜 있잖은가, 파운데이션용으로 바르면 턱 라인을 따라서 분홍색 경계선이 생기는 여드름 로션 말이다—이 전부였지만.

이때 나는 다양한 무리와 어울렸고 열다섯 살에는 남자아이들에 대한 관심이 넘쳤고 동시에 직업적으로 큰 목표를 세우며 포부를 키워 나갔다. 열심히 공부한 것은 아니었다. 큰 꿈을 향해 상상의 나래를 펼쳤지만, 미루는 일에서 매번 벗어나지 못했다. 마감 시간을 놓치고 숙제를 늦게 제출하곤 했다. 고등학교 졸업 앨범에서 '미루기 대장'으로 뽑히기까지 했다. '가장 성공할 것 같은 사람', '최고의 미녀' 혹은 '미소 천사', '긍정 왕'으로 뽑히고 싶었지만 내게 주어진 작위는 '미루기 대장'이었다. 그 수치스러움을 극복하기까지 몇 년이 걸렸다. 왜 그랬는지 알지만 스스로에게 크게 실망했다.

나는 그런 꼬리표가 나를 따라다니고 내면에 뿌리를 내리도록 내버려 두면 안 되겠다고 마음먹었다. 우리는 남들이 규정한 사람이 아니라 우리 자신이 믿는 사람이 돼야 한다. 다른 사람들이 붙인 꼬리표를 받아들일 필요가 없다. 또 좋든 싫든 우리는 남들이 부르는 별칭이 아니며 우리가 오판했던 애석한 사건도, 지난날의 실수도 아니다.

오래된 꼬리표는 평생 떼어 낼 수 없는 것으로 생각하기 쉽다. 하지만 그 꼬리표는 가벼운 포스트잇과도 같기 때문에 초강력 접착제로 붙어 있다고 믿어선 안 된다. 얼마든지 떼어 낼 수 있다. 물론 가끔 기분 나쁜 꼬리표에는 어느 정도 진실이 포함돼 있다. 그 당시의 미루기가 내게 그랬던 것처럼.

하지만 우리는 성장하면서 오래된 꼬리표를 떼고 새로운 선택을 할 힘이 있다. 마음을 고쳐먹고 우리가 누구인지, 앞으로 나 자신과 타인 그리고 세상을 향해 비춰질 모습을 바꿀 수 있다. 내가 온 곳이 나의 정체성과 내가 앞으로 갈 곳을 결정하지 않는다.

성취 욕구와 인정 욕구로부터
자유로워져야 한다

나는 오래전부터 차를 갖고 싶어 했다. 또 내가 원하는 곳은 어디로든 가고 싶었다. 부모님이 차를 사 주시지 않으리라는 것을 알았기에, 스스로 차를 마련할 방법을 궁리해야 했다.

열한 살부터 소소하게 아르바이트를 시작했다. 열다섯 살부터는 정식적으로 급여를 받고 일할 수 있었다. 일주일에 서너 번 체조 코칭을 했다. 주말에는 두 곳에서 일했는데, 오전에는 지역 벼룩시장의 팝콘 매대에서 일하고 마치면 버스를 타고 다른 지역으로 건너가 식료품점 세이프웨이(Safeway)에서 일했다. 식료품을 봉투에 넣고 주차장에서 쇼핑 카트를 밀고 들어오는 일이었다.

그해 여름 나는 부모님을 설득해 일주일에 40시간 에스크로 사무실 접수원으로 일했다. 그렇게 한 번에 네 가지 일을 했고, 사실상 언제나 일을 했다. 그해 여름 막바지에 내 계좌에는 2,500달러가 있었고 그 돈으로 내 첫 차를 샀다!

내가 꿈꾸던 차는 아니었지만 잘 굴러갔다. 유리에 검은색 필름이 부착된 하늘색 지오 메트로였다. 수동 변속기에다 비가 내리면 시애틀이나 내가 자란 시애틀 외곽의 언덕을 올라가지 못할 때가 많았다. 엔진이 3기통이라 젖은 노면에서 헛바퀴 돌기 일쑤였다. 그럴 때면 나는 다른 차들이 지나갈 때까지 기다린 뒤 후진해서 언덕을 내려와 목적지에 갈 수 있는 다른 길을 찾았다. 하지만 신경 쓰지 않았다. 내게는 차가 있었으니까!

그리고 그때 처음 일중독자의 장점을 맛봤다. 단점에 대해 알게 된 것은 그 후로 한참 뒤였다. 10대 후반에서 20대 초반 사이에 나는 미루기 대장에서 180도 변해 성취에 집착하기 시작했다. 각종 대회에 출전해 상을 타고 인정을 받으며 좋은 성적으로 우등상을 받았다. 스물두 살 때 내가 미스 워싱턴에 당선됐을 때 부모님께서는 그 자리에 오셔서 나를 무척 자랑스러워하셨다.

나는 워싱턴주립대학교 학비를 갚기 위해 데니스 다이너(Denny's Diner)에서 등골이 휘도록 서빙을 했고, 식료품점 델리에서 고기와 치즈를 썰었지만, 평점 4.0으로 수석 졸업했다. 또 졸업생 대표로 졸업식에서 송사를 하며 목에 우등생 코드와 수료 메달, 리본을 치렁치렁 감았는데, 그 모습이 흡사 체인 목걸이를 두른 내 어린 시절 우상 미스터 T 같았다. 스타디움을 가득 메운 군중 앞에서 내가 송사할 때 부모님의 눈에는 눈물이 고여 있었다. 이후 대학원에서도 똑같이 그렇게 했다.

그때는 사랑받을 만한 일을 해야 한다고 생각했던 것 같다. 부모님이 얼굴을 비추실 만하고, 긍지를 느끼시고, 세상이 나를 알아봐 줄 만한 일을 쫓아다녔다. 우리는 종종 사랑과 소속의 욕구를 정반대로 표현한다. 반항하거나 자기 파괴적인 일을 한다든지 말이다.

나의 경우, 있는 모습 그대로 사랑받을 자격이 없다고 생각했다. 그래서 내가 어떤 일을 성취해 인정받는다고 해도 늘 부족했다. 그걸로 충분하다고 생각할 수 없었다. 그래서 또 다른 일을 성취하기 위해 끊임없이 움직였다. 지금도 이러한 성취 욕구와 나의 가치를 증명하기 위한 욕구와 씨름한다. 내가 머릿속에 만들어 둔 새장에서 벗어나기 위해 여전히 노력 중이다.

어린 시절부터 홀로 지낸 시간이 너무 많은 탓에 스스로 의지하는 법을 배웠다는 사실을 깨달았다. 나를 위해 얼굴을 비춰 줄 사람이 나밖에 없던 것이다. 그래서 나는 한 번 애착이 형성되면, 그것을 도무지 잃기 싫어했다. 이는 나중에 연애할 때, 심지어 잇 코스메틱 수장으로서 결정을 내릴 때 문제가 되곤 했다.

나는 다른 사람이 혼자이거나 버림받았다고 느끼는 걸 참지 못했다. 내게 잘못한 사람일지라도 말이다. 이러한 성향은 다양한 형태로 드러났다. 나는 해로운 관계에서 쉽게 벗어나지 못했다. 나에게 잘해 주지 않는 남자친구와 헤어지지 못한다거나, 소속감을 준다는 이유만으로 내게 좋지 않은 영향을 주는 사람들과 계속 친구로 지냈다.

상사로서 나의 가장 큰 단점 중 하나는, 사람들을 제때 해고하지 못한다는 것이다. 회사를 설립한 이들이 전하는 중요한 지침 중 하나는 회사 문화에 해를 끼치는 직원이 있으면 바로 내보내야 한다는 것이다. 그렇지 않을 경우 나쁜 영향이 회사 전반에 퍼져 문화가 되고 다른 사람에게도 전염될 수 있기 때문이다. 그 같은 지침에 동의하면서도 늘 사람들을 해고하는 게 힘들었다. 직원이 천 명이 넘을 정도로 회사가 성장한 지금도 여전히 고심한다.

나는 일중독과 성취 과잉 그리고 내치지 못하는 성향이 내게 끼치는 영향에 대해 완전히 인지하지 못한 채 지냈다. 그래서 20대 때 이러한 요소들에 항상 휘둘려 다녔다. 그러다가 나의 모든 것을 뒤바꾼 그 일이 터졌다.

2004년 크리스마스 무렵 아빠와 새엄마는 이혼하시고, 아빠는 살던 집을 나와 작은 아파트로 이사하셨다. 새집을 정리하던 중 아빠는 나와 언니인 조디의 사진을 찾지 못하겠다며, 엄마에게 여분의 사진이 있다면 줄 수 있는지 물어봐 달라고 나에게 부탁했다.

조디는, 나의 언니인데 태어난 지 고작 아흐레 되던 날 심장에 구멍이 생겨 죽고 말았다. 그 후로 1년 반이 지나고 내가 태어났다. 엄마와 아빠는 가자 새 가정을 꾸리셨지만, 두 분 다 침실 시렁장 위에 항상 나와 조디의 아기 때 사진이 함께 들어 있는 작은 액자 한 쌍을 올려두셨다. 27년이 지난 지금까지.

파울로와 나는 약혼했고 우리 가족과 연휴를 보내기로 했다. 우리의 계획은 아빠와 내 동생 칼리와 크리스마스이브를 함께 보낸 뒤 크리스마스 당일 엄마와 새아빠에게 가는 것이었다. 나는 엄마에게 전화로 그날 저녁 아빠 집에 가기 전에 잠시 들러 조디와 내 사진을 챙겨 가겠다고 미리 말했다.

엄마 집에 도착한 뒤, 파울로가 거실에서 개와 노는 사이에 나는 사진을 가지러 엄마와 함께 방으로 들어갔다. 엄마는 아기 사진 두 장을 내게 건네셨다. 나와 조디 사진의 복사본이었다. 엄마와 침대 모서리에 나란히 앉아 이야기를 나누다가 나는 무심코 사진을 뒤로 넘겼다. 내 사진에는 내가 태어난 날인 1977년 7월이라고 적혀 있고, 조디의 사진에는 1977년 3월이라고 적혀 있었다. 머리를 굴려 재빠르게 암산해 보니 4개월 차이가 났다. 하지만 내가 알기로 조디는 아흐레만 살았다. 나를 임신해 출산하기까지 4개월은 너무 짧은 시간이었다. 아마 누군가의 실수로 1976년 대신 1977년이라고 적었을까?

"엄마, 조디 사진 뒤에 왜 1977년 3월이라고 적혀 있어? 내 생일 4개월 전이잖아."

엄마의 얼굴에서 한 번도 보지 못한 표정이 떠올랐다. 긴 침묵 끝에 엄마가 드디어 입을 열었다.

"오랫동안 네게 해 주고 싶었던 얘기가 있단다."

엄마가 나를 돌아보셨다.

"너도 짐작했을지 모르겠지만 우리가 너를 입양했단다."

'뭐라고? 내가 짐작했을지도 모르겠다고? 아니, 한 번도 없는데?'

내 세상이 갑자기 급브레이크에 걸린 듯 멈춰 버렸다. 나는 누구지? 내가 알던 모든 것이 거짓이란 말인가?

"무슨 소리야? 농담하는 거지?"

나는 차분하게 말했지만 완전히 쇼크 상태였다.

"아니, 네가 알고 있을지도 모른다고 생각했어."

"대체 내가 어떻게 알겠어?"

정말 상상조차 하지 못한 일이었다. 심지어 나는 그동안 친아빠라고 믿고 있던 마이크와 닮기까지 했다. 기억하는가, 나는 어릴 때 부모님께 다른 아이들을 입양하자고 빌다시피 했다. 언젠가 아이를 입양할 마음이 있었고, 파울로도 이를 지지해 줄 것을 다짐받았었다. 아주 어렸을 적부터 입양에 대한 생각은 있었지만 내가 입양됐을 줄 어찌 알았겠는가!

"네게 비밀로 해서 미안하구나. 네가 태어난 지 하루 정도 지나서 우리에게 왔고, 네 아빠는 네가 모르길 바랐어."

정말 경악했다. 세상 전부를 통틀어 나와 가장 가까운 사람인 엄마 옆에 앉아서, 갑자기 내가 믿고 있던 모든 것을 의심하게 되는 엄청난 사실을 들어 버렸다. 엄마가 그 사실을 내게 감춰 온 것을 도무지 믿을 수 없었다.

계속해서 엄마는 조디가 죽은 뒤에 검진을 받기 위해 의사를 찾아간 이야기를 들려줬다. 의사는 조디에게 어떤 일이 있었는지 까먹고 엄마에게 모유 수유는 잘하고 있는지 물었고, 엄마는 울음을 터뜨리며 아기가 죽었다는 사실을 그에게 상기시켰다고 한다. 중대한 실수를 저지른 후, 그날 오후 늦게 그 의사가 엄마에게 전화를 걸어 혹시 입양할 생각이 있는지 물었다고 한다(하나님의 기적이 우리의 삶 가운데 일어날 수 있다는 증거다). 그는 자신이 돌보는 어린 환자 한 명이 임신 사실을 숨기고 있는데 아이를 입양 보낼 생각이라고 전했다. 엄마와 아빠는 입양을 고려해 본 적은 없었지만 그에게 좋다고 대답했다고 했다.

두 분은 내 친엄마를 만난 적이 없다고 했다. 서류에 쓴 이름이 진짜 이름인지도 알 수 없으며 나를 기르는 세월 동안 단 한 번도 연락이 온 적이 없다고 했다. 임신과 입양을 비밀로 하길 원했다는 것 외에 알고 있는 사실이 없었다. 따라서 서류에 적힌 내용 외에 내 친부모님에 대해 엄마가 해 줄 수 있는 말은 없었다.

비밀은 오래 감추면 감출수록 말하기 더 힘들어진다는 사실을 알지 않는가? 엄마는 이 사실을 27년 동안 내게 숨겨 왔다. 내게 이 이야기를 들려주는 동안 엄마가 느끼는 수치심이 방 안을 빠르고 무겁게 짓눌렀다. 엄마의 눈에는 눈물이 가득 고였다. 나도 멍했지만 본능적으로 엄마를 위로했다. 눈물이 내 볼을 타고 흐르기 시작했다.

"엄마, 괜찮아질 거예요."

나는 이렇게 말한 뒤 가까이 다가가 엄마를 꼭 끌어안았다. 엄마가 벽장 안으로 들어가 서류 상자를 꺼내 왔다. 나는 눈물을 흘리며 엄마가 건네 준 서류들을 살펴봤다. 내 출생증명서와 함께 처음 보는 정보들이 적힌 서류들이 눈에 띄었다. 친엄마의 이름과 함께 친아빠는 임신 사실을 알지 못한다고 적혀 있었다. 그때 엄마가 손 편지와 함께 성모 마리아 메달 장식이 달린 금목걸이를 내게 건넸다. 서명은 없었다. 언젠가는 내가 읽을 것을 알고 친엄마가 쓴 편지였다.

"내 아기가 이렇게 훌륭한 사람들과 함께할 것을 알기에 마음이 놓입니다. 아기와 나는 서로를 알지 못하겠지만 내게 매우 특별한 이 목걸이를 아기에게 주고 싶습니다. 내가 어릴 때 우리 부모님께서 주신 성모 마리아 목걸이입니다. 아이가 크면 이 목걸이를 주면서 모든 것을 설명해 주시고 내가 아주 많이 사랑한다고 전해 주세요. 두 분께 신의 축복이 있기를 바랍니다."

그 순간 나는 내 인생에서 가장 사랑하고 신뢰하는 사람, 나를 길러주신 엄마의 눈을 들여다봤다. 그리고 갑자기 내가 사실로 알고 있던 나에 대한 모든 것이 고통스러울 정도로 혼란스럽게 느껴졌다. 평생 나를 지탱하고 있던 신뢰의 근간이 발밑에서 무너지고 있었다. 나는 아프고 배신당한 느낌과 동시에 완전히 압도당한 기분이 들었다.

엄마를 위로하고 안심시키고 싶으면서도 내가 또 어떤 거짓을 사실로 받아들였는지 알고 싶었다. 점점 기운이 빠지고 혼자 남겨진 것 같았다. 평온한 느낌이 전부 사라지고, 내 마음은 믿는 도끼에 발등이 찍혔을 때처럼 의심과 외로움의 검은 그림자 속으로 숨어들었다.

인생의 문제는 대부분
어떻게 대응할 것인가와 관련 있다

우리를 특별하게 만드는 것은 우리의 경험이 아니라 경험에 대한 우리의 대응이다. 그리고 우리에게 던져진 불확실성에 대한 우리의 대응이다. 내가 온 곳이 갈 곳을 결정하지 않지만, 앞으로 나갈 토대를 형성하는 것은 확실하다.

큰 문제가 터지고 난 뒤에는 반드시 선택의 순간이 온다. 피해자가 될 것인가 승리자가 될 것인가? 포기할 것인가 한 단계 더 성장할 것인가? 의심할 것인가 믿고 나아갈 것인가? 모든 것은 나에게 달렸다.

내가 온 곳이 거짓으로 점철됐다는 것을 알게 된 건 마치 만화 〈우주가족 젯슨(The Jetsons)〉에 나오는, 한번 들어가면 일순간 완전히 새로운 의상을 입은 다른 사람이 돼 나오는 기계 안에 떠밀려 들어간 것과 흡사했다.

나의 경우, 편안한 트레이닝복 차림으로 크리스마스가 주는 아련하고 아늑한 감성에 젖어 엄마 침대에 들어갔다가 눈물범벅이 돼 나온 아주 곤혹스러운 상태였다. 살면서 겪은 일 중에 가장 불확실했다.

부모님이 정말로 나와 한 팀인지, 오랜 세월 왜 나에게 공을 감춰왔는지 궁금했다. 나는 누굴까? 내 친엄마는 누굴까? 그분을 찾으면 과연 나와 한 팀이 되려 하실까? 나를 적수라고 생각하면 어떻게 해야 할까?

불확실한 시기에 어떻게 대응할 것인지, 사랑과 두려움 중에 어느 것을 기반으로 결정하느냐에 따라 인생의 항로가 바뀔 수 있다. 쉬운 경기에서는 챔피언이 나오지 않는다. 삶의 어떤 부분에서도 마찬가지다. 나는 두려움이나 고통이 결과를 결정짓게 하고 싶지 않았다.

그 순간 알 수 있었다. 설령 친엄마가 나에 대해 알 생각이 없다고 하더라도 나는 그분을 알아야만 했다. 그분을 찾아야만 했다. 내가 누구며 내가 정말로 어디서 왔는지 알아야 했다. 그리고 그때 다시 평안을 느끼기 위해 사라진 조각들을 전부 찾아야 한다는 강력한 확신이 들었다.

내 진짜 모습을 인정할 때 강인해진다

당신의 부서진 조각들과 화해하라

_R. H. 씬

나는 총력을 기울여 강박적으로 친엄마를 찾는 임무에 돌입했다. 그 뒤로 몇 날 몇 주를 엄마가 주신 서류를 샅샅이 뒤지며 작은 정보나 단서 하나도 놓치지 않기 위해 애썼다. 나는 그 당시에 저널리스트로 일하고 있었는데 조사를 하거나 사람을 찾는 일에 꽤나 익숙했다.

서류는 대부분 무척 모호했지만, '로즈메리 라이언'이라는 친엄마의 성과 이름은 똑똑히 적혀 있었다. 그게 진짜인지 아닌지는 알 수 없었지만, 그 당시의 주법에 따라 비식별 정보를 남겨야 했다. 그중에는 작성자의 형제 관계와 부모님의 교육 수준과 같은 개인적인 정보도 포함돼 있었다.

친아빠에 대한 정보는 거의 없었다. 서류에 따르면 두 분 다 캘리포니아대학교 산타바바라에 다녔고 친엄마는 친아빠에게 임신 사실을 알리지 않았다고 한다. 1977년에 발급된 진료 기록과 내 출생증명서 그리고 기타 서류에는 몇몇 의사와 변호사의 이름이 있었지만, 27년이 지난 지금, 그들은 대부분 오래전에 은퇴했거나 사망한 상태였다.

나는 모든 정보를 정리한 뒤 전력을 다해 열성적으로 그 일에 매달렸다. 그 당시 나는 새벽 4시에 방송국에 도착해 아침뉴스를 진행한 뒤, 그날 뉴스거리가 있는 현장으로 나가서 아침뉴스 이후의 진행 상황을 보도하고 속보가 없을 시에는 대략 3시쯤 퇴근했다. 그리고 남는 시간을 친엄마를 찾는 데 전부 바쳤다.

나는 서류상에 존재하는 모든 의사, 변호사, 사회복지사의 실체를 조사한 뒤 접촉을 시도했지만, 아직 살아 있는 사람들은 내 사례를 듣지도 보지도 못했거나 기억하지 못해 어떤 도움도 줄 수가 없었다. 친엄마의 이름이 가장 중요하다는 생각이 들었지만, '로즈메리 라이언'이 진짜 이름인지 알 길이 없었다.

나는 일하지 않고 깨어 있는 시간은 로즈메리 라이언, 로즈 라이언 아니면 로즈메리나 로즈 혹은 메리가 들어가는 여자 이름을 찾아서 전화하는 데 몽땅 할애했다. 새로운 사람에게 전화할 때마다 나는 전화를 받는 사람이 친엄마일 것이라고 기대했다.

"안녕하세요, 혹시 로즈메리 되시나요?"

"누구세요?"

"전 제이미라고 해요. 가족 중에 로즈메리라는 분을 찾고 있어요."

매번 전화를 받는 여성은 내가 마치 사기꾼이나 텔레마케터인 줄 알고 전화를 툭 끊어 버렸다. 그때마다 혹시 친엄마가 나를 거부하는 게 아닌가 생각하곤 했다. 어쩌면 나도 그런 전화를 받으면 똑같이 반응했을지도 모른다. 펀치를 계속 맞으면서 일어나는 수밖에 없었다.

친엄마를 찾아야겠다는 결심은 단호했다. 그 후로 5년간 전국에 있는 로즈메리나 그와 비슷한 이름을 가진 사람에게 전화하는 것으로도 모자라 성이 라이언인 여성에게도 전화하기 시작했다. 수없이 많은 사람에게 전화하고, 온라인 데이터베이스마다 이름을 검색했다. 산타바바라에 있는 캘리포니아대학교까지 차를 몰고 가서 졸업 앨범을 전부 뒤졌지만, 1970년대에는 소수의 학생만 졸업 사진을 찍었다는 사실만 알 수 있었다. 수개월, 수년이 흘렀지만 이 일에 대한 강박을 도무지 멈출 수가 없었다(이 같은 끈기는 사업할 때 매우 유용했다).

워싱턴주 트라이시티 지역의 방송국에서 방송일을 처음 시작했지만, 그 뒤 더 큰 TV 시장이 있는 오리건주 포틀랜드의 지역 방송국으로 이직한 상태였다. 그곳에서 주말마다 아침뉴스를 진행하고 주중에 취재를 나갔다. 자정쯤 출근해서 뉴스 작성과 편집을 돕다가 주말 오전 5시 뉴스를 생방송으로 진행했다. 동시에 파울로와의 결혼식을 준비하며 청첩장과 꽃장식 같은 세부적인 사항부터 하객 명단과 예산과 같은 복잡한 사안까지 전부 지휘했다.

다른 때보다 훨씬 바쁜 시기였지만 혈통 추적 사이트, UCSB 졸업생 소셜 페이지 등 친엄마를 찾는 데 실마리가 될 만한 정보들에 여전히 집착했다. 철야 근무와 친엄마를 찾는 헛수고가 거듭되면서 나는 점점 지치기 시작했다. 깊게 잠들지 못했고 항상 피곤하고 무기력했다. 단순한 기력 소진이 아닐 수 있다고 생각됐다. 뭔가가 잘못된 느낌이었다. 그때부터 치료사를 찾아갔다.

어떤 일이든 도움을 받는 것은
부끄러운 일이 아니다

나는 깊은 슬픔에 잠겨 있었고 몸 상태가 좋지 않았다. 공황 발작도 겪기 시작했다. 공황 발작을 겪어 본 사람이라면 그게 얼마나 큰 공포인지 알 것이다. 심장이 마구 뛰면서 곧 기절할 것 같은 기분이다. 머리로는 공황 발작임을 알지만 정말 죽을 수도 있겠다는 생각이 든다.

빡빡한 일정과 일에서 오는 스트레스 때문인지, 결혼에 대한 불안감 때문인지, 절대로 끝날 것 같지 않은 체중에 대한 강박과 완벽주의로부터 파생되는 문제인지, 아무런 수확이 없는 친엄마 찾기 때문인지 알 수 없었다. 무엇 때문에 힘든 건지 감이 오지 않았다.

내 문제를 친구나 가족 누구에게도 털어놓기 부끄러웠다. 하지만 우리 사회에는 정신 건강을 둘러싼 낙인이 여전하기 때문에 이를 공유하는 것이 매우 중요하다고 생각한다. 전문적으로 도움받는 일을 수치스러워할 필요가 전혀 없다. 나는 언젠가 치료사를 만나러 간다고 말하는 것과 손톱 손질을 받으러 간다고 말하는 것이 다를 바가 없기를 기대한다(치료사를 만나는 게 좀 더 심오하다는 것만 빼면 말이다).

내 좋은 친구이자 온사이트 워크숍(Onsite Workshops) CEO 마일스 애드콕스가 훌륭하게 요약했다. 도움을 요청하고 치료를 받으러 가는 것과 같이 정신 및 감정 건강에 집중하는 일은 "당신에게 무엇이 잘못됐다는 뜻이 아니라 당신이 무엇을 잘하고 있다는 것을 뜻한다."

내 치료사 닥터 Z는 하늘이 내려 주신 선물이었다. 시기에 딱 맞춰 내 인생에 들어와 줬다. 첫 만남에서부터 그녀는 자기 자신에 대한 한 가지 사실을 말해 줬다.

"미리 말씀드릴게요. 면담은 매주 월요일, 수요일, 금요일에만 가능합니다. 예약은 취소하시려면 24시간 전에 해 주셔야 해요. 그리고 저는 레즈비언입니다."

말투가 너무 덤덤해서 그동안 위 세 가지 요인을 일관되게 중시해 왔다는 인상을 받았다. 닥터 Z는 50대 중반이었고, 내가 지금까지 만난 사람 중에 가장 남의 말을 잘 들어 주는 사람이었다. 예전부터 우리 가족은 힘든 일이 있으면 최고의 방법을 찾아 스스로 해결하려 했지, 전문적으로 도움을 받은 적이 없다. 그래서 내게도 생전 처음 있는 일이었다.

닥터 Z와 있으면 내가 진정 어떻게 느끼는지, 진정 무엇이 불안정한지 안심하고 속내를 털어 놓을 수 있었다. 그녀는 내가 공황 발작을 치료할 수 있도록, 우울증에서 벗어날 수 있도록 도와줬다. 나는 그녀에게 모든 것을 얘기했다. 속 깊고 극도로 개인적인 주제까지.

예를 들면, 신의 존재가 의심된다고 말했다. 많은 지역을 돌아보고 넓은 세상을 접할수록, 신의 존재를 둘러싼 과학적 논쟁에 노출됐다. 종교가 아닌 증거를 기반으로 인생을 살고 믿음을 형성하는 사람들을 만나면서 내 기독교 신앙에 대한 의심이 서서히 자라기 시작했다. 그리고 나 역시 실제로 보고, 만지고, 듣고, 증명할 수 있는 것만 믿는 것이 논리적으로 보인다고 고백했다. 또 내가 어디서 온 지 모르고 이제는 내가 갖고 있던 믿음까지 흔들리기 시작하면서 어찌할 바를 모르겠다고 이야기했다. 이러한 얘기를 나누던 중에 그녀가 들려준 얘기는 내 삶을 바꾸고 내 사고를 영원히 바꿔 놓았다.

"신의 존재가 의심되면 신께 말씀드리세요. 당신이 틀렸다고 신께 증명해 보라고 말씀드리세요."

"네? 그게 무슨 말씀이세요?"

나는 그때까지 닥터 Z가 신을 믿는지, 신앙을 실천하는지 아니면 영적 세계를 믿는지조차 알지 못했다. 인생의 그런 측면에 대해서는 한 번도 말한 적이 없었다. 하지만 그날 그녀가 들려준 얘기는 충분히 이해가 갔다. 그녀가 이어서 말했다.

"신께서 우주 전체를 창조하셨다면, 그런 의심이 무슨 문제겠어요? 신을 믿지 못하겠다고 말씀드리세요. 그리고 당신이 틀렸다는 걸 증명해 달라고 간청하세요. 실제로 존재하시는 걸 보여 달라고 간청해 보세요. 그런 다음 어떻게 되는지 보세요."

나는 그렇게 기도했다. 그 뒤로 며칠, 몇 주, 몇 달, 몇 년 동안 나는 기도할 때마다 신께 당신의 존재를 믿기 힘들다고 고백했다. 그리고 존재하심을 보여 주시고 내게 확신을 달라고 간청했다. 그 결과, 신께서 어떻게 하셨는지 말하자면 이 책에 다 담기 힘들 정도다.

닥터 Z는 수많은 방식으로 내가 치유할 수 있게 도와줬다. 하지만 우울증의 한 시기에서 벗어났음에도 친가족과 관련해 사라진 퍼즐 조각은 늘 나를 짓눌렀다. 답을 찾지 못할 수 있었기에 무시하려 애썼지만 잘 되지 않았다.

잇 코스메틱을 출범시키고 일주일에 100시간씩 일하면서 전처럼 친엄마를 찾을 시간이 없었다. 하지만 기회가 생길 때마다 강박적으로 그 일에 몰두했다.

무턱대고 끝없는 개인 정보와 검색 포털, 혈통 추적 사이트의 소용
돌이 속에 뛰어들었다. 밤을 꼴딱 새우며 찾은 적도 있다. 파울로는
그런 나를 걱정했고 한밤중에 일어나서 화장실에 가다가 인터넷을 뒤
지는 나를 발견할 때마다 "이제 그만 자자"라고 말하곤 했지만 나는
멈출 수 없었다.

거기에 더해 나는 친부모와 아이들이 재회하는 입양 방송을 녹화하
기 시작했다. 감정을 자극하는 음악을 배경에 깔고 슬로 모션으로 밀
밭을 가로질러 서로를 향해 달려간 뒤 세차게 끌어안고 그 뒤로 행복
하게 잘 살았다고 보여 주는 그런 방송 말이다. 나는 이런 일이 나에
게도 일어날 것이라고 꿈꿨다.

내 부모님은 어떻게 생겼을지 궁금했다. 내게도 형제자매가 있을
까? 어떤 날은 나와 혈연지간인 사람을 한 번도 만난 적이 없다는 현
실에 절망감을 느끼기도 했다. 그것은 정말이지 기이하고 외로운 감
정이었다.

나는 점점 친엄마가 서류에 남긴 로즈메리 라이언이 진짜 이름이
아니라는 확신이 들었다. 수많은 사람에게 전화하고 수년간 자료를
뒤진 끝에 그녀가 진짜 이름을 사용했을 리 없다는 생각이 들었다. 누
구든 내 친엄마가 될 수 있었다. 나는 TV에서 나를 닮은 배우나 어떤
여성이라도 발견하면 그 사람을 검색해 약력을 읽고 혹시 친엄마가
아닐까 상상했다. 그렇게 그 일에서 헤어 나올 수 없었다.

입양을 주제로 한 방송에서 사연을 보내면, 방송과 연계된 전문 업체가 가족을 찾는 데 도움을 줄 것이라고 시청자를 독려했다. 파울로가 내 이야기를 써서 방송에 보내도 되는지 물었다. 그답지 않은 일이었다. 사실 그가 내가 녹화한 방송을 봤다는 사실에 적잖이 놀랐다. 그에게 편지를 써도 좋다고 말한 뒤 나는 크게 신경 쓰지 않았다.

얼마 뒤 방송사에서 연락이 왔다. 내 사연이 방송에 뽑히지는 않았지만, 수수료를 내면 자신들의 위치 추적 장치를 이용해 내 친엄마를 찾는 데 도움을 주겠다고 제안했다. 나는 이 제안이 사기이며 그들이 돈을 버는 또 다른 수단임을 믿어 의심치 않았지만, 몇 년간 아무런 실마리가 없었기에 지푸라기라도 잡는 심정으로 그 당시에 우리에게 큰돈이었던 몇백 달러를 지불하기로 했다.

구겨진 종이가
더 멀리 날아간다

2010년 새해 첫날, 잇 코스메틱 사무실—캘리포니아 스튜디오시티에 있는 우리 집 거실—에서 일하고 있을 때 휴대전화가 울렸다. 내 인생이 영원히 바뀌기 일보 직전이었다(그나저나 왜 나한테는 늘 연휴 기간에 큰일이 생기는 걸까?). 전화를 받아 보니 입양아 가족 추적 업체였다. 전화를 건 여성이 말했다.

"친엄마를 찾은 거 같아요."

"정말이요? 어떻게요? 확실해요?"

나는 소리쳤다.

"거의 확실해요. 이메일을 열어 보세요."

이메일을 열어 보니 부동산 회사 웹사이트 링크가 있었고, 클릭하자 그곳에서 일하는 중계사들과 그들의 사진이 있었다. 그중에 로즈메리(성은 라이언이 아니었다)라는 중계사의 사진이 있었다. 나는 그 사진을 보자마자 입이 떡하고 벌어졌다.

"세상에, 나랑 정말 닮았어요."

그녀는 설명을 이어 나갔다. 친엄마가 서류상에 진짜 성을 사용하지 않았지만, 형제자매 관계(형제자매 수와 태어난 년도 순으로 기재하는 항목)를 정확하게 적었다고 했다. 그녀의 이름은 정말로 로즈메리였고 UCSB에도 재학했었다. 이 정보만으로 충분히 그녀를 찾을 수 있었다고 전했다. 나는 감사의 인사를 건넨 뒤 전화를 끊고 내가 처음 입양됐다는 사실을 알았을 때와 마찬가지로 심한 쇼크 상태에 빠졌다. 나는 얼이 빠진 채 파울로 곁에 앉아 있었다. 해피 뉴 이어. 이런 세상에.

1시간 이내에 나는 구글에서 그분의 전화번호와 집 주소를 알아내고 구글 어스로 집 사진도 찾아봤다. 그리고 결혼해서 두 아들이 있다는 사실도 알아냈다(내게 남동생이 있다니!). 페이스북 페이지에서 사진들을 샅샅이 훑어 그분의 형제자매와 조카에 대해 내가 할 수 있는 모든 것들을 찾아냈다. 그런 다음 스프레드시트에 모든 이들의 사진과 정보를 붙여 넣었다.

친엄마는 캘리포니아 북부에 살고 있었다. 모든 조사가 끝났고 정보도 충분히 모았다. 이제 내가 할 일은 6시간 정도 차를 타고 그분의 집 앞으로 가는 것이었다. 드디어 모녀가 만나다니! 그런데 문득 지난 5년간 기다리고 꿈꿔 왔지만 자기의심이 스멀스멀 피어오르면서 '만약 나와 만나길 원치 않으시면 어떡하지?' 하는 생각이 머릿속을 꽉 채웠다. 잠시 시간을 갖고 좀 더 깊게 생각해 볼 문제였다. 전화를 걸어 볼까? 편지나 이메일을 보내 볼까? 그냥 집에 찾아가 볼까?

나 혼자 결정하기에는 너무나 힘든 문제였다. 나는 신께 지금 바로 어떻게 할지 알려 달라고 했다. 그러던 중 이메일을 먼저 보내자는 직감이 나를 휘감았다. 그래서 그렇게 했다. 나는 내 이야기를 하며 내가 당신의 딸인 것 같다고 말했다. 그리고 엄마가 왜 나를 포기했는지 이유는 알 수 없지만, 그것과 별개로 엄마를 사랑한다는 사실을 알아주면 좋겠다고 전했다. 나는 남은 새해 첫날을 친엄마에게 이메일을 쓰는 데 보냈다. 그런 다음 기도하고 '보내기' 버튼을 눌렀다.

다음 날 아침에 눈을 뜨자마자 달려가서 이메일을 확인했다. 답장이 왔는지 살폈다. 그러나 아무것도 없었다. 그리고 그다음 일어난 일을 어떻게 받아들여야 할지 알 수 없었다. 갑자기 그녀의 페이스북 프로필이 사라진 것이다. 어떤 의미인지 짐작할 수 있었다. 내가 보지 못하도록 온라인상에서 자취를 감춘 것이다. 가슴이 덜컹했다. 그 순간 그분이 내가 찾는 걸 원치 않는다는 사실을 또렷이 알 수 있었다. 마음이 무너져 내렸다. 한 번 더 버려지는 듯한 기분이 들었다.

일주일 뒤에 이를 확인시키는 이메일이 도착했다. 그녀는 맞다고, 내가 자기 딸이라고 말했다. 그리고 만나지 않겠다는 결정을 존중해 달라고 부탁했다. 나는 절망했다. 그동안 TV 방송에서 보던 모습이 아니었다. 아무도 내게 달려와 나를 끌어안고 사랑한다고, 평생 나를 찾아 헤맸다고, 나를 포기한 것이 인생에서 가장 큰 후회라고 말해 주지 않았다. 나는 크게 실망했고 깊은 상처를 받았다. 진심으로 내 사랑이 거부당했다는 생각이 들었다. 또 거부당한 것이다.

그때 내가 할 수 있었던 것은 하나님께 이 고통을 가져가 달라고 비는 것뿐이었다. 우리 두 사람에게서 말이다. 차를 타고 그 집 앞으로 가고 싶은 충동을 수없이 느꼈다. 겨우 6시간 거리였다. 그분이 나를 만나고 싶지 않다고 해도 나는 그렇게 하기 힘들었다. 이제는 그분이 누군지 아는데 만날 수 없다는 사실을 받아들이기 어려웠다. 견디기 힘들 만큼 큰 고통이 밀려들 때도 있었다. 그러나 하나님께서 내 생각보다 더 나은 계획을 갖고 계심을 알았고, 그것을 믿어야 했다.

어떤 날은 가슴이 미어질 듯 아파서 여러 가지 생각이 들었다. '그분은 날 만날 자격이 없어.' '엄마라면 나를 사랑하고 나를 돌봐 줬어야 해.' 나는 엄마한테 버림받은 아이처럼 느껴졌다. 그 아이는 엄마를 찾는 데 수년간 매달렸고, 드디어 엄마 앞에 나타나 자신을 사랑해 달라고 조르는데 엄마는 '안 돼'라고 말하고 있었다. 나는 왜 그분이 그런 반응을 보였는지 이해하려 애쓰면서, 언젠가 납득할 수 있는 이유가 있을 것이라고 스스로를 다독였다. 하지만 그 이유를 알 수 없었고, 이유가 없을 수도 있다는 사실도 알았다.

그렇게 다섯 달이 흐르고, 느닷없이 그분에게 이메일이 왔다. 그리고 이번에는 나를 만날 의향이 있다고 했다. 좀 놀랐다. 첫 거부에 대한 상처가 아직 채 아물지 않았고, 그 일에 서서히 분노를 느끼고 있던 참이었다. 그렇지만 나는 내가 어디서 왔는지 알고 싶은 욕구를 억

제할 수 없었다.

마침 샌프란시스코에서 세포라와 미팅이 잡혀 있었다(그렇다, 잇 코스메틱을 입점시킬 수 없다고 결론이 날 세포라와의 미팅이 예정돼 있었다. 하지만 그때는 이번 세포라와의 미팅이 성공할지도 모른다는 희망을 품고 있었다). 세포라 미팅차 샌프란시스코로 갈 때 친엄마를 만나기로 결심했다. 그분이 팰리스 호텔에 점심 식사를 예약했다. 이제 시간과 장소가 정해졌다. 나는 이 일이 마침내 일어난다는 사실을 믿을 수 없었다. 나는 점심시간보다 조금 일찍 도착해 호텔 로비에 앉아 그분을 기다렸다. 약속 시간이 15분 지났지만 감감무소식이었다. 수많은 생각이 물밀듯이 밀려왔다.

'정말 오실까? 실제 모습은 어떨까? 목소리는 어떨까? 친절하신 분일까? 다른 사람을 대하시는 모습은 어떨까? 나에 대해 어떻게 생각하실까? 본인과 닮았다고 생각하실까? 내가 뚱뚱하다고 생각하면 어떡하지? 죽이 잘 맞지 않으면 어떡하지? 공통점이 하나도 없으면? 과연 날 사랑해 주실까?'

그때 그분의 모습이 보였다. 얼굴에 따뜻하고 아름다운 미소를 지으며 내 쪽을 향해 걸어오셨다. 눈은 홍분과 더불어 걱정인지 공포인지 알 수 없는 감정으로 반짝였다. 다정한 기운을 내뿜고 계셨지만 나는 그 즉시 알 수 있었다. 내가 아직 모르는 심오한 이야기를 품고 계신다는 것을. 우리는 함께 점심을 먹었지만 나는 거의 손도 대지 못했다. 그분도 마찬가지였다. 우리는 앉은 자리에서 5시간 동안 내리 이야기를 나눴다.

친엄마는 작은 사진첩을 하나 가지고 나오셨다. 내 남동생과 그분의 형제자매와 부모님을 보여 주셨는데, 나는 그때 처음으로 그분의 인생의 일부로 인정받은 느낌이 들었다. 또 내가 한 번도 만나지 못한 가족 구성원들 중에 가장 눈에 띄는 분은 몇 년 전에 돌아가신 그분의 엄마였다. 내 할머니였다. 이름은 레온시아였는데, 우리 두 사람은 쌍둥이처럼 닮았다. 말 그대로 쌍둥이였다. 할머니—모두 '나나'라고 불렀다고 한다—는 내가 태어났을 때 나를 품에 안은 유일한 사람이라고 했다. 그 말은 수년간 내 가슴속을 울렸다.

나는 끊임없이 듣고 질문했다. 그분과 내 친아빠—이름도 기억이 나지 않는다고 하셨다—는 단 하룻밤을 보냈을 뿐이라고 했다. 대학교 때 파티에서 어울리다가 그의 집에서 잠을 잤는데 그 한 번에 내가 생긴 것이다. 그분은 임신 사실을 모두에게 숨겼다고 했다. 심지어 그 남자에게까지. 형제자매도, 친구들도 몰랐고 그분의 부모님 딱 두 분만 아셨다고 했다.

임신 막달이 가까워지면서 배가 나오기 시작하자 그분은 캘리포니아주 노바토의 아파트에 칩거했다. 샌프란시스코에서 멀지 않은 곳이었다. 그분의 형제자매들은 모두 그분이 여름방학에 산타바바라의 학교에 좀 더 머문다고만 생각했기에 아무도 눈치채지 못했고 나를 출산한 뒤 다시 평범한 인생을 살았다고 했다.

대학을 졸업한 후에 그분은 남편 패트와 결혼했고, 두 사람은 일적으로 성공했으며 지금까지도 함께한다고 했다. 남편에게 나에 대해 말하지 않았고, 물론 두 아들에게도 마찬가지였다. 그래서 내게 이메일을 받았을 때 잠적했고, 나를 만나고 싶지 않았던 것이다. 비밀이었기 때문이다. 누구에게도 말하지 못한 채 32년 넘게 함구해 온 사실을 어떻게 처리하고 무엇을 해야 할지 결정할 시간이 필요했던 것이다.

이 이야기를 듣고 나는 그분이 왜 내가 처음 연락했을 때 잠적해 버렸는지 이해할 수 있었다. 내가 연락했을 때 자신에게 중요한 사람들이 어떻게 반응할지 얼마나 걱정됐을까? 남편에게 32년 전에 아이를 낳았다고 어떻게 말할 수 있겠는가? 아들들에게 숨겨진 누나가 있다고 어떻게 말할 수 있겠는가? 어릴 때부터 살던 동네에서 가정을 꾸리고 초등학교 때 만난 남자와 결혼했기에, 그분에게 이 같은 비밀이 있을 거라고는 아무도 상상하지 못했을 것이다.

로즈메리와 나는 맨 처음부터 시작해야 했다. 신뢰를 쌓아야 했고 서로를 알아 가야 했다. 우리가 만난 그해 나는 파울로를 소개해 드렸고 그분도 남편 패트를 소개해 주셨다. 몇 년 뒤에는 두 남동생 스티브와 패트릭도 만났다. 우리 관계는 천천히 발전될 수밖에 없었다. 내가 잇 코스메틱을 만드는 데 너무 몰두하고 있었기 때문이다. 하지만 진전을 보였다. 나는 두 분을 우리 가족 행사나 명절에 초대하기도 했고, 우리가 초대받아서 가기도 했다.

이 책을 쓰는 지금도 우리는 아직 서로의 가족 구성원들을 만나는 과정에 있다. 나는 크나큰 축복을 받았다. 그분의 남편, 내 남동생들, 이모, 삼촌, 사촌을 포함해 그분 쪽에 있는 사람들 모두가 하나 같이 나를 너무도 따뜻하게 맞아 줬다. 주저 없이 나를 가족의 일원으로 받아 주셨다. 그분들은 정말이지 재미있고, 똑똑하고, 기발하고, 다정하고, 눈부시게 친절했다.

초반에 로즈메리와 패트 그리고 모든 가족이 모여 레스토랑에서 함께 식사한 적이 있다. 내가 밥값을 계산하려고 하자 패트가 나를 막으며 예의 있고 친절한 눈빛으로 지긋이 바라보며 이렇게 말씀하셨다.

"나는 절대 자식들에게 돈을 내게 하지 않아."

그 얘기를 듣자마자 눈물이 샘솟았다. 나를 당신의 인생에 완전히 받아 주실까 하는 우려를 깡그리 불식시켰다. 그 순간 그는 모든 가족 앞에서 나를 인정했다. 로즈메리의 딸뿐 아니라 당신의 딸이기도 하다는 것을.

나를 키워 준 가족이 내 인생에 새 사람들이 들어온 것을 어떻게 받아들일지 걱정이 됐다. 내 양아빠 마이크는 대장암으로 사망하는 바람에 내 친가족을 만날 기회가 없었다. 새아빠 데니스와 우리 엄마 니나는 상상 그 이상으로 지지하고 열린 마음으로 받아 주셨다.

나는 처음에 혹시 엄마가 위협을 느끼거나 질투하지 않을까 걱정했지만, 로즈메리와 처음 만난 자리에서 엄마는 나를 당신께 보내 줘서 고맙다고 인사하셨다. 내가 당신의 인생에서 받은 최고의 선물이라고 말씀하셨고 우리 셋은 함께 울었다.

첫 만남의 자리에 로즈메리는 본인의 엄마에게 물려받은 금팔찌 세트 세 개를 들고 오셔서 니나와 나에게 나눠 끼자고 하셨다. 우리 셋은 그날 손목에 팔찌를 끼고 손을 맞잡았다. 살면서 가장 특별하고 사랑이 넘치는 순간이었다.

내가 항상 꿈꾸던 밀밭을 가로질러 뛰어가는 일은 일어나지 않았다. 하지만 로즈메리와 나는 만날 때마다 그것과 동일한, 사랑으로 넘치게 포옹할 만큼 가까워졌다. 우리는 전화로 마음을 다해 서로에게 사랑한다고 말하고, 한 번에 한 발짝씩 관계를 만들어 가고 있다.

모든 사람은 자신의 이야기를 쌓아 가고 또 받아들이는 여정에서 각자의 투쟁을 벌인다. 내가 처음 연락했을 때 로즈메리의 반응은 내게 깊은 상처를 줬지만, 나는 그때 다른 사람을 절대로 섣불리 판단할 수 없다는 사실을 깨달았다. 사람마다 인생의 항로에서 마주하는 고통과 장애물이 다르고, 이를 서로가 완전히 이해하는 일은 불가능하기 때문이다.

끈질기게 추적한 세월과 친엄마의 거절에도 불구하고 유지한 열린 마음 덕분에 우리는 우리만의 이야기를 완전하게 만드는 지점에 도달할 수 있었다. 진실은 나를 수색에서, 로즈메리를 비밀에서 해방시켜 줬다. 우리는 함께 치유됐고 앞으로도 우리 사이에 아름다운 이야기들이 계속해서 펼쳐질 것이다.

친가족을 찾는 일이 내 정체성을 찾는 일임을 인지하지 못했지만, 나의 뿌리를 탐색하는 과정에서 내가 어떤 사람인지 발견할 수 있었다. 그것은 내가 잇 코스메틱을 만들 때 새로운 시각으로 꿰뚫어 볼 수 있게 만들어 줬고, 자신의 정체성을 포용하기 위해 분투하는 여성들에게도 자신이 어떤 사람인지 상기시킬 수 있도록 도움을 줬다.

나는 내가 어디서 왔는지보다 내가 누구인지가 더 중요하다는 사실을 깨달았다. 그러니 자신만의 투쟁에 집중하길 바란다. 그것이 당신의 초능력이 될 수 있다. 그것은 대체로 우리의 이야기 속에서 우리가 지워 버리거나 잊어버리고 싶은 부분이다. 고통스럽기 때문이다. 하지만 그 순간들을 당차게 경험하고 견디며 그것을 도약의 기회로 여긴다면, 인생에서 더 큰 목적의 일부가 될 수 있다. 타인에게 베풀 수 있는 최고의 표현이 될 수 있다.

당신의 이야기를 받아들일 때 생기는 힘을 믿어라. 엉망진창인 부분 때문에 결국 더 아름다운 이야기가 탄생한다. 그러니 다른 사람들도 동일한 과정을 거친다는 사실을 인지하고 그들을 너그럽게 대할 것을 명심해라.

저급하게 나와도
품격 있게 대처하라

넌 여기 못 앉아.

_영화 <퀸카로 살아남는 법>

"여기 들어오지 마세요. 빈말 아니에요."

방 안으로 들어가려고 했을 때 다 큰 성인 여자가 내 앞에서 문을 '쾅' 하고 닫으며 말했다. 이 말은 마치 경고장 같았다. 여기가 초등학교였다면 나는 화장실에 몸을 숨기고 울음을 터뜨렸을지 모른다. 하지만 여긴 QVC 공동 대기실이라는 빅리그였고 나는 10만 달러 이상 매출을 올려야 하는 방송을 코앞에 두고 있었다. 숨거나 울 시간이 없었다. 우리 제품이 성공적으로 데뷔한 뒤, 나는 황금시간대에 높은 매상을 올리는 화장품 회사 창립자들로 구성된 선발진에 합류했다.

방송 스케줄이 늘어나도 부담은 전혀 줄어들지 않았다. 생방송에 나갈 때마다 판매 목표치를 달성해야 했고 그렇지 못하면 출연 요청이 사라질지도 모를 위험이 도사렸다. 목표치를 달성하면서도 한 번도 기뻤던 적이 없다. 아직 살아남았다는, 또 다른 기회가 주어졌다는 안도감뿐이었다. 그리고 상황이 언제든 바뀔지도 모른다는 생각에 끝없는 공포를 느꼈다.

나는 늘 생방송에 나가서 내 맨얼굴을 드러냈고, 현실에 있는 여성들을 보여 줬으며, 매번 성공했다. 그리고 그 성공은 거듭됐다. 타율 10할이라는 진기록이 이어지자 QVC는 방송 시간을 점점 더 늘리고 방송에서 새 제품 런칭을 허용했다. 우리 회사는 가파르게 성장했고, 얼마 지나지 않아 날개 돋친 듯 팔려 나가는 주력 제품 세 개를 갖추게 됐다. 그렇게 우리는 주목받기 시작했다.

곧이어 경쟁과 관련해 다음 사실을 깨달았다. 내가 작고 미미할 때는 과소평가당하고 누구에게도 위협적인 존재로 여겨지지 않기 때문에 사람들은 보통 친절하게 대해 주고 최악의 경우에는 무관심하다. 하지만 내가 성과를 내기 시작하면 모든 사람이 이를 흔쾌하게 받아들이지 않는다.

우리의 방송 횟수가 늘어날수록 경쟁 브랜드 창립자 두 명과 방송 담당자 한 명이 대기실에서 점점 더 나를 멀리한다는 느낌을 받았다. 우리 모두 동일하게 압박받고 있었기에 그들의 마음에 공감했다. 단지 그 세 명뿐이었다. 나는 우리를 지지하는 다른 뷰티 브랜드 창립자를 포함해 다른 멋진 사람들과 함께 시간을 보내기 위해 노력했다.

하지만 시간이 지날수록 그들은 나를 멀리하는 것에 그치지 않고 나를 따돌리고, 나에게 시비를 거는 데 집중했다. 처음에는 그들이 내가 경기에서 지게끔 전략을 사용하는 줄 알았다. 하지만 곧 집요한 괴롭힘으로 변해 갔다.

복도를 따라 공동 분장실이 여러 개가 자리하고 있었다. 방송 중에 누군가가 의상을 갈아입기 위해 들러 잠시 문을 닫는 경우도 있었지만, 대부분 문은 열려 있었다. 방 안은 늘 왔다 갔다 하는 사람들로 북적댔고 거기서 출연자들은 거울과 메이크업 조명을 나눠 쓰며 화장을 고치거나 방송에 나갈 준비를 했다.

황금시간대에 방송이 있던 어느 날 밤, 그 여자 세 명이 분장실에 같이 있다가 내가 다가오는 것을 보고 문을 닫아 버렸다. 무례한 행동이었다. 그중 한 명이 나를 쏘아보는 것 같았지만 잘못 본 것이라고 생각했다. 아무리 그래도 분장실을 못 쓰게 하는 일은 있을 수 없지 않은가.

소지품을 챙기러 다시 분장실을 찾았다. 재빨리 볼일만 보고 나올 생각이었다. 두 사람은 세트장으로 향했고 나머지 한 명만 남아 있었다. 잠깐 안으로 들어가려는 찰나에 남아 있던 여자가 문 쪽으로 다가왔다. 그리고 "여기 들어오지 마세요. 빈말 아니에요"라고 쏘아붙인 뒤 내 코앞에서 문을 '쾅' 하고 닫았다.

'뭐지? 도대체 무슨 뜻이야? 위협인가? 경고인가? 조언인가?'

여러 가지 생각이 머리를 스쳤다. 30대 성인 여자가 지금 같은 성인 여자들에게 괴롭힘을 당하고 있다니 믿기지 않았다. 그러나 그것은 괴롭힘이었다. 사람들로 꽉 차 있어 빈 곳이 없었다. 나는 겨우 자리가 난 분장실에서 간신히 방송을 준비했다.

마치 그곳이 학교이고, 나는 못된 여자애들 무리에 속하지 못해 동떨어진 느낌이 들었다. 그 무리에 끼고 싶은 생각은 추호도 없었지만 어떤 형태든 거절은 쓰라렸다. 내가 큰 성공을 거두고 있었기 때문에 생긴 일이란 것을 잘 알았다.

그 여자들의 브랜드는 우리보다 규모가 훨씬 컸다. 내 성공으로 인해 자신들의 방송 시간(다른 말로, 돈)이 줄어들 것이라고 위협받았을 수 있지만 그들도 알고 있다. QVC의 방송 시간은 매출이라는 객관적인 기준을 따라 결정된다는 것을. 따라서 그들은 내 성공을 깔아뭉개는 대신 나를 본보기 삼아 더 열심히 일하고 자신의 가치를 높이는 일에 집중해야 했다.

상대가 성공했기 때문에
내가 실패하는 것이 아니다

한 사람의 성공이 다른 사람의 실패로 이어지지 않는다. 방송 시간은 한정적이지만 뷰티 세계뿐만 아니라 어느 세계든지 성공할 수 있는 자리는 무한하다.

내 생각을 덧붙이면, 여성들이 서로 경쟁할 때는 표면적인 것보다 더 깊은 사안이 작용한다. 남성은 무엇인가를 성취하기 위해 경쟁하더라도 '결핍'이라는 관점을 작동시키지 않는다. 반면, 여성은 탁자에 한 자리가 남아 있으면 그 자리에 오직 한 명만 앉을 수 있다고 생각한다.

영화 속에서든, 현실에서든 중역 회의에는 오직 한 명의 여성만이 탁자에 앉아 있다. 여자 상무 혹은 리더십 위원회에 구색 맞추기식으로 앉은 여성 위원 말이다. 이러한 이미지들은 여성의 뇌리에 깊이 각인돼 있어, '다른 여성을 탁자에 데리고 오자'라고 생각하는 대신 '탁자에 다른 여성이 있으면 내 자리가 위험하다'로 받아들일 때가 많다.

낡아빠진 생각 같아도 여전히 존재한다는 게 현실이다. 따라서 자발적이라고 할 수 있는 이러한 성적 억압의 형태가 계속되고, 여성들도 계속해서 기회가 한정적이라고 믿으며 상대방을 직접적인 경쟁 상대로 바라보는 것이다.

하지만 변화를 위한 움직임이 보이고 있다. 많은 여성이 스스로 자리를 만들거나 탁자를 새로 만들거나 더 나아가 자신이 앉아 있는 곳에 다른 여성들을 데려오고 있다. 그 필요성에 비해 변화의 속도는 현저히 느리다.

QVC 대기실에서 맞닥뜨린 상황의 이면이 무엇이든 간에 그 여자들을 피할 도리가 없다는 점이 가장 힘들었다. 함께 방송에 출연할 때가 많았기에 더욱 그랬다. 그 당시 QVC에는 '프라이데이 나잇 뷰티'라는 황금시간대 프로그램이 있었다. 매주 금요일 같은 시간에 방송되며 오프닝도 늘 똑같았다. 그날 소개될 브랜드 창립자와 프리젠터가 단체로 살롱처럼 꾸며진 세트에 서서 마치 파티를 즐기듯 화기애애한 분위기를 연출하는 것을 라이브로 비춰 주는 방식이었다. 1억 가구로 전파되는 이 프로그램의 오프닝을 나는 늘 즐겁게 임했다. 지금까지는 말이다.

이 밉상 삼총사와 함께 출연하는 날이면 그들은 내가 끼어들지 못하게 딱 붙어서 자기들끼리 이야기를 나눴다. 운이 좋은 날에는 오프닝에 다른 사람들이 함께 있었고 그들과 이야기하면 됐다. 하루는 그 셋과 나밖에 없었다. 도대체 무엇을 해야 할지 알 수 없었다. 그들은 노골적으로 나를 차단했다. 나는 혼자 어색하게 서서 즐거운 척하며 안절부절못한 채 속으로 눈물을 삼켰다.

내 차례가 시작됐다. 그날 어마어마한 매출을 달성해야만 했기에 나는 마음을 가다듬고 마음을 굳게 먹은 채 무대로 나갔다. 나를 움직이게 만드는 원동력은 목표 매출액도 아니고, 밉상 삼총사에게 무언가를 증명해 보이고자 함도 아니었다. 나 자신보다 중요한 문제가 있었기에 나는 걱정을 멈출 수 있었다. 집에서 방송을 시청하는 모든 여성이 자신이 중요하다는 사실을 깨닫게 하려고 내가 그 자리에 있는 것이었다. 내가 그들을 보았고 내가 바로 그들이라는 사실을, 자신이 부족하다는 그 고통스러운 느낌에 내가 동감한다는 사실을 그들에게 전하기 위해서 말이다.

나는 전국에 있는 진짜 여성들을 상상했다. 네브래스카주에서 빨래를 개며 방송을 시청하는 싱글맘이 자신의 아름다움을 깨닫길 바랐다. 그녀의 삶에 지금 무슨 일이 있든, 무엇 때문에 자기의심이 생기든, 누가 그녀를 섣불리 판단하고 부당하게 대우하고 따돌리든 말이다. 내 메시지는 메이크업을 뛰어넘을지도 몰랐다. 나는 모든 여성을 아우르고 싶었다. 그 순간, 어느 때보다 그것을 강렬하게 느꼈다.

방송을 보는 사람들이 제품을 주문하든 말든 중요하지 않았다. 그들이 TV를 켜서 나를 보면서 자기 자신이 중요하고 아름다우며 누군가의 눈에 들어왔으며 그 자체로 충분하다고 느끼기만 하면 됐다. 그게 내 소명이었다. 거기에 집중하는 것만이 힘을 잃지 않을 유일한 기회였다. 그래서 나는 스튜디오로 나가 화장을 지우고 빨갛게 달아오른 두 뺨을 드러내며 내가 좋아하는 모델들을 보여 줬다. 그렇게 그들 모두와 함께 내 소명이 실현됐다.

품격 있게 대처하되
과감하게 흔들어 젖혀라!

방송이 끝나고 나는 QVC 건물 밖으로 나와 크게 심호흡했다. 뿌듯한 성취감으로 인해 거절의 아픔이 사라졌다고 생각했다. 그런데 갑자기 좀 전에 느꼈던 고통이 다시 찾아왔다. 나는 QVC 주차장에서 화장이 전부 지워질 때까지 흐느껴 울었다. 비생산적인 사고임을 알면서도 '내가 뭘 잘못했지?' 혹은 '왜 날 좋아해 주지 않는 거지?' 쪽으로 생각이 기울었다. 마치 유년기로 퇴행해 놀이터에서 친구들이 날 좋아하지 않는다고 징징대는 꼬마가 된 기분이었다.

정신을 바짝 차려야 했다. 내일 아침이면 여느 아침과 다름없이 나와 함께 이 회사를 키우기 위해 애쓰는 사람들이 있는 사무실로 출근해 영감을 주는 리더가 돼야 했다. 우리는 최근 멋지고 재능이 출중한 사람들을 고용하기 시작했다. 우리의 사명을 믿고 유명한 뷰티 브랜드를 떠나 모험을 온 사람들이었다. 그들에게 무너진 모습을 보일 순 없었다. 하지만 속은 만신창이였다.

나는 괴롭힘이 있다는 사실을 다른 벤더나 브랜드 창립자에게 말하고 싶지 않았다. 일을 더 크게 만들거나 소문이 퍼져 나갈 위험을 무릅쓰고 싶지 않았다. 무엇보다 그 사실이 부끄러워 빨리 지나가기만을 바랐다. QVC가 이런 사태를 용납하지 않을 것을 알면서도 고발하지 않기로 했다.

그때 우리가 연락을 취할 수 있는 사람은 우리를 관리하던 신입 보조 바이어가 유일했다. 하지만 밉상 삼총사가 자신들보다 15살이나 어린 그녀를 회사 밖 사교 모임에 초대하는 걸 알고 있었다. 그녀가 의사 결정자이기 때문에 잘 보이기 위해 그런 건지, 그녀와 진짜 우정을 나누는 건지는 알 수 없었다. 어쨌거나 나는 설령 내가 고발한다고 해도 그 보조 바이어가 적절하게 처신할 것이라고 믿을 수 없었다.

나는 그 자리에서 엉엉 울기만 했다. 우리가 그곳에 어울리지 않는다는 식의 대접은 견디기 힘들었다. 나를 소중히 여기는 친구만 있으면 된다고 생각했지만, 소외당하고 거부당하고 인정받지 못하는 기분은 무시하기 힘들었다. 머릿속에서 스스로를 합리화시키면서도 가슴은 쓰라렸다.

이 고통에서 빠져나올 길을 찾는 데 도움을 준 것은 내 진정한 친구였다. 나는 주차장에 앉아 의리라면 둘째가라면 서러울 내 친구 너태샤에게 전화했다. 너태샤는 '기도의 전사'로 내게 기도하는 방법을 가르쳐 준 친구다. 내 친구들 중에 가장 보수적인 성향에다 남의 시선은 전혀 신경 쓰지 않는 재밌는 친구다. 나는 너태샤에게 밉상 삼총사에 대해 이야기했다. 나는 그녀가 전화에 대고 나를 위해 바로 기도할 줄 알았다. 그런데 그녀의 입 밖에 나온 말은 뜻밖이었다.

"제이미, 넌 배짱(balls)이 두둑하잖아. 그때 그 사진 속 불알(balls) 두 쪽 달린 다람쥐 녀석처럼 말이야. 그러니 QVC 건물에 들어가서 그 여자들을 지나칠 때마다 네 그걸 당당하게 흔들어 젖혀 버려!"

이 이야기의 배경을 설명해야겠다. 그 여자들에게 괴롭힘을 당하기 몇 년 전, 뉴욕에서 대학원을 다닐 때 너태샤가 나를 만나러 온 적이 있다. 우리는 함께 기념품 가게에 들렀는데 갑자기 너태샤가 큰 소리로 웃는 소리가 들렸다. 내가 쳐다보자 그녀가 거대한 고환이 달린 다람쥐 포스터를 들어 보인 뒤 내 쪽을 향해 큰 소리로 외쳤다.

"이거 우리잖아! 제이미, 우리가 바로 이 다람쥐야. 우린 이 녀석처럼 용감무쌍하잖아. 이 다람쥐한테 있는 게 우리에게도 있다고!"

아까도 말했지만 이게 내 보수적인 친구다. 기념품 가게에서 그 사진을 본 뒤로 그 다람쥐는 우리의 분신이 됐다. 너태샤가 CNN의 부속 채널 HLN에서 자신의 이름을 건 TV 프로그램 진행자로 후보에 올랐을 때 나는 그녀에게 면접을 보기 전에 우리의 다람쥐에게 이입하라고 격려했고, 결국 진행자로 낙점됐다. 내가 QVC 진출을 앞두고 불안해할 때는 그녀가 내게 다람쥐에게 이입할 것을 종용했다.

그날 그녀는 QVC 주차장에서 울고 있는 내게 '흔들어 젖히라'라고 조언해 줬다. 덧붙여 절대 다른 사람들 때문에 내 재능을 썩히지 말라고도 했다. 나를 고뇌 상태에서 건져 내 바로 웃게 만들어 줬다.

너태샤의 말이 옳다. 우리는 누구에게도 구애받지 않고 '흔들어 젖혀야' 한다. 지금까지도 힘을 내야 할 상황이 찾아오면, 나는 거대한 다람쥐가 돼 시원히게 흔들면서 대기실로, 소매점 미팅으로 아니면 기분 좋게 참석할 수 없는 파티에 가는 상상을 한다.

이 용감무쌍한 다람쥐는 나와 너태샤의 분신이다. 하지만 명심해라. 이 다람쥐는 어디서나 볼 수 있는 녀석이다. 그러니까 그 결핍이라는 문제도 다 지난 얘기다. 이 다람쥐는 여러분의 분신이 될 수도 있다. 용감무쌍한 다람쥐에 이입해야 한다면 그렇게 해라! 이 녀석은 커다란 고환을 달고 있지만, 그것은 몸 밖에 달린 난소일 수도 있다. 당신이 원하는 범위 내에서 무엇이든 상관없다. 일단 흔들어 젖혀라! 당신의 용감무쌍한 다람쥐는 무엇일지 생각해 봐도 좋다. 하지만 원한다면 이 다람쥐가 돼라! 필요할 때마다 용감무쌍한 다람쥐가 돼 흔들어 젖혀라!

너태샤 덕분에 기운을 차리고 집에 돌아가서 파울로에게 그날 있었던 일을 말했다. 울다가 메이크업이 다 지워진 것을 보고 그는 노트북을 덮고 내 말에 귀를 기울였다.

"그 사람들이 왜 날 그렇게까지 소외시키는지 정말 모르겠어."

그는 내 말을 듣고 정말로 혼란스럽다는 반응을 보였다.

"그게 무슨 상관이야? 그 사람들이 자길 좋아하는 게 뭐가 중요해?"

나를 안심시키려고 하는 얘기가 아니었다. 파울로가 보기에는 밉상 삼총사가 내가 점점 성공하는 것을 시기하는 게 너무도 분명했기에 그는 내가 왜 그렇게 상처를 받는지 정말로 이해하지 못했다.

게다가 파울로는 남들이 자신을 어떻게 생각하는지 신경 쓰지 않는 사람이기도 했다. 진정 아무것도 신경 쓰지 않을 수 있다면 얼마나 자유로울까! 그때는 나도 그러고 싶었지만 그렇게 하지 못했다. 모든 사람을 기쁘게 해 주고 그저 사랑받고 싶었다.

하지만 파울로의 말이 맞는다는 것도 알고 있었다. 나는 평생 다른 여성들을 도우며 살아왔기에 그와 정반대로 행동하는 여성들을 신경 쓸 필요가 없었다. 또 자신들이 무례한 사람임을 몸소 증명해 보이는 여자들에게 내 힘을 나눌 필요는 더더욱 없었다.

이 셋 때문에 더 많은 에너지가 소모된다면 내 소명을 이루는 데 필요한 에너지마저 빼앗기고 말 것이다. 나는 그들에게 한 가지는 확실하게 말해 두고 싶었다. 나를 깔보고 싶은 모양인데 시간 낭비하지 말고 그쯤 해 두라고 말이다.

그들이 바뀌길 바라는 대신 과소평가당하는 것이 내 초능력이 될 수 있다는 사실에 위안을 얻기로 했다. 내가 성공 가도를 달리기 시작해 그들이 화가 났는지 몰라도, 내 안에 자리한 이기기 위한 투지와 그것이 가능하다고 믿는 신념이 얼마나 확고한지 알지 못할 것이다. 나는 그들과 경쟁하기 위해 그 자리에 있는 게 아니다. 그날 나는 회사를 크게 키워서 그들이 나와 경쟁하는 것은 꿈도 꾸지 못하게 만들어야겠다고 스스로 다짐했다. 그리고 그렇게 되리라고 믿었다.

"그들이 저급하게 행동해도, 우리는 품격 있게 간다(When they go low, we go high)"라고 미셸 오바마가 말한 것처럼, 그들이 나를 홀대하더라도 무너지지 않고 우뚝 솟아나는 모습을 보여 주고 싶었다. 하지만 상황은 전혀 예상하지 못한 방향으로 흘러가기 시작했다. 개인이 아닌 거대 경쟁사에게 공격당하는 상황에 처하고 만 것이다.

가짜는
진짜를 흉내 낼 수 없다

어느 날 오후였다. QVC가 전체 고객에게 발송하는 신상품 관련 소식이 담긴 이메일을 보다가, 우리 제품과 똑같이 생겼지만 다른 브랜드 로고가 새겨진 제품을 발견했다.

'이게 뭐지? 아니, 그럴 리 없어.'

섬뜩한 기분이 들면서 내 몸은 충격 상태에 빠졌다. 갑자기 속이 울렁거렸다. 우리 제품의 포뮬러는 우리의 소유이며 우리와 협약을 맺은 제조사는 법적으로 그 포뮬러를 다른 누구에게도 줄 수 없다. 게다가 나는 완벽한 포뮬러를 만드는 데 강박적으로 매달리며 최종 결과물이 나오기 전까지 수백 번에 이르는 테스트 과정을 거쳤다. 내 완벽주의적 성향 때문에 연구원들이 괴로워했지만, 이는 곧 우리와 똑같은 제품을 타사가 우연히 만들어 낼 일은 희박하다는 것을 의미했다. 어떻게 이런 일이 일어난 것일까? 뭔가가 단단히 잘못됐다. 나는 아니길 바라면서도 그 브랜드가 비열한 방법을 썼다는 의심이 들었다.

나는 국내에 있는 제조사에 연락해 해당 제품의 사진을 보여 줬다. 내가 느낀 우려와 분노는 얼마 지나지 않아 극복하기 힘든 무력감으로 바뀌었다. 처음에는 제조사 측에서 경쟁사 제품과 아무런 관련이 없다고 부인했지만, 담당자를 몰아붙인 결과, 그들이 우리가 소유한 포뮬러와 '매우 유사한' 버전을 더 큰 브랜드에 팔았다고 인정했다.

브랜드의 규모가 차이가 날 경우, 제조사와 제조 시설은 인센티브를 받고 규모가 작은 회사의 성공적인 발명품 혹은 그와 '매우 유사한' 버전을 큰 회사에 공공연하게 팔고 있었다. 두 제품이 다르다고 주장할 수 있을 정도의 변화만 줘서 말이다. 합법적인 일이 아닌데도 우리 제조사가 이런 짓을 저질렀다. 우리보다 더 큰 브랜드를 통하면 돈을 훨씬 더 많이 벌 수 있기에 우리를 팔아넘긴 것이다.

그 브랜드가 우리 제품의 모조품을 출시했다. 그들과 비교하면 우리는 영세업자 수준이었고 주 고객은 QVC가 전부였다. 그들은 이미 QVC에서 우리보다 방송 시간이 훨씬 많았다. 대형 소매점과 백화점에도 입점이 돼 있었다. 이렇게 전국에 광대한 플랫폼을 가지고서 우리 제품을 완전히 베낀 모조품을 런칭하려 했다.

그들이 방대한 노출 수단을 활용해 세상에 이 혁신적인 제품을 자신들의 창작물이라고 말하며, 어느 곳에서든 제품을 출시할 수 있는 영향력과 공급망을 가졌다는 사실 외에 나는 다른 생각을 할 수 없었다. 그들은 순식간에 제품을 홍보할 수 있었다. 잡지 광고를 통해서라도 말이다.

이 제품은 우리의 피, 땀, 눈물인데 그냥 그렇게 혁신의 공을 그들이 가로채고 마는 것이다. 그 과정에서 우리 회사는 박살 나고 말 것이다. 추후에 우리가 그들을 베낀 것으로 여겨지면 어떻게 하나? 온갖 나쁜 시나리오가 머릿속을 스쳐 지나갔다. 공격을 당한 기분이었다. 전쟁이 시작된 것처럼.

여기서 작은 회사가 얼마나 존속하기 힘든지를 보여 주는 문제에 우리는 또다시 직면했다. 우리는 제조사를 상대로 소송을 제기할 수도 있었지만 그렇게 할 자금이 없었고, 더 문제는 그들이 아직 우리 회사에서 가장 중요한 포뮬러를 만들고 있다는 점이었다. 소송을 제기하면 그들은 아마도 우리 제품의 생산을 중단할 것이다. 신생 회사들 앞에는 이상적이고 공정한 길들이 펼쳐져 있지만, 그 길은 득보다

실이 클 확률이 높고 최악의 경우에는 파산에 이를 수도 있었다.

QVC에 연락해서 우리가 소유한 포뮬러로 만들어진 이 모조품이 그들의 채널을 통해 출시될 것이라는 사실을 알리면 어떨까? 포뮬러가 유사하다는 사실에 대해 QVC는 모르고 있을 게 확실했다. 따라서 그 사실을 증명하면 출시를 막아 줄지도 몰랐다.

나는 조언을 구하고자 앨런 버크에게 전화했다. 맞다, 그 예전에 내 제안을 거절하며 우리 제품이 QVC에 어울리지 않는다고 말한 그 앨런 버크 말이다. QVC에서 런칭한 뒤 앨런은 우리의 최고의 멘토이자 속 깊은 친구가 됐다. 우리 브랜드의 진정성과 사명과 더불어 어디에나 있는 진짜 여성들의 반응에 대해 전폭적인 지지를 아끼지 않았다. QVC에서 은퇴한 후에도 그는 내 인생에서 가장 현명하고 소중한 멘토로 남아 있다.

그날 그의 조언이 우리 회사를 살렸다. 그는 QVC에 연락해 제품을 빼 달라고 요구하는 것도 좋지만 결국 QVC에 해가 갈 것이라고 했다. 이미 그 제품에 대한 방송 시간을 배분했을 것이며 런칭을 고려해서 예상 판매 목표를 세웠을 것이기 때문이다. 막바지에 교체가 이루어지면 목표 판매량에 도달하지 못할 가능성이 크다고 했다.

하지만 상대 브랜드와 계약할 때 해당 제품이 모조품이라는 사실을 QVC가 알았을 리 없다는 그의 설명에 어느 정도 안심이 됐다. 또한 상대 브랜드는 우리와 포지셔닝(positioning)이 완전히 다르며 제품이 해당 브랜드의 마케팅 스토리에 잘 부합되지 않는다고도 했다. 그 말이 맞았다. 예를 들자면, 반짝이와 설탕이 가미된 재미 위주의 메이크업 제품을 판매하던 브랜드가 갑자기 유행을 좇아 밑도 끝도 없이 유기농 안티에이징 제품을 출시한 격이었다. 그 정도로 극단적인 데다가 그들은 우리 제품을 독창적이라고 생각하지 않았다. 그저 작고 눈에 띄지 않는 브랜드(우리)가 크게 성공하니까 그냥 그와 비슷한 제품을 출시한 것이다.

유행한다고 해서 성공적이라는 이유로 브랜드와 동떨어진 가치에 편승하는 일은 큰 오산이다. 고객의 신뢰층을 희석시키기 때문이다. 그렇다고 그들이 그 행위를 멈추는 것도 아니었다. 나는 다윗과 골리앗 이야기를 생각하며 이 거대한 브랜드가 우리를 파괴할 수 있는 골리앗이라고 느꼈다. 문제의 브랜드가 우리 제품을 출시하기까지 남은 몇 주 동안 나는 끙끙 앓았다.

파울로는 〈서바이버(Survivor)〉라는 TV 프로그램에 몰입한 뒤 '한 수 앞을 바라보자', '상대를 압도하자', '마지막 승자가 되자' 같은 문구를 써서 사무실(혹은 거실) 곳곳에 붙여 놓았다. 내게는 '슈퍼 JJ(Super JJ)'라고 적힌 티셔츠를 만들어 줬다. 내가 슈퍼히어로라는 사실을 기억하길 바라며 검은색 매직펜으로 S와 JJ를 슈퍼맨 로고와 비슷하게 그려 줬고, 나는 그 티셔츠를 입고 다녔다. 그것도 아주 많이.

우리는 앨런의 충고를 따르기로 했다. QVC에 이 상황을 알리지 않기로 했다. 방송 라인업에서 어떤 것을 빼게 만들어서 손해를 입게 만들고 싶지 않았다. QVC는 아직 우리의 주된 유통 채널이었기 때문에 그 관계가 손상되는 위험을 감수하고 싶지 않았다. 또 상대인 골리앗 브랜드와 법적 다툼을 벌일 만한 형편도 아니었다.

드디어 그날이 도래했다. 그 대형 브랜드가 QVC를 비롯해 미국 전역과 세계 각국에 있는 소매점에서 모조품을 런칭했다. 스토리는 살짝 다르게 포지셔닝했지만, 겉모습과 성능은 우리 제품과 거의 동일했다.

QVC에서 그 제품이 소개되는 사이에 나는 판매 수량을 확인했다. 내 판매 목표치를 기준으로 봤을 때 예상 밖으로 저조한 실적이었다. 생각 외로 팔리지 않은 것이다! 우리 제품의 모조품은 그럭저럭 파는 데 그쳤다. 판매 목표치를 간신히 넘겼다. 우리보다 훨씬 큰 브랜드였지만 판매는 저조했다. 앨런 버크가 해 준 말이 생각났다.

"진짜를 흉내 내지 못한다."

그 말을 믿고 또 믿었다. 모조품(다시 말하면 '우리' 제품)의 후기는 좋았다! 구매한 사람이 모두 만족해했다. 리뷰는 훌륭했지만, 그 제품은 브랜드 DNA와 일치하지 않았기 때문에 첫 구매로 이어지는 감정적 연결고리가 부족했다. 반면, 우리 제품은 놀라울 정도로 계속 잘 팔렸다. 왜냐하면 그 제품은 우리의 정체성과 우리가 고객들에게 바라는 것 그리고 우리가 믿는 것을 잘 보여 주기 때문이다. 지금까지도 그 제품은 수백 가지 제품들 중에서 가장 애정을 품은, 또 가장 잘 팔리는 라인으로 남아 있다.

뼈아픈 거절이
축복으로 되돌아오다

수년의 시간이 흐르고 우리는 모조품을 출시한 브랜드보다 훨씬 더 크게 성장했다. 그 뒤 몇 년이 지나 그 브랜드 창립자와 마주칠 일이 있었다. 나는 그 일과 관련해 이제는 대화를 나눌 때가 됐다고 생각했다. 우리는 널찍한 QVC 대기실 내 공개된 장소에서 함께 있었다. 열 댓 명의 창립자들이 그 자리에서 각자의 쇼를 준비하느라 바쁠 때였다. 나는 그 창립자가 혼자 앉아 있는 것을 보고 그와 이야기를 나누기로 마음먹었다. 어떤 대화가 오고갈지 전혀 감을 잡을 수 없었다.

"잠깐 이야기할 수 있어요?"

"네."

우리는 다른 사람들과 5미터가량 떨어진 곳으로 이동한 뒤 제어실로 이어지는 카펫이 깔린 계단에 앉았다. 무거운 긴장감이 감돌았다. 심장이 쿵쾅대기 시작했다. 우리가 진실을 이야기한다면 이 문제에서 벗어날 수 있을 것이다. 나는 그에게 그때 두 회사의 제품을 모두 생산하던 제조업체를 상기시키며 그 당시에 내가 얼마나 절망적이었는지 설명했다.

"그쪽이 우리보다 규모가 훨씬 컸잖아요. 그 일로 우리는 파산할 수도 있었어요. 정말 말도 안 되는 일이었죠."

다윗이 골리앗에게 직접 얘기하는 믿기 힘든 상황이 벌어졌다. 오랫동안 상대는 거대하고, 강력하고, 극복할 수 없는 존재였다. 하지만 그때쯤에 나는 훨씬 더 높은 정상에 올랐다. 그리고 신이 그 어떤 상대보다 더 강력하다는 사실을 누차 깨달았다.

그러나 그 창립자는 그런 일은 없었다고 부인했다. 내게 그 증거가 있고 심지어 제조업체도 시인했다고 말했지만, 그는 성분과 포지셔닝 방식에 변화를 줬기 때문에 모조품을 만든 게 아니라고 설명했다. 나는 그의 눈을 똑바로 바라보며 거리낌 없이 내가 생각하는 바를 말했다. 누구에게도 그런 짓을 하지 않길 바란다고 일갈했다.

그의 대응 방식과 무관하게 나는 더 이상 고통을 느끼지 않았다. 분노도 느끼지 않았다. 승리를 거뒀다는 생각뿐이었다. 나는 살아남았고 번성했다. 진짜의 힘이 주는 교훈도 다시금 배웠다. 그 경험을 통해 나는 더 굳센 사업가로, 한 인간으로 거듭났다.

우리와 '매우 유사한' 포뮬러를 더 큰 브랜드에 팔아 치운 제조업체는 어떻게 됐는지 궁금하지 않은가? 지금 우리는 그들의 가장 큰 고객이 됐다. 그것도 아주 큰 폭으로. 이제는 그들이 우리를 잃을까 봐 두려워한다.

> 언젠가, 당신을 믿지 않았던 사람들이
> 당신을 어떻게 만났는지 모두에게 말할 것이다.
>
> _작자 미상

밉상 삼총사는 어떻게 됐는지 궁금한가? QVC에서 보낸 날 중에 가장 힘들었던 어느 날 밤, 내가 스스로 다짐했던 일이 이뤄졌다. 회사 규모가 너무 커지는 바람에 그 여자들은 나를 미워하기를 포기했다. 그중 둘은 점차 친절하고 예의 바르게 대하며 무관심으로 일관했고, 한 사람은 나와 친분을 쌓기 위해 노력했다. 오늘날 그녀와 나의 관계는 내가 편안함을 느낄 정도로 가까워졌다. '서로 힘을 주는 사이'라고 나 할까.

그 여자들에게 괴롭힘을 당하다 보니, 나의 QVC 여정을 한결같이 지지해 준 다른 브랜드 창립자들—상당수가 여성이었다—에게 더 큰 고마움을 느꼈다. 그중 대다수는 지금까지도 좋은 친구로 남아 있다. 우리는 경영이라는 여정이 얼마나 힘든지 알기에 서로를 깊이 존중한다. 경쟁 관계에 있으면서도 서로를 응원하고 서로의 삶에 대해 긍정적으로 이야기한다. 우리는 다른 사람을 망가뜨리지 않고, 우리의 수준을 높이는 방식으로 경쟁력을 높인다.

지금도 나는 파티나 행사나 그밖에 어디서라도 혼자 우두커니 있는 여성을 볼 때마다 가능하면 함께하자고 표현한다. 그녀에게 다가가 먼저 인사하고 기분이 어떤지 물어본다. 내 가장 친한 친구들도 다 이렇게 한다. 이 같은 행동만으로도 외로운 누군가에게 큰 힘이 될 수 있다는 사실을 가르쳐 준 밉상 삼총사들이 고마울 뿐이다.

한 가지 더 덧붙이자면, 앨런 버크가 QVC에서 은퇴하자마자 우리는 그를 잇 코스메틱 자문 위원회에 유급직으로 고용했다. QVC 뷰티 부서를 이끌며 변혁을 일으킨 뷰티 업계의 레전드 앨런 버크가 우리 자문 위원단에 합류한 것이다. 한때 나를 거절했던 사람이 내 밑에서 일하다니! 믿을 수 있겠는가?

회사가 몸집이 커지면서 나는 그때 앨런이 기절한 게 옳았다는 사실을 깨달았다. 이제 알겠는가? 뼈아픈 거절이 알고 보면 축복이라는 것을. 만일 QVC가 더 일찍 우리를 받아 줬다면 아마 성공하기 힘들었을 것이다. 그 당시 나는 그 정도 규모의 주문에 걸맞게 수량과 일정을 맞춰 성공적으로 재고를 관리할 사업적 역량이 현저히 부족했다. 쉽게 말하면, 우리에게는 인적 자원, 인프라, 실무적 관계가 충분하지 못했다. 처참한 실패로 이어졌을지도 모를 일이었다.

앨런의 말이 전부 맞았다. 우리는 몰라도 너무 몰랐다. 때로는 거절당하는 것이 뜻밖의 축복이 될 수 있다. '고통스러운 거절'이라는 딱지가 붙은 선물 상자일지도 모른다는 얘기다. 밉상 삼총사 덕에 나를 지지해 준 사람들에게 더 큰 고마움을 느꼈듯이 거절은 승낙을 만들어 냈고 그럴 때마다 짜릿함을 느꼈다!

진정성 있는 삶을 살고, 열심히 일하고, 다른 사람에게 해가 되는 행동을 하지 않는다는 전제하에 내가 알게 된, 굳게 믿게 된 진실에 대해 알려 주겠다.

못되게 구는 사람들, 무자비한 경쟁자, 반대론자, 비평가들은 지금 당신을 믿지 않을지도 모르지만, 언젠가 당신에게 연락해 조언을 구할 것이다. 그들은 오늘 당신에게 자격이 없다고 말할지 모르지만, 언젠가 그들은 당신을 어떻게 알게 됐는지 말하고 다닐 것이다. 그들은 당신이 유순하다고 말할지도 모르지만, 언젠가는 당신을 거물이라고 부를 것이다. 그들은 당신이 저급하다고 말할지도 모르지만, 언젠가 당신을 친구라고 부를 것이다. 그들은 당신을 하찮다고 할지도 모르지만, 언젠가는 멋지다고 할 것이다. 그들은 당신을 미쳤다고 할지 모르지만, 언젠가는 당신을 천재라고 부를 것이다. 그들은 당신이 변변찮다고 할지도 모르지만, 언젠가 당신을 레전드라고 부를 것이다. 그들은 당신이 우는 것을 볼지 모르지만, 언젠가 당신이 '흔들어 젖히는' 것을 볼 것이다. 그들은 전화를 걸어 당신을 거절한다고 말할지도 모르지만, 언젠가는 당신을 '보스'라고 부르게 될 것이다. 그날이 올 것이다.

누구에게 영향받으며
살 것인지 선택하라

05

중요한 것은 투견의 크기가 아니라
투견이 지닌 투지의 크기다.

_드와이트 D. 아이젠하워

나는 QVC에서 만난 밉상 삼총사 같은 못된 여자들이 나를 괴롭혔던 시절에 비해 비약적으로 성장했고, 좋은 친구들에게서 얻는 힘이야말로 일과 삶 모두를 성공시킬 수 있는 비결이라는 사실을 사무치게 느꼈다.

나에게는 여섯 명의 친구들이 있다. 다들 꽤 멋진 일을 하고 있으며 성격은 저마다 다르지만, 내가 아는 사람 중에 가장 마음씨가 따뜻하다. 소셜미디어에 있는 사진만 보면, 그들은 우리와 다른 세계에 있는 것처럼 화려하고 성공한 인생을 사는 듯 보이지만 그들도 험난한 인생을 살아왔다. 나는 그들의 일적 그리고 개인적 삶에 관한 일부를 여러분에게 들려주고자 한다. 소셜미디어로는 절대 확인할 수 없는 이야기를 말이다. 그들에게 동의를 구했다.

너태샤, 데이나, 데니즈, 리아, 데지레, 재키. 나는 내 친구들이 하나같이 아름답고 흠잡을 데 없이 완벽하다고 생각한다. 하지만 실제로 우리 일곱 명은 용감하고, 뒤죽박죽이고, 전혀 완벽하지 않다!

우리 일곱 명 중, 한 명은 노숙 생활을 하며 성장기를 보냈다.

한 명은 위탁 가정에서 자랐다.

두 명은 엄마가 심각한 정신 질환을 앓고 있다.

한 명은 겨우 열다섯 살 때 아빠가 스스로 생을 마감했다.

두 명은 아빠가 누군지 모른다.

한 명은 학습 장애가 있다.

한 명은 열다섯 살에 임신하고 싱글맘이 돼 아이를 양육하고 있다.

한 명은 유방암 진단을 받았다.

그러나 우리는 멋진 승리를 거뒀다. 순수한 열정과 끈기의 결과물이었다.

네 명은 경영자이자 창립자이자 CEO다.

한 명은 CNN의 부속 채널 HLN에서 자신의 이름을 건 뉴스 프로그램을 진행한다(바로 앞 장에서 소개한 너태샤 얘기다).

한 명은 최근 커밍아웃을 한 뒤 가족과 친구들에게 자신의 성 지향성이 양성애와 플루이드(성별 정체성이 고정적이지 않고 유동적으로 변하는 사람들을 지칭한다)라고 밝혔다.

한 명은 여자 제리 맥과이어라는 별명을 갖고 있으며, 추후 방영될 드라마에서 톱 연예인이 그녀를 연기한다.

한 명은 〈포브스〉 '가장 부유한 자수성가 여성'에 선정됐다.

한 명은 황금시간대 드라마에서 중요한 역할을 한 번 이상 맡았다.

한 명은 신체적 결함에서 오는 불안감에서 벗어나고 있다.

우리는 어울릴 것 같지 않은 퍼즐 조각 같다는 생각이 든다. 우리는 종교와 정치적 견해, 사회 경제적 위치가 각기 다르지만 우리 우정에는 아무런 영향을 미치지 않는다. 우리는 함께 울고, 함께 문화를 바꾸는 일을 꿈꾸고, 함께 놀랄 만한 대의를 위해 싸운다. 저마다 과거와 장애물 그리고 결점이 있지만, 그럼에도 불구하고 우리 모두는 희생자(victim)가 아닌 승리자(victor)다. 또 우리는 모두를 위한 봉사의 삶을 살아야 한다고 믿는다!

이들은 용감하게 그리고 진실하게 자기 삶에 최선을 다하기 때문에 나의 가장 가까운 친구들이라고 할 수 있다. 나를 위해서도 최선을 다해 주고 나 역시 그들에게 최선을 다한다. 또한 이들은 나를 깨어 있게 해 준다. 기억에 남을 만한 좋은 날에도, 침대에서 벗어나기도 버거운 힘든 날에도, 나 자체로 충분하다고 상기시켜 준다. 우리는 서로의 약점과 진실한 면을 모두 공유한다. 그리고 어떠한 판단도 하지 않고 서로를 보듬어 준다.

자신의 과거와 드러내놓기 부끄러운 이야기를 용감하게 친구에게 공유할 때 우리는 혼자가 아니라는 사실을 알 수 있다. 이 사실을 보여 주기 위해 내 친구들과 우리의 우정 이야기를 함께 나누고 싶다.

모든 사람에게 좋은 사람이 아닌 나에게 좋은 사람이 되라

데이나와 나는 20년도 더 된 절친한 사이다. 자신의 성적 지향이 양성애와 플루이드라는 사실을 깨닫고 나서 이를 고백한 친구다. 그녀는 내게 이렇게 말했다.

"내가 플루이드라고 말하지 않아서 가족과 친구 관계가 악화되는 것 같았어. 그 어느 때보다 외로웠어. 하지만 내 진짜 모습을 공유하기 시작하면서 내 인생은 가장 아름다운 방식으로 전개되기 시작했어."

데이나가 자신의 속마음을 털어 놓았을 때 내 눈에는 기쁨의 눈물이 흘러내렸다. 그때처럼 데이나가 행복해 보인 적이 없었다. 데이나는 마침내 자신의 진짜 모습을 받아들이고, 그것을 가장 사랑하는 사람들과 나누기로 결심하며 깨달은 영향력과 자유를 여러분에게도 알려 주라고 당부했다. 비록 모두가 한마음으로 그녀를 지지하지는 않았지만, 그녀는 이렇게 자유로운 기분을 느낀 적이 없다고 고백했다.

브레네 브라운(Brené Brown) 작가의 연구에 따르면, 아무리 힘들더라도 자기의 진짜 모습을 인정하고 공유하는 것이야말로 다른 인간과 진실하게 연결되는 유일한 방법이라고 전했다.

진정한 연결은 사랑의 실마리가 된다. 자신의 중요한 부분을 숨기면 절대로 진정한 관계를 맺을 수 없다. 상대가 사랑하는 사람이 진짜 나 자신이 아니기 때문이다. 물론 망설일 수 있다. '있는 그대로의 내 모습을 사랑해 주지 않으면 어쩌지?' 하는 생각이 들 수도 있다. 하지만 그 사람을 잃는 것과 남은 인생에서 진실한 사랑을 얻을 기회를 놓치는 것 중에 무엇이 더 손해인지 자문해 봐야 한다.

우리는 천성적으로 서로 연결되길 원한다. 따라서 지금까지 진실한 자기 자신을 온전하게 드러내는 것을 주저해 왔다면 그동안 진정한 인간관계를 맺을 기회를 스스로 박탈해 온 것과 다름없다.

또 다른 친구 데지레는 열다섯 살에 임신 사실을 알게 됐다.

"임신한 사실을 알리자마자 남자친구는 잠수를 탔어. 정말 무섭고, 외롭고, 두려웠지. 10대 미혼모로 아이를 키우다 보면 분명 나도 아이도 힘들게 뻔했어. 그래서 그냥 키울지 입양시킬지 선택해야 했어. 마지막 순간에 아이와 절대 떨어질 수 없다는 걸 알았지만, 간호사가 내 품에 아이를 건네줬을 때 두려움에 사로잡혀 쳐다볼 수 없었어. 아이가 본 엄마의 첫인상이 공포에 깃든 모습은 아니길 바랐거든. 아이를 품에 안고 눈물이 그렁그렁한 채로 천장을 바라보며 생각했어. '난 아직 어린데 과연 해낼 수 있을까? 신은 왜 내게 이런 선물을 맡기셨을까? 나 때문에 아이가 평범하게 살 기회를 잃으면 어쩌지?'"

그러다가 갑자기 데지레는 '엄마 곰' 같은 본능에 사로잡혔다. 그리고 공포가 아닌 사랑에 따르겠다고 결심했다. 그리고 그 결정으로 그녀의 인생은 완전히 바뀌었다.

"처음으로 아들과 눈을 마주하고 내 안에 존재하는 모든 사랑을 보여 줬어. 그 순간 확신했어. 나는 그 애의 엄마라는 걸. 내가 있어야 할 곳이며, 내가 존재하는 이유라는 걸."

그 후로 15년 뒤 QVC에서 데지레가 우리 회사의 모델로 일하면서 우리는 처음 만났다. 그녀는 심한 여드름 피부 때문에 고생했었는데 잇 코스메틱 덕분에 피부가 바뀌었고 자신감도 되찾았다고 내게 말해 줬다. 그러던 어느 날 그녀와 함께 점심을 먹을 기회가 있었는데 대화가 몇 시간 동안 이어졌다. 나는 그날 그녀 안에 있는 빛을 봤다. 진정성과 꾸미지 않은 약점도 봤다. 나는 데지레에게 물었다.

"전국에 있는 수백만 명의 여성들에게 데지레의 속마음과 진정한 이야기들을 해 보는 건 어때요?"

마침 QVC에서 잇 코스메틱을 대표할 사람들을 추가로 고용하려던 참이었다. 모델을 하면서 방송에서 잇 코스메틱 제품을 소개할 프리젠터가 필요했다. 다른 브랜드들은 대부분 제품 홍보를 위해 노련한 TV 판매 전문가를 고용하지만 나는 우리 제품으로 인해 진짜로 삶이 바뀐 사람, 우리의 사명과 생각이 같은 사람을 모델로 찾았다. 그렇게 데지레에게 우리와 함께할 마음이 있는지 물어봤고, 그녀는 헤드라이트에 비친 사슴 같은 표정으로 나를 바라봤다. 자기의심과 몇 날 며칠을 분투한 끝에 그녀는 내게 전화를 걸어 나의 제안을 수락했다.

데지레의 데뷔 방송을 절대 잊지 못한다. 한때 나를 걱정해 주던 프로듀서들처럼 나도 그녀가 기절할까 봐 걱정했다. 세트장 밖에서 그녀는 눈에 눈물을 가득 머금고 공포에 떨고 있었다. 하지만 카메라가 돌기 시작하자 그녀의 자신감 없던 눈이 어느새 방송을 지켜볼 여성들에 대한 사랑으로 차오르는 게 보였다. 그날 그녀는 최선을 다했고, 그 뒤에도 셀 수 없이 이어진 방송에서도 마찬가지였다.

그렇게 나는 경험 대신 진정성을 택하는 크나큰 위험을 감수했고, 데지레도 나를 믿고 최선을 다하면서 공포 대신 사랑으로 진전하는 크나큰 위험을 감수했다. 서로를 향한 신뢰는 세월을 거쳐 아름다운 우정으로 발전했다. 그녀를 보며 약한 모습 뒤에 강인함과 힘이 존재한다는 사실을 깨닫는다. 종종 내가 문제를 회피하고 싶어 할 때마다 그녀는 내게 두려움이 아닌 사랑을 선택하라고 조언해 준다.

스스로 결정할 수 있다면
모든 것을 바꿀 수 있다

내 진정한 모습 그대로 살아간다는 것은 정말 기분 좋은 일이다. 또 애쓸 필요 없이 저절로 그렇게 될 뿐만 아니라 너무나 쉬운 일이다.

만약 당신이 창조적인 분야에 종사하거나 창조적인 취미가 있다면 알 것이다. 일에 몰두하다 보면 활력이 생기고 '흐름'을 타면서 창조성 과 최고의 작품이 저절로 만들어진다는 사실을 말이다. 일상생활에 서도 흐름을 타면 동일한 일이 발생한다. 이 같은 경험은 오직 진정한 자기 자신이 될 때만 가능하다. 좋은 면, 독특한 면, 미숙한 면, 친절한 면, 겁쟁이 같은 면 그리고 진실한 면을 모두 아우른다.

누군가의 기대에 부응하기 위해 나의 일부분을 감추고 스스로의 재 능을 썩히고 외면한다면, 태어난 그대로의 나로 살아갈 기회와 나의 영혼을 채워 줄 관계로 발전할 기회를 놓치게 된다. 그렇게 많은 사람 이 남이 어떻게 생각할지를 걱정하느라 자신의 정체성과 성과를 축소 하는 데 인생의 많은 부분을 낭비한다. 진정한 자신의 모습을 보여 주 는 것을 주저하게 만드는 요소 중 하나는 사람들이 우리를 좋아하지 않을 것이라는 두려움이다.

까놓고 얘기하면 우리는 못된 여자들, 자신감을 꺾는 사람들, 가십, 인정사정없는 경쟁자, 심지어 잘못된 길로 이끄는 지지자들을 만날 것이다. 이들 모두가 항상 우리를 좋아해 줄 일은 절대 없다. 이를 인 정하자.

자기 자신을 있는 그대로 보여 주지 않으면 사람들은 진실되지 않은 내 모습을 가지고 판단할 수밖에 없다. 그게 덜 고통스럽다고, 혹은 자기 자신을 축소시키거나 감추면 사람들의 비난에서 조금이라도 멀어질 수 있다고 생각할지도 모르겠다. 하지만 결론적으로 진짜 자기 모습으로 힘을 되찾고 인생에서 최선을 다하면, 인생을 통째로 되찾을 수 있다.

자신을 믿기 위해서는 있는 그대로의 나를 믿어 주고 사랑해 주는 동시에 깨어 있게 도와주는 사람들이 주위에 있어야 한다. 나와 가장 많은 시간을 보내는 다섯 명에 의해 내가 완성된다는 말이 있다.

잠시 생각해 보길 바란다. 당신이 가장 많이 만나거나 이야기하는 다섯 명의 사람은 누구인가? 그들은 당신을 깨어 있게 하고 잠재력을 발휘해 가장 훌륭한 인생을 살 수 있게 도와주는가? 당신을 사랑하고 당신이 더 큰 사랑을 하도록 만들어 주는가? 당신의 재능, 강인함, 아름다움을 일깨워 주는가? 당신의 그릇된 점에 주의하라고 경고하는가? 당신을 자기의심에서 벗어나게 해 주는가?

만약 당신이 가장 많은 시간을 보내는 다섯 명이 당신을 깨어 있게 만들지 못하고 당신이 가장 나은 모습으로 나아갈 수 있게 도와주지 않는다면, 곁에 있는 사람들에 관해 깊이 생각해 볼 필요가 있다.

우리는 쉽게 우리에게 상처를 주거나 우리의 에너지와 감정을 떨어뜨리는 사람들을 기꺼이 둔다. 편안하고 익숙하다는 이유로 떠나보내지 못한다. 기준을 낮춰 가십 속에 빠지는 것은 쉽다. 마음이 불편해도 우리의 나쁜 습관이나 가장 나쁜 면이 깊게 자리 잡도록 부추기는 사람들과 어울리기는 쉽다.

레시마 사우자니(Reshma Saujani)는 자신의 저서 《완벽해지지 말고 용감해져라(Brave, Not Perfect)》에서 "우리는 다른 사람들에게 호감을 사기 위해 우리 자신을 축소하고 위험에 빠뜨리는 데 익숙해졌다. 문제는 당신이 다른 사람들로부터 호감을 사기 위해 갖은 애를 쓰는 사이에 자기 자신을 그다지 좋아하지 않게 되는 데 있다"라고 말했다.

선택의 여지가 없다고 주위 사람들에게서 벗어날 수 없다고 느껴지는가? 만약 당신이 가장 많은 시간을 보내는 사람 중에 당신이 추구하는 삶과 꿈을 지지하지 않는 사람이 있는데 그게 하필 가족이라면? 심지어 배우자라면? 무시하거나 가족을 사라지게 할 수도 없지 않은가?

멋진 친구이자 멘토, 작가 겸 연사로 활동하는 밥 고프에게 배운 뜻깊은 교훈이 있다. 우리 모두는 삶 속에 직접 통제할 수 있는 마이크가 있다고 한다. 마이크를 누구에게 줄지는 우리가 결정한다. 누가 마이크에 대고 이야기를 하고 어느 정도의 볼륨에서 이야기할지도 우리의 권한이다. 누가 우리 삶에 관해 이야기할 수 있는지, 즉 누구에게 마이크를 전달할 것인지 우리가 스스로 결정할 수 있으면 모든 것이 바뀐다.

내가 했던 여러 가지 아르바이트 중에 헬스클럽 안내 직원이 있었다. 나는 그곳에 영업 사원으로 채용됐고 머지않아 관리자가 됐다. 그 당시 아빠는 유리 공장 조립 라인에서 검열하는 일을 했다. 승진하면서 기존 월급에 회원권 판매 수수료를 더해 1년에 5만 달러 이상을 벌어들였다. 아빠가 버는 것보다 훨씬 더 많은 액수였다.

그때 나는 워싱턴주립대학교로부터 합격 통보를 받았고 대학에 진학할 거라고 아빠에게 이야기했다. 아빠는 "안 돼! 지금 돈을 잘 벌고 있는데 왜 그러니? 지금 일이 잘 풀리고 있으니 계속 잘할 생각을 해야지"라고 말씀하셨다. 물론 좋은 뜻이었다는 걸 안다. 아빠는 나름대로 최선의 조언을 해 주신 거였다. 하지만 자신의 한정된 관점에서 벗어나지 못하셨다.

나는 내가 성장한 지역을 벗어나 여행을 하고 대학에 가고 나와 전혀 다른 인생을 경험한 사람들을 만나고, 무엇보다 세상을 보고 싶었다! 그 순간 나는 아빠가 자신이 아는 최고의 방법으로 나를 사랑한다는 사실을 알았지만, 그 주제에 한해서는 아빠에게서 마이크를 빼앗을 수밖에 없다는 사실 또한 잘 알았다.

누구의 마이크 볼륨을 올리거나 내릴지 결정하는 기술을 통달하면 힘이 생긴다. 당신에게 함께 운동하면 좋지만 툭하면 피해의식에 사로잡혀 부담스러운 친구가 있다고 가정해 보자. 그럴 때는 체육관에서는 친절하게 대하고 인생의 다른 측면에서는 마이크를 주지 않으면 된다. 당신에게 사랑하는 가족이나 동반자가 있는데, 그들과 목표나 꿈에 관해 얘기할 때 부정적이거나 냉소적인 반응을 보인다면, 당신은 소진되거나 당신의 영혼이 메말라 버릴지도 모른다. 그럴 때는 당신이 영향받지 않을 주제로만 그들에게 마이크를 넘겨 주면 된다. 마이크 볼륨을 낮출 권한은 당신에게 있다. 그들이 당신에게 할 수 있는 얘기가 고작 날씨나 저녁 메뉴나 리얼리티 프로그램에서 누가 우승할 자격이 있는지가 전부인 것이다.

당신의 설레는 계획과 관련된 이야기는 마이크에 대고 볼륨을 한껏 높여서 말할 수 있는 사람을 위해 남겨 두면 된다! 가장 괜찮은 나의 모습을 할 수 있고, 내 인생의 그 방면에서 높이 날아오를 수 있게 북돋아 줄 수 있는 그런 사람에게 말이다! 만일 직감적으로 '이건 아닌데'라는 생각이 들면, 그 즉시 그에게서 마이크를 빼앗아 버려라.

잇 코스메틱을 런칭했을 때 파울로와 나는 끊임없이 의구심 섞인 지적과 질문을 받았다. 그중에는 심지어 가족, 친구, 동료들도 있었다. "네가 화장품에 대해서 뭘 아는데?", "파울로, 남자가 무슨 화장품이야!", "혜택을 많이 주는 안정된 일자리를 포기할 이유가 있어?", "정말 준비된 거 맞아?" 등등. 만약 우리가 의심 가득한 그들의 관점에서 우리 꿈을 바라봤다면 우리는 지금 과연 어디에 있을까?

반면, 오직 듣고 싶어 하는 말만 해 주는 사람이 있다면 그들이 쥐고 있는 마이크의 볼륨 역시 낮춰야 한다. 사실이 아니기 때문이다. 여러분의 친구, 동반자 혹은 가족이 나를 돕기 위한 관점으로 나의 목표와 꿈을 보지 않는다면, 그들의 조언을 적극적으로 구하지는 마라. 그 주제에 한해서는 마이크를 쥐여 주지 마라. 새롭고 더 건강한 경계선 안에서 그들을 사랑하면 된다. 공유하되 가장 잘 통할 수 있는 영역에 집중해라.

좋은 에너지를 주고받을 수 있는 사람을 곁에 많이 둬라

에너지는 전염성이 있고, 누가 나타날지는 내가 통제할 수 없어도 누가 내게 영향을 미칠지는 내가 결정할 수 있다. 친한 친구들이 나를 지지해 주지 않는다면, 과연 그들을 친구라고 부를 수 있을까? 우리 주변에 부정적이거나 해로운 사람들이 있으면 우리는 그들의 부정적인 관점을 따라가게 되는 경우가 많다. 내 인생에서 나를 깔아뭉갠 사람을 떠올려 봐라. 그들이 전염시키는 부정적인 에너지를 자신의 것으로 만들고 싶은가? 어쩌면 자신도 모르는 사이에 이미 그런 행동을 하고 있을지도 모른다. 그런 일은 순식간에 일어나기 때문이다.

주변으로부터 지지를 얻을 수 없다면 주저하지 말고 더 나은 내가 될 수 있게 도와주는 새로운 사람을 친구로 만들어라. 나도 똑같이 해주면 된다. 나보다 매사에 긍정적인 사람이 있으면 그걸 알아채기란 어렵지 않다. 그런 사람은 조언이 필요할 때 내 마이크에 대고 이야기해 달라고 요청하기 좋은 사람이다.

절친한 친구 중에 리아는 내가 아는 사람 중에서 가장 기분 좋은 에너지를 내뿜는 사람이다. 마치 햇살 같다고나 할까. 리아는 앞에서 말한 친구들 중에 노숙 생활을 하며 성장기를 보낸 뒤 이후 필라델피아 빈민 주택 지구로 옮겨 간 친구다. 그녀 주변에는 큰 꿈을 가지라고 말해 주는 사람도, 큰 꿈을 꾸는 사람도 없었다. 하지만 어렸을 때부터 리아는 신이 자신의 인생에서 큰 계획을 가지고 계신다고 믿었다.

그녀는 두려움으로 얼룩진 환경에서 자랐지만, 행복해지기로 결심했다. 어린 나이에도 그녀는 주변 사람에게 받는 영향력의 크기를 조절하는 법을 혼자 터득했고, 자신에게 희망을 주는 사람들과 한 명씩 친구가 됐다. 또 자신의 엄마처럼 소중한 사람들 가운데 자신에게 재능을 발휘하라고 말하는 사람들이 있으면 진정성 있는 그 말들의 볼륨을 높일 줄 알았다.

리아는 사업적으로 자신보다 많은 것을 알고 있는 사람들을 주변에 두기 시작했고 창업에 도전했다. 최근 '발렌시아 키(Valencia Key)'라는 쥬얼리 브랜드로 QVC에 데뷔식을 치렀다. 노숙 생활을 했던 소녀가 이제 1억 가정에 생방송으로 송출되는 방송에 출연해 자신의 꿈과 행복에 대해서 말하고 있다.

리아는 오랫동안 내 절친한 친구로 내가 인터넷에서 심한 악성 댓글을 발견하거나, 직원이 내 신뢰를 배반하는 일이 생기거나, 경쟁자가 나를 개인적으로 공격할 때마다 찾아 가는 사람이다. 그러면 리아는 나를 재빨리 그 구렁텅이 속에서 꺼내 준다! 리아를 보면 아무에게나 힘을 줘서 내 행복을 빼앗기지 말아야겠다는 생각이 든다.

여기서 기억할 것은 시간을 충분히 들이라는 것이다. 정말로 좋은 사람들을 주변에 굳건한 친구로 두는 일은 하루아침에 이루어지지 않는다. 때로는 신뢰가 무너지면서 내가 알던 것과 전혀 다른 사람으로 돌변할 수 있다. 좋은 사람들을 찾아 곁에 두는 일이 불가능한 것처럼 여겨질 수도 있다. 하지만 내가 먼저 좋은 에너지를 전달하는 친구가 된다면 주변에 진실하고, 솔직하고, 같은 생각을 하는 친구들이 모여들 것이라고 믿는다.

내 곁에 누구를 둘 것인지 결정하는 문제에 관해서는 절대로 타협하면 안 된다. 진정한 관계가 형성될 때 그들은 내가 나 자신과 내 꿈을 믿도록 도와줄 것이며 결과적으로 그 일을 실현하는 데 기여할 것이다.

리아는 내게 더 행복해지라고 격려해 준다. 데니즈는 허튼짓을 하는 사람을 참지 말라고 한다. 너태샤는 내게 용감무쌍한 다람쥐가 되라고 한다. 데이나는 내 진짜 모습을 보여 주라고 한다. 데지레는 내 약점을 포용하라고 한다. 재키는 강인해지고 용감해지라고 한다.

내 주변에서 내 인생에 대해 말해 주는 사람들은 내가 성공하는 데 결정적인 역할을 했다. 그들은 언제나 다정하고 나에 대해 섣부르게 판단하지 않는다. 내 장점을 보고 항상 그것을 상기시켜 준다. 내가 기준을 낮추거나 나쁜 습관에 빠지게 놔 두지 않는다. 도전할 수 있도록 나를 자극한다. 나와 한 약속을 지킨다. 내 괴짜다운 면을 받아 주고 또 있는 그대로 사랑해 준다. 그리고 나도 이 모든 것을 그들에게 똑같이 해 준다.

이렇게 굳건히 내 곁을 지키고 있는 친구들 덕택에 실패와 상처를 견디는 능력이 생겼다. 다른 사람이 알아 주지 않더라도, 나라는 사람에 대한 자신감을 유지하는 데 큰 몫을 했다.

여러분의 절친한 친구는 두 명일 수도, 다섯 명일 수도 있다. 올바른 사람들이기만 하면 된다. 새로운 사람을 절친한 친구로 만들고 싶다면 먼저 친구를 볼 때 무엇을 가장 중요하게 생각하는지 파악해라. 그다음에는 마음의 문을 활짝 열고 누구를 곁에 둘 건지 고민해라.

나 같은 경우, 진정한 친구는 고등학교 때 친하게 지내던 사람들이나 어릴 때 주변에 있던 사람들과 늘 비슷하지는 않았다. 때문에 좋은 에너지를 주고받을 수 있는 친구를 찾기 위해서는 당신에게 있을지도 모를, 다른 사람을 판단하는 낡고 미신적인 기준을 버려야 할 것이다.

내 아름다운 친구들은 날 때부터 성공하도록 완벽하게 다듬어진, 도그 쇼에 나오는 애견이 아니다. 우리는 들개에 가깝다. 어디서 만들어진지는 몰라도 무엇으로 만들어진지는 잘 아는 들개. 사냥개와 데이트할 만큼 강하고, 강아지들을 놀라게 만들고, 벼룩 떼를 처리하고, 함께 상처를 핥는 들개. 누가 유기견 보호소에서 왔는지 개의치 않고, 극도로 흥분하면 살짝 오줌을 지리기도 하는 들개. 웃겨서 함께 컹컹 짖고 인생의 지혜를 함께 나누는 들개. 화려한 배경을 가지고 태어나지 않았지만 엄청난 투지를 품고 있는 들개.

무리에 들어오기 위해서는 한 가지 조건만 만족시키면 된다. 사랑할 수 있는 큰마음, 그거면 된다. 우리는 들개이면서 언더독이지만 어쨌든 도그 쇼에 출전하기로 한 뒤, 모두의 예상을 뒤엎고 최고상을 휩쓸었다. 우리가 가능하다고 믿었기 때문이다.

진정성이라는
무기를 갈고닦아라

너 자신이 되고 네 감정을 말해라.
신경 쓰는 사람은 중요한 사람이 아니고 중요한 사람들은 신경 쓰지 않는다.

_버나드 M. 버루크

"안녕하세요, 제이미. 세라 베스라고 합니다. 텍사스주에 살고 있어요. 제품을 좀 더 주문하려고 전화했어요. 이 안에 뭘 넣었는지 모르겠지만, 얼마 전에 남편이 절 보고 예뻐 보인다고 하네요. 놀라서 반문했더니 제가 눈부시다는 거예요. 사실 남편은 제가 보랏빛이 나는 붉은색으로 머리를 염색했을 때도 알아보지 못했거든요. 그래서 좀 더 주문하려고요."

세라 베스처럼 생방송으로 처음 만나는 구매자들은 실시간으로 고객 리뷰를 전해 준다.

QVC에서 얻은 중요한 교훈을, 우리 회사가 디지털적으로 소셜미디어상에서 그리고 사업적으로 성장하고 내가 개인적으로 발전하는 데 적용했다. QVC에서 첫 방송을 하고 몇 년 뒤, 그 당시 대형 브랜드들에 비하면 우리 회사는 여전히 소규모 업체였지만 빠르게 치고 올라가고 있었다. 제품은 날개 돋친 듯 팔리고 있었고 재구매율도 높왔다. 그러니까 우리 제품을 한 번 산 사람은 마음에 들어서 다 쓰고 나면 다시 사러 온다는 뜻이었다.

사업상 내 목표는 고객이 재구매하는 것이었고, 그것이 바로 내가 중요하게 생각하는 성공의 척도였다. 어떤 회사든 물건을 한 번은 팔 수 있다. 그것은 판매다. 하지만 고객이 그 제품이 마음에 들어서 두 번 산다면 그것은 브랜드다. 판매를 향상시키고자 함이 아니다. 신뢰와 브랜드 자산을 키우는 일이다. 고객이 어떤 제품에 대한 효능을 직접 체감하고 광고 그대로 기능한다는 신뢰를 가지게 되면 그것을 기점으로 진정한 무언가를 만들어 갈 수 있다.

판매 실적과 재구매율이 계속 향상되면서 나는 방송 출연으로 인해 스케줄이 꽉 차면서 다른 일을 할 시간이 나지 않았다. QVC는 1년 365일 24시간 크리스마스 당일만 제외하고 생방송으로 진행된다. 대본도, 프롬프터도 없다. 나와 쇼호스트는 스튜디오에서 카메라만 응시하는데, 그 방송이 전국 방방곡곡도 모자라 온라인에서 라이브 스트리밍으로 송출되기까지 한다. 1분 1초가 갖는 의미가 남달랐다.

QVC 입장에서는 방송 시간이 곧 그들의 점포였다. 타겟이나 월마트에 가면 수천 가지 상품들이 진열돼 있다. 하지만 홈쇼핑의 경우 한 번에 한 제품만 방송된다. 즉, QVC 방송 시간을 놓고 모든 기업과 브랜드와 제품이 치열하게 경쟁을 벌인다. 따라서 잇 코스메틱은 화장품 회사였지만 품목과 무관하게 애플, 다이슨, 비타믹스 같은 최고의 기업들과 경쟁해야 했다. 대체로 방송 시간은 가장 높은 분당 매출을 기록하는 사람이 가져갔다.

나는 방송 때마다 카메라 밑에 있는 시계를 보며 남은 시간을 확인했다. 프로듀서는 방송 중에도 이어폰을 통해 초 단위로 판매가 어떤지 전해 줬다. 스트레스가 정말 머리끝까지 차올랐지만, 당연히 방송에서는 즐기는 척해야 했다. 사실 정말로 즐거워야 했다. 파는 데만 집중하면 오히려 역효과가 생긴다. 시청자들은 똑똑해서 강매하는 영업 사원한테 물건을 사지 않는다. 가장 자기답게 제품에 대한 진정성을 보여 줘야 시청자들이 반응한다.

진정성을 보여 준다고 해서 저절로 제품이 팔리지는 않는다. 앞에서도 말했지만, QVC에서는 그저 내가 어떻게 마지막 방송을 했느냐로 판가름 나기 때문에 끝없이 압박받았다. 마지막 방송을 순조롭게 마쳤어도 방송 중에 제품이 잘 팔리지 않으면 QVC 측에서 방송 시간을 줄여 버렸다. 내가 여러 번 겪은 일이다. 제작하고 QVC 물류창고로 옮기는 데 수십만 달러가 들어간 제품을 방송에서 소개하는데 판매가 저조하면 갑자기 카운트다운 숫자가 확 줄어든다.

생각해 봐라. 1억 가구가 시청하는 라이브 방송에서 신제품을 소개할 때 머릿속에서 어떤 생각이 들까? 회사 자금 사정이 위태위태한 걸 뻔히 아는데 제품을 소개할 시간이 고작 8분 주어졌다면? 그러다가 시계가 6분에서 눈 깜짝할 사이에 2분으로 넘어갔다면 말이다. 동요하지 않고 계속 미소를 띤 채 제품을 홍보해야 하지만 머릿속에서는 온갖 생각이 다 드는 것이다. 첫 2분에 제품이 충분히 판매되지 않았기 때문에 제품을 소개할 4분의 시간이 날아가 버린 것이다. 그 4분은 내가 놓친 수만 달러의 매출을 상징하기도 했다.

설상가상으로 실적이 좋지 않으면, 방송에서 다시 홍보할 기회가 주어지지 않을 가능성이 크고, QVC가 곧 제품의 재고를 몽땅 돌려보낼 것이며, 팔리지 않은 제품에 대해서는 아무런 보상을 받지 못했다.

잔인해 보일 수 있지만, 일반 매장에서 제품을 판매하는 방식과 동일하다. 그곳에서도 팔리지 않는 물건은 진열대에서 퇴출이다. 비즈니스는 비즈니스일 뿐이다. 소매업자들도 사업을 유지해야 하니까 수긍이 간다. 하지만 큰 차이가 있다. QVC에서는 타겟이나 월마트에서처럼 물건이 팔릴 수 있음을 증명할 시간이 충분히 주어지지 않는다는 것이다. 보통 기회는 한 번뿐이다. 실적이 뛰어났다면 한 번의 기회가 더 주어질 것이다.

나는 정말 하루도 쉬지 않고 밤낮으로 대기해야 하는 단계에 이르렀다. 정말 힘들었다. 잠을 자지 못하면서 몸과 건강에 무리가 갔다. 게다가 판매 목표치를 맞춰야 한다는 무자비한 압박에 시달렸다. 잘하면 잘할수록 판매 목표치는 상승했고, 방송 횟수도 늘었다. 하지만 어쩐 일인지 마지막 방송을 어떻게 했는지만 중요하게 여겨졌다.

끝까지
버틸 수 있었던 원동력

QVC에서 보내는 시간이 길어질수록 한 회 출연으로 사라지는 브랜드들을 수없이 많이 목격했다. 우리가 계속해서 목표치를 달성하고 QVC가 우리를 불러 주는 것은 대단히 영광스러운 일이었다.

우리가 광고하기 벅차던 시기에 QVC는 우리 회사를 노출시켜 줬고 나는 지금까지도 QVC가 우리의 성공에 크나큰 역할을 해 줬다고 생각한다. QVC에서 우리 제품을 본 사람들이 상점으로 가서 우리 브랜드에 관해 물었고, 그러한 수요 덕분에 우리는 몇 년 동안 내리 거절만 당하던 소매점에 마침내 입점할 수 있었다.

QVC가 제품에 대해 요구하는 극단적일 만큼 높은 품질 기준과 규약은 작은 회사가 감당하기에 비용도 만만치 않고 복잡했지만, 그 덕분에 도약하기 시작한 신생 회사가 맞닥뜨리는 고객 불만과 품질 문제에서 해방될 수 있었다. 이 모든 여정을 돌이켜 생각해 보면, QVC의 승낙은 우리에게 더할 나위 없는 커다란 발판이었고, 그 모든 수고를 되풀이해야 한다고 해도 나는 한순간도 망설임 없이 다시 준비할 것이다.

매출액과 브랜드 인지도가 상승한 것 외에도 QVC에서 가장 좋았던 점 중 하나는 주변에 있는 놀라운 사람들(법상 삼총사 빼고)과 그 순간을 함께 나눈 것이다. 우리의 모델 중 한 명이었던 헬렌은 항상 우리 그룹에서 가장 재치가 뛰어나고 재밌는 에피소드가 많았다.

70대인 헬렌은 혼자 살았다. 스튜디오에서 긴긴 시간을 보낼 때면 데이트 에피소드를 풀어놓곤 했는데, 그 얘기를 듣고 모두 웃다가 바지에 오줌을 쌀 뻔한 적도 있었다. 그녀는 데이트 웹사이트에서 남자들을 만나곤 했다. 그녀는 남자들을 만날 때마다 왜 그들이 혼자인지 너무나도 빨리 알아챘기 때문에 데이트는 대부분 한 번에 끝이 나곤 했다. 한 번은 70대 초반이라고 거짓말했다가 속인 게 들통 난 남자가 있었는데, 알고 보니 그는 80대 후반이었다.

"뭐라고요? 남자들은 80대가 돼서도 나이를 속인다고요?"

내가 물었다.

"남자들은 80대가 돼서도 거짓말하는 버릇을 고치지 못한다고요?"

다른 모델이 물었다.

이어진 이야기는 더욱 심각했다. 심지어 유부남인 것조차 속인 남자도 있었다. 또 다른 남자는 70대가 맞긴 했는데, 분위기가 어느 정도 무르익었을 때 헬렌에게 기댄 뒤 뺨을 핥았다고 한다. 혀끝에서 뿌리까지 그녀의 뺨을 길게 훑고 지나간 것이다. 두말할 것도 없이 그는 그녀를 다시는 볼 수 없었다.

어쨌든 그녀는 '밀당의 고수'란 별명을 얻었다. 심야 라이브 방송에서 머리가 멍해지기 시작하면, 방송 중에 그녀가 얼마나 적극적으로 남자들을 만나고 있는지 얘기하기도 했다(당연히 헬렌의 동의를 미리 구했다)! 시청자들은 헬렌의 이야기에 공감해 전화를 걸어 모델 중에서 헬렌을 제일 좋아한다거나, 자신도 헬렌처럼 적극적으로 남자와 데이트하고 싶다고 얘기했다.

헬렌은 냉소적이고 유머러스했는데, 툭하면 대기실에서 파울로와 남매처럼 서로 독한 말을 주고받기도 했다. 파울로가 내 옆에 있는 것을 보고 "제이미, 저런 남자랑 어떻게 살아요?"라고 말하면, 그도 지지 않고 "자기야, 헬렌이 모델인데 저 제품이 어떻게 완판됐지? 이해가 가질 않네"라고 받아치며 헬렌을 웃겼다. 그렇게 우리는 가족보다 더 많은 시간을 함께 보냈다.

외부의 어떤 자극에도
쉽게 타협하지 마라

내가 QVC 환경을 좋아하는 또 다른 이유는, 수많은 브랜드의 제품이 있지만 회사 창립자를 거의 볼 기회가 없는 소매점과 달리 QVC에서는 방송을 통해 제품을 소개하는 사람이 거의 언제나 회사 혹은 브랜드 창립자라는 점이다. 게다가 QVC의 1시간짜리 방송에는 여러 브랜드가 함께 출연하기 때문에 멋지고 대단한 기업가와 창립자들을 만날 기회가 많다. 대기실을 같이 쓰기 때문이다.

기업가들은 경쟁자가 치고 나가는 순간을 맞는다. 그 순간 그들은 그때까지 자신들이 해 오던 것—제품 판매 방식이든, 사명을 보여 주는 방식이든, 심지어 파는 제품 자체든—을 바꿔 볼까 하는 유혹을 받는다. 나는 이런 사례를 수없이 목격했다. 하지만 어떤 기업가도 이같은 방식으로 성공한 것을 본 적이 없다.

브랜드나 브랜드 창립자가 어떤 것을 바꿔 자신들의 진정한 소명 혹은 정체성과 멀어지면 결국 실패로 이어진다. 주변에서 이런 사례들을 많이 봤기 때문에 나는 확신할 수 있다. 그래서 나는 우리 팀에서 누군가가 다른 브랜드에서 무엇을 하는지, 시장에서 무엇이 유행하는지 신경 쓸 때마다 이렇게 강조했다.

"우리가 가장 걱정해야 할 것은 경쟁사가 무엇을 하느냐가 아니라 그것에 휘둘려 집중력이 깨지고 우리의 정체성이 희석되는 것이다."

내가 이 말을 자주 한 탓에 나중에는 우리 팀 사람들이 알아서 문장을 끝맺기 시작했다.

친구나 연인 관계에 적용되는 공식이 비즈니스에도 적용된다. 비즈니스에서 내가 진정한 관계를 맺는 사람은 고객이다. 진정성의 힘을 깨달으면 압박과 스트레스에서 해방될 수 있다. 유일하기 때문이다. 따라서 내가 아닌 다른 존재가 되는 일은 결코 해결책이 될 수 없다. 이 사실을 깨우치면 자유로워질 수 있다.

지금도 QVC 방송을 보면 아는 프리젠터들이 나올 때가 많다. 나는 방송에서 최선을 다하는 사람들이 방송 밖에서도 최선을 다한다는 사실을 일찍 알아차렸다. 브랜드 창립자 중에서 큰 성공을 거둔 사람을 보면 상당수가 방송에서 특정한 성격, 분위기, 관점을 보여 주는데 방송이 끝나도 그 모습 그대로다. 반면, 방송에서 술책을 부리거나 연기를 하거나 강매를 하는 사람들은 절대 오래가지 못한다. 그런 사람들은 들어와도 바로 나간다. 진정성은 가짜로 만들어 낼 수 없다.

맬리 뷰티 창립자 맬리 론캘(Mally Roncal)은 QVC 아이콘이다. 비욘세 메이크업을 담당했던 그녀의 관심사는 평화, 사랑, 훌륭한 메이크업이 전부다. 그녀는 방송에서 엄청난 에너지를 뿜어 낸다. 그녀는 대담하고, 맹렬하고, 자신감 있고, 위트 있고, 잘 웃는다. 어떻게 늘 그렇게 활기가 넘치는지 새벽 3시에 주차장에서 만나도 똑같은 모습이다. 그녀는 정말이지 카리스마와 사랑이 넘친다. 또 방송 안에서나 밖에서나 자기 자신을 있는 그대로 드러낸다. 그녀의 성공 비결인 듯하다.

또 지금은 고인인 초창기 QVC의 레전드 조앤 리버스가 있다. 방송에서 그는 친절하면서도 거칠고 과장되고 가끔은 깜짝 놀랄 만큼 열정적인 면모를 보여 줬는데 그게 평소 모습이었다. 판매 속도가 더더서 대기실에 팽팽한 긴장함이 돌던 어느 날 조앤이 보여 준 모습을 잊을 수 없다. 방송을 준비하느라 여러 브랜드 창립자들이 긴장한 상태로 침묵을 유지하고 있던 그때 갑자기 큰 철문이 벌컥 열리더니 조앤이 팔을 벌리고 들어와 큰 소리로 말했다.

"자, 모두 일어납시다. 오늘 제대로 한번 팔아 보자고요!"

조앤을 보면 미소가 절로 지어질 뿐만 아니라 그녀를 사랑하게 된다. 그리고 그녀는 자신의 고객을 사랑했다. 언제나 자기 자신처럼 행동하고 언제나 성공했다. 팔리는 것은 당연한 결과일 뿐이었다.

브랜드가 장수하려면 고객에게 광고한 그대로의 제품을 제공하고, 고객과 신뢰를 구축한 뒤 진실하게 소통해야 한다. 고객과의 변함없는 관계를 유지하고 싶다면, 팔로워를 늘리고 커뮤니티를 구축하고 싶다면 진정성 있는 모습을 보여 줘야 한다.

진정성이 곧 성공은 아니지만 인위적인 기교는 반드시 실패한다. 이는 내가 살면서, 사업을 하면서 얻은 가장 큰 교훈이다. 우리 회사가 성장하는 동안 다른 회사들이 어떻게 성공하고 실패하는지 옆에서 똑똑히 확인했다. 나의 힘은 진정성에서 비롯된 것이었다. 진정성은 꾸며낼 수 없는 가치다.

기회는 문을 두드리는 자의 것이다

작은 소녀가 날 수 있다고 믿어?

_나디아, 《나디아 코마네치 이야기》

"당신의 회사를 사는 데 12억 달러를 제시하겠습니다."

나는 이런 말을 들었다는 사실이 아직도 믿기지 않는다. 하지만 꿈이 아니라 현실이었다. 자신의 거실에서 꿈을 시작한 이 소녀는 자신이 창조한 것이 가치가 있다는 말을 들었다. 그것도 아주 많이. 오랜 세월 수많은 전문가에게 퇴짜를 맞았는데도 불구하고 말이다.

이 말은 내게 수그러들지 않는 열정과 탄성은 언젠가 되돌려 준다는 사실을 실감하게 해 줬다. 하지만 '오즈(OZ)'에 도착하기까지 걸어야 할 노란 벽돌 길이 아직 많이 남아 있었다. 그 길은 구불구불한 데다 곳곳에 정지 신호와 우회가 있고, 꾸준함과 인내심을 기르라는 교훈이 길을 가로막고 있다.

2013년에 이르러 우리는 QVC에서 1년에 200회 이상 생방송을 진행했다. 1년은 365일에 불과한데 200회가 넘는 방송을 하고 있었다. 캘리포니아주에 있던 우리는 QVC 본사가 있는 펜실베이니아주에서 멀리 떨어지지 않은 뉴저지주 저시시티(Jersy City)로 사무실을 이전한 뒤 본격적으로 팀 규모를 키우기 시작했다.

QVC 스케줄이 없는 날에는 사무실에 있거나 전국의 소매 매장에 잡혀 있는 미팅을 하러 돌아다녔다. 나는 전국의 얼타뷰티 매장을 돌며 고객을 만나는 행사를 펼쳤는데, 수백 명의 고객이 나와 잇 코스메틱 팀을 만나러 멀리서 찾아왔다. 그리고 동남아시아와 호주로 해외 진출도 준비하고 있었다.

우리는 첫 직원인 재키의 진두지휘로 놀라운 팀을 꾸렸다. 재키는 그동안 소품 준비부터 쇼 세팅, 모델 캐스팅, 각종 문서 작업, 방송 구성 계획까지 전 회에 걸친 QVC 방송을 보조해 왔고 방송이 있는 날에는 하루도 빠지지 않고 나와 파울로의 곁을 지켰다.

뛰어난 직원들로 구성된 팀을 결성하고 놓아 주는 법과 위임하는 법을 배우지 못했다면, 우리는 살아남을 수 없었을 것이다. 마침내 임기응변식으로 일해 왔던 영역—인사, 디지털, 글로벌 교육 및 판매—에 전문가들을 고용했다. 4년째 되던 해 내게도 비서가 생겼다. 이름은 '지가(Zega)'였다. 그녀는 재빠르게 자신의 모든 능력을 투입했다.

하지만 사업이 너무나 빠른 속도로 성장하는 바람에 늘어나는 일들을 점점 감당하기 힘들어졌다. 나는 '번아웃' 문화를 정착시키고 싶지 않아 최대한 빠르게 직원들을 고용했지만, 그사이에 가자 맡은 일은 더 늘어났고 능력을 최대한으로 끌어올려야 했다.

파울로는 운영, 재무, IT, 디지털, 법적 절차 업무를 맡는 동시에 물류창고 및 배송, 통관 상황을 관리하고 수요를 예측하는 일을 했다(같은 반에 있던 대단히 똑똑한 남자랑 결혼해서 정말 다행이다!). 나도 전 제품을 대상으로 아이디어를 내고, 교육 개발과 판매 전략 및 계획을 감독하고, 제품과 홍보 카피를 작성하고, 광고를 검토하고, 제품 포뮬레이션 및 테스트를 승인하고, 소매점 미팅과 컨퍼런스에 참여해 발표하고, 고객 행사에서 발언하고, 직원 면접과 고용을 결정하고, 회사 대표로 언론과 미디어 인터뷰를 하고, QVC 방송에 출연하는 와중에 회사의 일상 업무를 처리하고 판매 목표치를 달성하기 위해 애썼다.

창업해 본 사람은 지금 내가 하고자 하는 말이 무엇인지 잘 알 것이다. 직원을 고용할 수 있다는 것은 큰 선물이자 사업가로서 큰 획을 긋는 상징과도 같은 일이지만, 직원을 관리하는 일은 완전히 새로운 일이다!

우리는 소진된 상태에서 최대한 빠르게 일을 처리했다. 쳇바퀴 도는 햄스터 같았다. 그 쳇바퀴가 회사 전체에 동력을 실어 줬기 때문에 회사의 엄청난 무게를 어깨에 짊어지고 더 빨리 달려야 했다. 성공의 쳇바퀴가 언제 무너질지 몰라 필사적으로 앞만 보고 달렸다.

그동안 너무나 많은 거절을 당했고 주머니에 돈 한 푼도 없던 시절이 너무나 길었기에, 여러 곳에서 수락을 받고 회사 계좌에 돈이 점점 불어나도 그 사실을 완전히 믿기 힘들었다. 매일 밤 한순간에 모든 게 무너져 내릴 수 있다고 생각했다. 자신의 성공을 믿지 못하는 심리적 현상을 '가면 증후군'이라고 부르기도 한다. 나는 이렇게 재정상의 성공 아래서 성장하지 않았고 내가 겪는 일을 한 번도 본 적이 없었다.

'어떻게 나 같은 소녀에게 이런 일이 일어날 수 있을까?'

내가 열심히 일한다는 사실을 누구보다 잘 알았지만 한순간에 모두 사라질 수 있다고 생각했다. 해가 갈수록 번아웃이 심해졌다. 나는 체중이 많이 불었고 파울로도 마찬가지였다. 스트레스성 두드러기가 나고, 얼굴과 몸 여기저기에 발진이 생겨 미친 듯이 가려웠다. 이 증상은 주기적으로 나타났다. 한 번은 이사진 회의 도중에 양쪽 팔꿈치가 붉은색 야구공처럼 벌겋게 부어올랐다. QVC 방송 중에도 발진을 가리기 위해 옷을 갈아입은 적도 많았다. 나는 어딜 가든 커피, 코르티손 크림, 베나드릴 정 이 세 가지는 꼭 챙겨야 했다.

회사의 성장을 위해
소홀해질 수밖에 없던 일들

일주일에 100시간 넘게 일하고 끊임없이 스트레스를 받으면서도 파울로와 나는 가족 계획을 세웠다. 무슨 생각이었는지는 잘 모르겠지만 어쨌든 아이를 가지는 것도 우리의 꿈이었다. 우리는 인생의 사적인 부분은 모두에게 비밀로 했다.

몇 번의 유산 끝에 나는 불임 치료 과정을 시작하며 난자 채취 시술을 받았고, 임신에 실패하는 이유를 찾아다녔다. 몸이 제 기능을 하지 못하면 인생의 실패자가 된 것처럼 괴롭다. 임신하기 위해 노력한 시간은 심적 고통과 계속되는 실망감으로 가득 채워진 시기였다. 그 스트레스에다가 아이가 생기면 눈 떠서부터 잠들 때까지 일하는 게 가능할지에 대한 걱정까지 더해졌다.

파울로와 마지막으로 저녁 데이트를 즐긴 지가 언제인지 가물가물했고 시도하자니 또 다른 미팅 스케줄처럼 느껴졌다. 우리는 매끼 음식을 배달해 먹었고 나는 하루 종일 커피를 마셨다. 우리는 노트북을 끼고 살았다. 20시간 일한 날에는 마치 마라톤을 뛴 사람처럼 기진맥진했지만 내 핏빗(Fitbit)을 보면 겨우 200보를 걸은 게 전부였다.

QVC 방송에 출연할 때마다 침착하고 조리 있게 이야기해야 하는데 피로가 쌓여 실수한 적이 있다. 우리 제품에 쉬머나 글리터가 들어가지 않았다고 이야기하는 중이었다. 실로 중요한 포인트였다. 다른 제품에 쉬머나 글리터가 들어가서 꺼려졌던 고객이 우리 제품을 선택할 수 있는 기회였기 때문이다. 그런데 생방송에서 내가 '쉬머와 글리터'를 '글리머와 쉬터(shitter)'라고 말해 버렸다.

쇼호스트가 카메라 앵글 밖에서 입을 가리는 게 보였다. 욕설을 절대 용납하지 않는 방송사에서 절대 해서는 안 될 실수였다. 한 번 실수하자 고치기 힘들었다. 그날 밤 나는 '쉬머와 글리터'를 계속 '글리머와 쉬터'라고 말했다. 나는 필사적으로 노력했지만 실수가 반복됐다. 카메라 밖에 있던 모델들은 웃겨 죽으려고 했다.

지가는 방송이 있을 때마다 거의 매번 나와 함께했다. 한밤중에 방송 스케줄이 잡히면 끝나고 우리 집이나 사무실로 바래다줬다. 저지 시티까지 가는 2시간 동안 나는 조수석에서 눈을 붙였다. 사무실에는 샤워 시설이 있어 갈아입을 옷과 칫솔, 세면도구들을 가져다 뒀지만, 샤워할 시간이 없이 오전 미팅에 겨우 도착할 때가 많았다. 지가가 없었다면 24시간 돌아가는 스케줄을 절대 소화하지 못했을 것이다.

새벽에 QVC 방송을 마친 뒤 오전 미팅을 위해 사무실로 곧장 오는 일은 하나의 루틴이 됐다. 파울로는 깜짝 선물로 내 차 조수석을 평평하게 뒤로 넘길 수 있는 전동 리클라이너 좌석으로 바꿔 줬다. 우리는 결혼식도, 휴가도, 생일 파티도 참석하지 못했다. 한번은 터크스와 케이커스 제도로 가는 가족 여행에 합류한 적이 있는데 나는 그곳에서도 노트북을 붙들고 호텔 방을 벗어나지 못했다. 일이 멈춰지지 않았기 때문이다. 이 상태로 아이가 태어나면 어떻게 될지 불명확했다.

잇 코스메틱이 비약적으로 성장하는 동안 내가 잘할 수 있는 일은 오직 회사 운영이라는 생각밖에 들지 않았다. 파울로와 나는 더 이상 인간이 아니라 로봇이라는 기분이 들 정도로 일만 했다. 회사는 번창했지만 우리 부부의 건강은 그렇지 못했다. 결혼 생활은 거의 존재하지 않다시피 했고, 가족과 친구들을 만날 겨를도 없었다. 일을 제외한 인생의 나머지 영역은 힘겨웠다.

문득 우리 부부는 몇 년째 결혼기념일, 생일, 공휴일을 QVC 대기실에서 보냈다는 사실을 깨달았다. 예외인 날도 있었는데, QVC에서 생방송하지 않는 크리스마스뿐이었다. 하지만 우리는 그날도 QVC로 나올 때가 많았다. 이어지는 연휴에 방송 스케줄을 잡아야 했기 때문이다. 우리는 의지에 불타오른 나머지 폭설 예보가 들리면 방송 스케줄이 없어도 차로 QVC까지 가서 인근 호텔에 머물렀다. 날씨로 인해 다른 벤더의 힝공편이 취소돼 시간을 메워야 하는 일이 생길 때를 대비해, 우리가 근처에 있으며 방송할 준비를 완벽하게 마쳤다는 사실을 통지했다. 우리는 사업적으로 계산된 위험을 감수할 수 있을 정도의 궤도에 올랐고, 언젠가 결실을 맺기를 바라며 바이어의 역할도 대신했다.

또 어떤 종류의 제품과 키트가 잘 팔리는지 훤히 알게 됐다. 제품 제작에 약 4~6개월이 걸리는 것을 감안해 우리는 전략적으로 미리 여분을 주문하고, QVC에서 약속한 것보다 방송을 더 많이 할 거라고 스스로 도박을 했다. 다른 브랜드가 판매 목표치를 달성하지 못하거나 막판에 프로그램이 무산되기라도 했을 때 QVC가 우리에게 돌발 상황에서 융통할 수 있는 재고분이 있는지 묻는다면, 우리의 대답은 언제나 '그렇다'였으며 만반의 준비가 돼 있었다. 경쟁은 현실이었고 우리는 더 강한 경쟁 상대가 되기 위해 경쟁했다.

번아웃 직전에
대기업 로레알로부터 관심을 받다

초창기 시절에 우리 브랜드가 고객들 사이에서 막 반향을 일으키고 있을 때 로레알(L'Oréal)로부터 어떤 여성이 우리와 만나고 싶어 한다는 이메일을 받았다. 그녀의 이름은 캐롤 해밀턴, 미국 내 로레알 소유의 고급 브랜드를 총괄하던 인물이었다. 그 즉시 이 상황이 몇 년 전 내가 뿌린 씨앗, 그보다 용감무쌍한 다람쥐가 뿌린 씨앗에서 비롯됐다는 것을 눈치챘다. 그 씨앗에서 싹이 난지 까맣게 몰랐다.

언젠가 캐롤이 업계 행사에서 참석자들에게 자신이 가장 좋아하는 제품 열 가지를 공유할 것이라는 소문을 들었다. 그 명단에 우리 잇 코스메틱 제품은 없었다. 그때 내 안의 용감무쌍한 다람쥐가 그녀의 사무실에 손편지를 써서, 써 보기만 했다면 우리 제품이 반드시 명단에 올라갔을 거라고 설명하며 잇 코스메틱 제품들로 구성된 선물 바구니를 보냈다. 놀랍게도 내 편지가 그녀에게 전해졌을 뿐만 아니라, 나중에 안 사실이지만 그 편지를 따로 보관해 뒀다고 한다. 마치 어떤 직감을 느끼기라도 한 듯 말이다.

우리는 그녀를 사무실로 초대했고 미팅은 성공적이었다. 그녀는 많은 질문을 했고, 우리가 하는 일, 즉 뷰티 업계가 간과하는 일부 여성들에게 다가가는 일이 의미 있는 일이라고 동조해 줬다(사실 뷰티 업계는 거의 모든 여성을 간과하고 있다라고 속으로만 생각했다). 그녀는 우리가 매우 훌륭한 일을 하고 있으며, 반드시 필요한 일이라고 생각한다고 말했다. 또 우리가 대성할 것이라고도 했다. '그래, 우리를 알아보는구나!' 하고 속으로 쾌재를 불렀다. 나는 그녀가 우리 회사를 사고 싶어 한다고 생각했다. 하지만 그게 그렇게 간단한 일이 아님을 나중에 알았다.

해를 넘기지 않고 캐롤은 파리에 있는 로레알 간부들에게 우리 브랜드가 매우 특별한 일을 하고 있으니 한번 살펴볼 것을 건의했다. 하지만 그들이 보기에 우리 회사는 규모가 너무 작아서, 우리 브랜드가 대형 글로벌 브랜드가 될 잠재력이 있는지, 미국 소비자들 사이에서만 반향을 일으키는 것은 아닌지 평가하기 힘들다고 했다. 그들은 당장 우리 브랜드를 살 생각이 없었다.

그 사실을 듣고 거절당했다는 생각이 들었지만, 나는 거절당하는 데 이골이 나 있었다. 캐롤 해밀턴이 우리가 하는 일을 알아봐 줬다는 사실만으로도 기적 같은 일이었다. 그 당시 우리는 꽤 잘나가고 있었는데도 아직 상대적으로 알려지지 않은 회사였기 때문이다. 또 실제로 그런 기회가 찾아왔을 때 우리가 과연 팔 것인지도 문제였다.

우리는 방전되기 일보 직전이었다. 그래서 그 문제를 깊게 고민해 볼 여력이 없었다. 회사를 지켜서 대대로 물려 줄 것인가? 주식을 상장할 것인가? 한 가지만은 확실했다. 우리는 일중독이었다. 지금처럼 회사를 운영하면 우리에게 다른 인생은 있을 수 없었다. 해가 갈수록 번아웃 현상은 점점 더 심해졌다. 여전히 임신이 되지 않았고 온종일, 일주일 내내 일했다.

우리는 업무량을 줄일 수 있는 방법을 찾다가 인포머셜 분야에서 최고로 여겨지며 소비자 직접판매(DTC) 방식을 전문으로 하는 마케팅 회사 거티-랭커(Guthy-Renker)를 소액 투자자로 추가 영입했다. 나는 오랫동안 그들과 파트너십을 맺길 고대했다. 해당 분야에서 최고로 여겨지는 실력자일 뿐만 아니라, 내가 잠을 못 자면서까지 생방송에 출연하지 않아도 인포머셜을 통해 우리의 메시지를 모든 곳에 있는 여성들에게 전달할 수 있기 때문이다.

우리가 찍은 인포머셜은 수시로 방송에 나갔다. 광고를 본 많은 시청자가 제품에 관심을 가졌지만 마음 놓고 주문하기에 앞서 테스트를 해 보고 싶어 했고, 결과적으로 더 많은 사람을 소매점으로 이끌었다. 우리의 소매 파트너들은 번성했고 글로벌 확장 준비도 순조로웠다.

하지만 해외로 진출한다는 것이 얼마나 힘든 일인지 금세 알아차렸다. 나라별로 준수해야 하는 제품 규정과 근로기준법이 다 달랐다. 낮에는 시간이 얼마 없었고 내부적으로 관련 문제들을 처리할 수 있는 전문성이 부족했다. 그 외에도 할 일이 산더미였다. 우리는 압박을 해소하고자 팀 규모를 더 확장했지만 일은 계속 더 복잡해졌다.

파울로와 나는 경계선을 지키는 법을 배우지 못했다. 우리는 모든 것을 '올인'했다. 파울로에게 전화가 오면 당연히 일과 관련된 것이라고 생각하고 받았다. 늦은 밤 우리 중 한 명이 "안 되겠어. 이제 일 이야기는 그만"이라고 말하더라도 다른 한 명—혹은 심지어 그 말을 먼저 꺼낸 사람—이 일 얘기를 다시 꺼내곤 했다. 우리는 변화가 필요했다. 살아남고 싶어도 이 방식은 지속하기 힘들었다.

포기하지 않고
계속 문을 두드렸더니!

캐롤과 첫 미팅을 가진 뒤 몇 년이 지났다. 거절만 당하던 시절 소매점에 우리의 성공이 실린 뉴스를 모아서 전달했듯, 언론 보도를 타기 전 우리 직원 '마리'가 뷰티 에디터들에게 업데이트된 소식을 알리듯, 우리가 의미 있는 지표를 달성할 때마다 캐롤에게도 지속적으로 알렸다. 그리고 캐롤은 우리 브랜드의 성장 소식을 파리에 있는 간부들에게 전달했다.

그러던 2015년 어느 날, 고대하던 전화가 왔다. 로레알이 정식적으로 더 규모 있는 미팅을 하고 싶어 한다고 캐롤이 알려 온 것이다. 우리는 로레알과 파트너가 되고 싶은지 회사 일부 혹은 전부를 팔고 싶은지 100퍼센트 확신하지 못했지만, 어떤 식으로든 결단을 내려야 했다. 이대로는 힘들었다. 몇 주에 걸쳐 미팅을 준비했다. 우리가 준비한 자료들은 과거 세포라에 들고 갔던 PT 자료와는 차원이 달랐다.

그즈음 우리는 사모펀드 회사 'TSG컨슈머파트너스'를 투자자로 영입했다. 내 체중을 문제 삼으며 거절했던 다른 투자자와 달리 TSG는 전혀 개의치 않고 진정한 나와 우리 회사의 진정한 사명을 지지해 줬다. 파울로 그리고 우리 회사 재무 책임자를 필두로 투자자, 변호사까지 합심해 우리 브랜드에 대한 전체 재무 지표, 발표 자료와 영상을 만들었다. 회사 디자인 팀에는 전문 그래픽 디자이너가 10명 이상 있었기 때문에, 제품 이미지와 브랜드 자산을 보여 주는 시각적 자료도 완성할 수 있었다.

모든 것이 비현실적으로 느껴졌다. 어찌어찌하다 보니 아이디어 하나로 거실에서 창업했는데 이제 세계에서 가장 거대하고 매력적인 뷰티 기업인 로레알에 인수될 가능성을 전제로 발표를 준비하고 있었다. 영화에서나 볼 수 있는 일, 영화에서나 일어날 법한 일이었다. 그런데 그런 일이 실제로 일어나고 있었다!

그들의 사무실은 맞춤 제작 양복을 입은 남자들과 고급 여성복을 입은 여성들이 등장하는 한 편의 동화 같은 세상이었다. 상당수가 이번 미팅을 위해 파리 본사에서 날아왔다. 나는 옷차림에 주의를 기울이지 않았다. 내가 그들과 어울리지 않을 수 있겠지만, 그렇기 때문에 내가 그 자리에 있다는 것을 이제는 잘 안다. 자유! 나는 그들이 한 일을 그대로 하지 않았다. 보완을 했다.

따라서 나는 그들을 따라 해야 한다는 압박을 받지 않았다. 나는 이미 '섞이지 않는다는 것은 나만의 초능력이 될 수 있다'는 교훈을 얻었기 때문이다. 과거에는 그런 모습이 큰 감점 요인으로 작용했겠지만 내 비전에 대한 자신감이 이제는 내가 대표하는 것에 대한 자신감으로 발전했다. 나는 여성들에게 다른 방식으로 이야기하기 위해 그 자리에 있는 것이다.

최고가 되려면 남들과 달라야 해.

_닥터 수스

미팅은 순조롭게 진행됐고, 그들은 매우 똑똑하지만 어려운 질문들을 했다. 로레알은 8만 6천 명이 넘는 직원들과 수십 개의 브랜드를 거느리고 있었다. 그들이 현존하는 브랜드를 인수할 필요 없이 새로운 브랜드를 런칭할 능력이 있다는 것은 너무도 자명한 일이었기에, 우리는 우리 브랜드가 가진 힘과 고객과의 접점을 보여 줘야 했다. 그들은 진정성을 가짜로 만들어 낼 수 없다는 것에 공감했다. 그날 나는 이렇게 말했다.

"우리 브랜드가 국내 최고가 될 것을 믿어 의심치 않습니다."

캐롤은 내 눈에서 진정성과 함께 확고한 의지를 알아차렸고, 나도 그녀의 반짝이는 눈을 통해 그녀도 내 말을 믿는다는 것을 알았다.

로레알은 100여 개의 국가에 전문팀이 있었고, 전 세계 여성들에게 우리의 제품과 여성의 역량을 강화한다는 우리의 메시지를 유통시킬 만반의 준비를 갖추고 있었다. 때문에 우리가 그들과 파트너십을 맺는다면, 우리가 각 나라마다 런칭하기 위해 애쓸 필요 없이 우리의 메시지를 훨씬 더 빨리 수많은 여성에게 전달할 수 있을 것이다.

나는 로레알과 파트너가 되길 꿈꾸며 그들에게 도움을 받아 매대를 넓혀 제품의 색상과 구성을 확대하고, 연구진 군단과 협업해 지금보다도 한 단계 높은 전문성을 갖춘 제품군을 만드는 상상을 했다.

미팅이 끝나고 몇 주가 흘렀고, 그동안 나는 전화벨이 울리기만을 기다렸다. 마침내 전화가 왔다. 캐롤이었다. 바로 뱃속이 긴장으로 울렁대기 시작했다. 그녀는 모두 우리를 만난 것을 좋아했고, 우리가 하는 일에 깊은 인상을 받았다고 했다. 그런데 대답은 '아니다'였다.

캐롤은 뒤이어 우리가 세계 시장에서 성공할 수 있음을 증명하지 못했다고 말했다. 로레알은 우리와 파트너십을 맺기 전에 더 확실한 증거가 필요했다고 전했다. 캐롤은 로레알이 실수했다고 생각하는 듯했다. 그녀는 프로였기 때문에 직접적으로 말하지 않았지만 나는 느낄 수 있었다.

전화를 하며 나는 사무실을 서성였다. 실망했지만, 과거 엘렌 버크가 QVC를 대신해 거절 의사를 밝혔을 때처럼 울지는 않았다. 나는 확신에 차서 이렇게 말했다.

"캐롤, 언젠가 그렇게 될 날이 올 거예요. 나는 그렇게 믿어요. 언젠가 이 이야기를 하며 다른 사람들에게 영감을 주는 날이 올 겁니다."

그녀는 프로답게 아무런 감정을 드러내지 않고 "행운을 빌어요, 제이미. 지금도 굉장해요"라고만 대답했다. 나는 감사 인사를 하며 한 번 더 강조했다.

"언젠가는 그렇게 될 날이 올 거예요."

그녀는 예의 바르게 웃어 줬고 그렇게 전화 통화는 끝이 났다. 나는 번아웃의 깊은 구덩이 속에서 다시 한 번 거절당했다. 인정한다. 그날 하루는 눈물을 흘렸다. 하지만 이번에는 거절당한 것보다 지쳤다는 이유가 컸다. 그런 다음 일어나 하나님과 은총 그리고 집념을 무기로 계속 밀고 나갔다.

> 우리가 한 비범한 일은 포기를 하지 않았다는 것이다.
>
> _제이-지

이유는 정확히 알 수 없지만, 나는 똑같은 검은색 블라우스 20벌과 똑같은 검은색 바지 20벌을 장만한 뒤 매일 입었다. 에너지를 보존하기 위한 본능적인 생존 전략이었다. 고민을 하나라도 줄이기 위함이었다(여전히 나는 내 모든 에너지를 한 가지에 집중해야 할 일이 있으면 그렇게 한다. 지금도 검은색 바지와 셔츠를 입고 앉아서 이 책을 쓰고 있다).

머리는 늘 동그랗게 말아 올렸고 QVC쇼에서도 마찬가지였다. QVC의 이미지 컨설턴트들이 내게 머리를 풀라고 조언했지만 나는 머리를 묶었을 때 얼굴에 바르는 제품이 더 잘 보인다고 얘기했다. 그 말은 사실이었다. 하지만 그보다는 지쳐 쓰러지기 일보 직전이었고 한 방울의 에너지라도 아껴야 했다. 나는 이렇듯 특정 분야에서 저축한 에너지를 회사를 성장시키는 일에 집중시켰다.

다른 브랜드들은 지쳐 했고 방송 프리젠터들도 잠이 부족하다고 불평을 늘어놓았다. 우리 모두 같은 처지였다. 반면, 파울로와 내가 다르게 접근하는 것에 대해 QVC는 놀라워했다. 우리는 그렇게 하면 안 되는데도 체력을 끌어 모아 그곳으로 출근해 밤을 새우거나 자지 않아도 괜찮으니 방송 시간을 더 많이 할당해 달라고 요구했다.

QVC 바이어들은 나를 '에너자이저 토끼'라고 부르기 시작했다. 하지만 문제는 그 광고 속 토끼는 절대 배터리가 떨어진 적이 없지만 나는 배터리를 다 쓰고 예비 발전기도 바닥이 난 상태로, 탄성과 끈기로 움직이는 생명 유지 장치에 의존하고 있었다. 어떤 날은 사무실을 벗어나기 전에 8시간씩 3교대로 일하는 직원들을 모두 만난 적도 있다.

자신을 너무 몰아붙인 나머지 점점 건망증이 심해졌다. 파울로와 전날 저녁에 뭘 먹었는지, 심하면 그날 아침으로 뭘 먹었는지와 같은 간단한 것도 기억나지 않았다. 지금에 와서도 이 시기에 다른 사람들은 생생하게 기억하는 것을 나는 기억하지 못할 때가 많다.

처음에 건망증이 심해진 걸 알아차렸을 때 나는 소스라치게 두려웠다. 그래도 아랑곳하지 않고 계속해서 나 자신을 더 세게 몰아붙였다. 나는 초죽음 상태였지만 사업은 승승장구를 거듭했고 QVC에서 판매 목표치가 두 배를 웃돈 적도 많았다. 여러 브랜드가 함께 방송하는 그룹 뷰티 프로그램이 시작되면 대기실 스크린에 각 브랜드별 판매 성과가 나오는데, 우리 브랜드의 총 판매액이 다른 브랜드들보다 두 배 높을 때도 많았다.

로레알과의 미팅에서 재무 예측을 제시한 이래 우리에게는 완전히 새로운 단계의 압박이 주어졌다. 미래에 그들과 파트너가 되려면 반드시 예상 매출액을 달성해야 했다! 그에 따라 QVC 방송에서 판매 목표치를 달성하는 일에 전보다 압박이 훨씬 강해질 수밖에 없었다.

우리가 성장을 거듭할수록 나는 점점 미신적이 됐다. 연승 가도를 달리는 야구선수처럼 말이다. 나는 본래 미신이나 운을 믿지 않았지만 만약을 위해 모든 사태에 대비하기로 했다. 그렇다고 연승 중에는 수염을 깎지 않거나 속옷을 갈아입지 않는 야구선수처럼 총력을 기울였다는 의미는 아니지만, 크게 벗어나지도 않았다.

QVC 방송 때마다 똑같은 신발을 신고 똑같은 귀걸이를 착용했다. 지금까지 셀 수 없이 많은 방송을 그렇게 했고, 그때 신었던 앞쪽에 큐빅이 박힌 끈 달린 금색 하이힐은 옷핀으로 겨우 형태를 유지하고 있었기에 나는 '행운을 가져다줄' 신발을 새로 사야 할 지경에 이르렀다. 인터넷을 뒤져 똑같은 신발을 찾아봤지만 없었다. 그래서 내 다리 색과 거의 흡사한 로즈골드 색에 반짝반짝 빛나는 하이힐을 사서 그 뒤로 방송 때마다 항상 그 신발을 신었다. 물론, 지금도 가지고 있다!

QVC 본사 입구 쪽에 무지개색으로 점멸하는 거대한 'Q' 네온사인이 있었다. 빨간색에서 파란색, 초록색, 보라색으로 천천히 바뀌는 데 약 1~2분이 소요됐다. 나는 여기서도 Q가 행운, 성장, 돈을 가져다줄 초록색으로 바뀌는 것을 보고 나서야 안으로 진입했다. 어떨 때는 뒤에서 차들이 빵빵거리는데도 초록색으로 바뀔 때까지 2분 정도 기다려야 했지만, 나는 신경 쓰지 않고 지나쳐 가라며 비상등을 켰다. 초록색으로 바뀌는 것을 보지 않으면 꼼짝도 하지 않았다.

지금 생각하면 나는 성공과 그에 따른 압박에 대응하는 방법을 몰랐다. 그때는 똑같은 신발과 귀걸이를 착용하고 Q 사인이 초록색으로 바뀔 때까지 기다렸다가 보고 들어가는 일이 나를 지켜줄 수 있을 거라고 막연하게 생각했다.

로레알로부터
또 한 번 연락을 받다

우리가 성장에 성장을 거듭하자 뷰티 업계에서도 우리를 주목하기 시작했다. 그렇게 수년간 관심을 끌기 위해 노력하고 전력질주 한 끝에 2016년 2월, 전화벨이 울렸다. 캐롤 해밀턴이었다. 로레알이 우리를 다시 만나고 싶어 한다고 했다.

> 꿈이란 결국 일종의 계획이다.
>
> _글로리아 스타이넘

이번에는 지난번보다 더 공식적인 평가가 기다리고 있었다. 우리 회계사와 변호사들이 로레알 측과 직접 이야기하기 시작했다. 실수하면 안 됐다. 또한 모든 시간과 에너지를 쏟아부은 뒤 또다시 거절당하는 일을 막아야 했다. 회사의 모든 방면을 대상으로 더욱 세밀한 검증이 진행됐다. 캐롤에게 언젠가 그럴 날이 올 것이라고 말했었는데 정말로 그렇게 될 것 같았다.

우리는 업계에 소문이 퍼지길 원치 않았기에 로레알과의 미팅을 비밀에 부쳤다. 파트너십이 수포로 돌아가면 실망할 것을 우려해 직원들이 흥분하는 것도 원치 않았다. 게다가 예상 매출액을 계속 달성해야 했다. 따라서 팀이 산만해지는 위험을 감수할 수 없었다.

하지만 비밀에 부치는 바람에 미팅 준비와 업무량에서 팀원들의 도움은 받을 수 없었고 파울로와 그 사실을 아는 직원 한 명이 모든 일을 처리해야 했다. 로레알의 기업 실사에서 회사 재정과 운영 부분이 큰 비중을 차지했기에 그녀가 회계 업무를 도맡았다.

우리는 그때 두 번째 인포머셜을 촬영하고 있었다. 몇 주에 걸쳐 하루 종일 세트장에 있었기 때문에 밤새워 미팅과 협상을 준비했다. 최대한 빨리 결과가 나오길 바랐지만 로레알은 서두를 이유가 없었다. 우리에게 관심 있는 기업이 아무도 없다고 생각한 듯했다. 경쟁에 대한 긴장감이 전혀 없었다. 적어도 상대가 나타나기 전까지는 그랬다.

정확도가 파워를 압도하고, 타이밍이 스피드를 압도한다.

_UFC 파이터 코너 맥그리거

전화가 다시 울렸다. 우리 측 사모투자 파트너가 우리 회사를 인수하고 싶다는 제안을 받은 것이다. 기적처럼 느껴지는 상황에서 이제 우리에게도 사업 거래에서 '경쟁적 긴장'이라고 불리는 관계가 조성됐다. 로레알에게 경쟁자가 붙은 것이다. 게임이 시작됐다!

그런데 같은 시기 뷰티 업계에 매물로 나온 다른 회사가 팔렸는데, 그 회사가 팔린 날에 인수할 기회를 놓친 다른 기업들이 우리 회사에 관심을 가지기 시작했다. 좋았어! 다른 사람이 원하는 것을 더 갖고 싶은 게 사람의 본성이다. 그런 일이 일어나고 있었다.

로레알은 마침내 잇 코스메틱을 인수하기로 결정하고 금액을 제시했는데 입이 떡 벌어졌다. 몇 년 전에 우리가 승낙한 금액보다 훨씬 많았다. 그런데 문제는 그 금액이 이제는 다른 기업에서 제시하는 금액들보다 낮았다는 것이다.

나는 로레알이 우리에게 최상의 파트너가 될 것임을 확신하고, 전 세계적으로 수억 명의 사람들에게 자신감을 가지라는 메시지를 퍼뜨리는 것을 못 견디게 보고 싶었다. 그리고 우리가 거래할 수 있는 단 한 번의 기회라는 것을 잘 알았다. 또 우리가 로레알의 첫 번째 제안보다 훨씬 더 가치 있는 것을 만들어 왔다는 것도 알았다.

우리는 로레알의 제안을 거절했다! 수년간 그들이 하라는 대로 고분고분하게 움직이다가 거절을 하니 우리를 어떻게 생각할지 짐작할 수 없었다. 거절당할 줄만 알았지 거절하기는 처음이었기 때문이다. 나는 우리를 믿었고, 내 힘을 믿었다. 두렵기도 했지만 로레알에게 한 치도 양보하지 않았다. 아마 이제 그들도 그들의 투자 은행을 통해 얼마나 많은 기업이 우리를 눈독 들이고 있는지 깨달았을 것이다. 그 뒤에 로레알은 훨씬 더 높은 금액을 제시했고 우리는 승낙했다.

> 기적이 일어나는 데도 시간이 걸린단다.
>
> _요정 할머니, 《신데렐라》

그것을 시작으로 모든 것이 신속하게 진행됐다. 그사이 의심이 파고들어 정말 이런 일이 일어났다는 게 믿기지 않을 때도 있었다. 하지만 일은 착착 진행돼 우리는 고용 계약 같은 세부 사항들을 논의하기 시작했다.

나는 최선을 다해 로레알 측에 우리 팀원들이 하나하나 얼마나 소중한지, 얼마나 똑똑하고 유능한지 전달했다. 사실 우리가 성공하기까지 내 곁에서 결단력 있게 묵묵히 따라와 준 사람들의 공이 컸다. 나는 몇 시간에 걸쳐 우리 회사의 인재들이 어떤 성과를 냈는지 설명했고, 로레알 측에 직원들을 보호하고 가치 있게 여길 것을 약속해 달라고 요청했다.

유리천장을 뚫고 로레알의 첫 여성 CEO가 되다

처음에 로레알 측은 내 CEO 직함을 다른 것으로 바꾸길 원했다. 그 당시 로레알에서는 각 나라 혹은 지역 지사장들이 CEO 직함을 달고 있었다. 로레알이 최근 인수한 미국의 다른 고급 메이크업 브랜드 수장인 남성도 CEO 직함을 받았고, 당연한 얘기지만 로레알 수장도 CEO 직함을 가지고 있었다.

그런데 내가 CEO 직함을 유지해야 하는지에 대해 의견이 엇갈렸다. 내가 맨 처음 시작한 회사에서 갖은 노력을 다해 얻어 낸 자리였기에 나는 내려놓을 생각이 없었다. 상상도 하지 않았다.

이 소식을 듣고 캐롤 해밀턴이 한 일을 절대 잊을 수 없다. 그녀는 내가 CEO 직함을 유지할 수 있도록 발 벗고 나섰다. 이 일은 그 당시에 내가 이해하던 것보다 훨씬 더 중요한 사항이었던 것이다.

캐롤은 진정한 지지자였다. 그녀는 모든 여성이 일어서길 원했고, 사력을 다해 여성들을 그리고 나를 일으켜 세웠다. 나는 그것을 절대 잊지 않을 것이며 항상 감사해하고 영감의 원천으로 삼을 것이다.

이후 알게 된 사실이지만, 나는 100년이 넘는 로레알의 역사상 처음으로 CEO 직함을 얻은 여성이 됐다. 하지만 나는 그 자리에 캐롤이 있어야 한다고 생각했다. 하지만 현실은 아니었다. 오히려 그녀는 다른 여성인 나를 그 자리에 설 수 있도록 온 힘을 다했다. 언제나 다른 여성들을 대변하는 것에 큰 뜻이 있었다. 그리고 그날 캐롤이 내 이런 열정을 한 단계 더 상승시키는 계기를 제공했다.

나는 여건이 허락할 때마다 다른 여성을 동석자로 참여시켜야 한다고 믿는다. 동석자 자리가 없으면 요청해라. 다른 여성을 탁자로 데리고 와야 한다. 그녀가 앉을 여분의 의자를 내줘야 한다. 이사회든, 사친회든, 다른 특별한 행사든 중요한 자리에 그녀와 동석해라.

많은 여성이 이런 기회를 얻지 못한다. 더 큰 꿈을 꾸고 가능하다는 믿음을 가지기 위해서는 어떤 가능성이 있는지 직접 눈으로 봐야 할 때가 있다. 주변에 있는 사람들은 힘이 될 수 있다. 우리는 누구나 어떤 식으로든 이런 힘을 가지고 있으며 자유롭게 나눠 줄 수 있다.

다시 로레알과의 협상으로 돌아가 보겠다. 나는 로레알을 인수한 후 3년 동안 남아서 브랜드를 운영하기로 합의했다. 파울로도 마찬가지였다. 우리는 빠른 시일 안에 계약을 매듭짓기로 합의했지만, 로레알이 상장기업이라는 이유로 계약이 진행되는 동안 모든 것을 극도로 비밀에 부쳐져야만 했다. 그 말인즉슨, 짧은 기한 안에 수많은 조치가 취해지고 일들이 진행되더라도 우리 팀의 누구도 알아서는 안 된다는 뜻이었다.

파울로는 밤낮없이 일했고, 우리는 몇 주 동안 거의 잠을 자지 못했다(QVC가 예행 연습을 시켜줘서 얼마나 다행인지!). 계약이 아직 성사된 것은 아니고 실사를 통과해야만 했다. 실사란 변호사, 회계사로 구성된 팀과 전문가들이 모든 기록, 숫자, 포뮬러 소유 계약, 계약서, 지적재산권을 낱낱이 조사해 말 그대로 회사의 모든 것을 파헤치는 과정을 뜻한다. 마치 벌거벗고 서 있는 것처럼 느껴졌다. 그들은 찾을 수 있는 우리 회사의 모든 흠집을 찾아내려고 애썼다.

계약이 성사되기 전날 밤 문제가 생겼다. 주요 제품 중 하나의 포뮬러에 대한 우리의 소유권을 증명해 줄 서류가 사라진 것이다. 하루 종일 인포머셜 촬영을 하고 나서, 소유권 증명서를 찾기 위해 법적으로 관련된 일들을 통화하고 제조사와 통화하느라 밤을 새웠다.

우리 측 변호사들은 문서화된 자료를 찾지 못하면 계약이 도중에 중단될 수 있다고 어찌할 바를 몰라 했다(사업가들에게 한마디: 모든 지적 재산 및 포뮬러 소유권을 문서화해서, 회사가 몸집이 커지기 전에 또 제조사가 먼저 가져가기 전에 미리 안전하고 정돈된 장소에 보관해야 한다. 언젠가 회사가 인수될지도 모른다는 생각이 있다면 해야 할 일을 전부 사전에 알아내서 처음부터 그대로 하는 것이 좋다!). 해당 제조사는 우리에게 소유권이 있다는 걸 알면서도 까다롭게 굴며 확인증을 보내 주지 않았다.

우리 측 투자자들과 변호사들은 계약이 물거품으로 돌아갈 수 있다고 우려했다. 그 특정 제품이 우리 사업에서 큰 부분을 차지하고 있었기 때문이다. 그날 전화를 끊기 전 변호사와 투자자들에게 나는 남은 시간 동안 밤새 기도할 것이며 모두 잘 해결될 것이라고 말했다. 그들은 내 말을 믿지 않았지만 나는 나 자신을 믿기 위해 갖은 애를 썼다. 그리고 그날 밤 성심껏 기도하며 눈물을 흘렸다.

다음 날 아침 우리가 포뮬러를 소유하고 있다는 것을 확인해 주는 문서가 도착했다. 전화 통화에서 투자자들과 변호사들은 "당신이 기도하는 신에게 나도 기도하고 싶군요"라고 말했다. 이메일을 통해 확인증이 도착했다는 사실에 놀라워했다. 우리 회사는 공식적으로 로레알에 인수될 참이었고 아무도 그 사실을 알지 못했다. 정말이지 꿈속을 거니는 느낌이었다.

간절히 원하면,
온 우주가 나서서 당신의 소망이 이뤄지도록 도와준다.

_파울로 코엘료

우리는 계약서에 서명했고 마침내 팀에게 공표할 수 있는 바로 그날, 2016년 7월 22일이 돌아왔다. 바로 전날 밤 로레알이 보도자료를 내고 현금 12억 달러에 우리 회사를 인수했다는 사실을 발표한다는 소식을 들었다. 지금까지 로레알이 미국에서 추진한 인수 건 중에 가장 규모가 컸다.

그때까지도 그 사실을 믿기 힘들었다. 내가 아는 거라곤 드디어 그 일이 일어난다는 게 다였다. 우리는 그날 로레알이 보도자료를 내는 시간에 딱 맞춰서 회사 전 직원에게 미팅이 있다고 공지했다. 보도자료가 공개되기 불과 몇 분 전에 우리는 소매점 파트너들과 전화 약속을 잡았다. 로레알이 잇 코스메틱을 인수한다는 소식을 가장 먼저 나와 파울로, 캐롤에게서 듣게 하기 위함이었다.

회사 직원들은 무슨 일이 벌어지는지 아직 아무도 모르는 가운데 아슬아슬하게 탄로 날 순간이 있었다. 캐롤이 파리에서 뉴욕으로 왔는데 항공편 스케줄로 인해 그날 오전 JFK 공항에 도착한 뒤 예정된 발표와 보도자료 배포에 맞춰 헬리콥터를 타고 우리 회사가 있는 저지시티로 온 것이다.

그날 아침 나는 사무실 창문을 통해 헬리콥터 한 대가 약 50미터 떨어진 이착륙장에 착륙하는 것을 봤다. 그 광경은 비현실적이었다. 얼마 뒤 분홍색과 흰색의 멋진 쿠튀르 원피스를 입고 명품 하이힐에 회색 선글라스를 착용한 캐롤 해밀턴이 헬리콥터에서 내렸다. 그녀는 선글라스를 잠시 아래로 내려 주위를 둘러본 뒤 다시 올려 쓰고 우리 쪽으로 걸어왔다.

나는 직원들이 헬리콥터가 등장하는 이 영화 같은 장면과 캐롤의 모습을 보고 무슨 일이 있다는 것을 알아차리거나 나아가 이 멋진 장면을 찍어서 소셜미디어에 올리지는 않을까 염려했다. 캐롤이 사무실로 오는 사이 우리는 간부급 직원들을 소집해 핸드폰을 상자에 집어넣게 한 뒤 그들에게 먼저 소식을 전했다. 방 안은 놀라움과 눈물과 흥분으로 뒤범벅됐다.

그런 다음 캐롤 그리고 미국에 있는 다른 로레알 간부들과 함께 우리는 소매업자들에게 전화했고 회사에서 가장 큰 이사회실로 전 직원을 모이게 했다. 보도자료가 배포됐다. 모든 것이 현실이었다. 정말로 일어나고 있었다. 나는 터질 듯 쿵쾅대는 가슴을 안고서 사람들 앞에 섰다. 전부 가족처럼 느껴지는, 넘치는 사랑으로 이 회사와 비전을 함께 일궈 온 놀라운 사람들이었다.

"여러분에게 전할 놀라운 소식이 있습니다…"라고 시작한 뒤, 전 직원에게 우리가 이제 로레알 가족의 일원이 됐으며 전 세계로 우리의 소명을 확대할 길에 들어섰다고 말했다. 너나 할 것 없이 모두 환호성을 질렀다. 로레알은 직원 복리 후생이 좋다고 알려져 있었고, 일부 직원이 눈물을 흘리며 가족에게 더 좋은 혜택이 돌아가게 된 것을 감사하던 것이 기억난다. 파울로와 내가 발언한 뒤 로레알 간부들이 발언을 이어갔고 그 뒤 다 같이 축하했다.

나는 그 당시 앞으로 어떻게 될지도, 앞으로 2년 뒤 회사의 규모와 수익 및 총 판매액이 두 배 가까이 커질 것이라는 사실도 몰랐다. 그리고 어떤 도전과 성공과 실패가 기다리고 있을지도 몰랐다. 하지만 그 순간 앞으로의 삶이 전과 같지 않을 것임을 확신할 수 있었다.

축제 분위기는 계속 이어졌다. 이 광경이 마치 슬로모션처럼 느껴졌다. 프랑스산 샴페인이 터지고 캐롤이 로레알을 대신해 내게 에르메스 팔찌를, 파울로에게 에르메스 넥타이를 선물했다. 명품 브랜드 에르메스의 쥬얼리는 난생처음이었다.

그 순간 나는 내가 이런 일이 일어날 자격이 없는 사람처럼 느껴지면서 사기꾼이 된 것 같은 기분이 들지 않도록 싸워야 했다. 충분히 멋지지도, 근사하지도 않은 내게 이런 일이 일어났다고 말이다. 나는 미소를 잃지 않으면서 자기의심을 떨쳐 내기 위해 최선을 다했다. 이 말도 안 되는, 비현실적인 순간을 즐기기 위해 노력했다.

나는 신데렐라가 된 것 같았다. 이제 내 인생의 모든 호박이 마차로 바뀌고, 내 신발, 특히 6년 동안 줄기차게 QVC에 신고 갔던 내 신발이 어여쁜 유리 구두로 바뀔지 궁금했다. 그리고 신데렐라의 못된 새언니들이 절대 신데렐라를 믿지 않았듯 나를 믿지 않았던 모든 사람이 이제는 좀 더 친절해질지도.

그 순간에도 내 가족과 친구들은 무슨 일이 일어났는지 알지 못했다. 계약이 공식화되기 전까지 법적으로 비밀에 부쳐야 했기 때문이다. 그리고 이제는 공식화됐다. 그 소식은 당일 〈월스트리트저널〉홈페이지에 빠르게 올라간 뒤 들불처럼 번졌다. 따라서 곧 알게 될 터였다. 회사가 출범한 이래 가족과 친구들은 내 얼굴을 거의 보지 못했기에 아마 이렇게 반응할 것이다.

"휴가 가서 일하지 않고 방 밖으로 나올 수 있다는 뜻이니?"

나는 모든 이와 함께 그 순간을 만끽하기 위해 애썼지만 여러 가지 생각들이 소용돌이처럼 마음속을 휘저었다. '부모님은 나를 자랑스럽게 생각하실까?' '파울로와 내가 워커홀릭 같은 성향을 극복할 수 있을까?' '나 같은 사람을 보고 여자들이 화장품을 살 것 같지 않다고 말한 투자자가 이 소식을 들으면 좋겠다.' 또 다른 생각이 떠올랐지만 나중에 다시 생각하기로 했다.

'결국 우리 아이들은 날 보게 될 거야.'

이사회실에서 모든 사람이 한껏 달아올라 있었고, 파울로가 직원들이 보는 앞에서 내 입술에 키스하자 사람들이 환호성을 질렀다. 환호성 사이로 우리는 모두에게 '우리가 해냈어'라는 미소를 지어 보이며 서로의 그윽한 눈빛에서 우리가 그 순간에 도달하기 위해 얼마나 힘들게 노력했는지 다시 한 번 확인했다.

파울로와 나는 함께 참호전을 치르고, 수중에 몇 달러가 남았을 때 바닥에서 함께 울었다. 수년간 일주일에 100시간씩 함께 일했고, 셀수 없이 많은 거절을 함께 들었다. 수많은 QVC 방송을 함께했고, 끝없이 쏟아지는 업무를 나누고 정복했다. 우리 둘이서 말이다. 정말이지 나는 파울로보다 똑똑하고 근면한 남자를 알지 못한다.

그 순간 우리는 서로가 없다면 절대 해낼 수 없음을 알았고, 함께 전장을 빠져나오는 느낌이었다. 우리 곁에서 함께 싸워 온 전사들과 함께. 그리고 우리는 다 함께 승리를 거뒀다. 우리가 다 같이 승리의 깃발을 쳐들고 불가능한 일을 해냈다는 느낌이 들었다.

눈물이 차오르면서 나는 고개를 돌려 재키와 눈을 마주쳤다. 우리와 함께 지난 몇 년간 이 회사를 만들어 온 사람이, 그날 그 자리에서 나와 파울로를 위해 가장 큰 소리로 환호해 준 사람이 재키다. 무슨 일이 있어도 언제나 내 옆에서 환호해 줄 사람이다. 우리는 서로를 바라보며 앞으로 그녀의 인생이 완전히 달라질 것임을 알았다. 그녀에게 이전과는 다른 새로운 날이 찾아올 것임을 직감했다.

이 말을 좀 더 자세히 설명하기 위해 재키의 동의를 구해 다른 사람에게는 한 번도 한 적 없는 그녀의 이야기를 일부 나누고자 한다. 그리고 우리 우정의 격정스러운 면에 대해서도. 재키의 이야기에서 여러분의 이야기를 발견할지도 모른다. 그리고 그 이야기는 여러분의 인생을 바꿀지도 모른다. 내 인생을 바꾼 것처럼.

앞서 내가 가진 힘을 믿음으로써 힘이 생긴다는 사실을 기억하길 바란다. 거기에 열심히 일하고 절대로 포기하지 않는 것이 더해졌기 때문에 우리 집 거실에서 시작한 아이디어가 10억 달러 기업이 될 수 있었고, 멸시로 가득했던 여정이 무적의 꿈으로 바뀔 수 있었다.

뜻밖의 행운은 어디서 오는가

그녀의 성공은 당신의 성공이다. 함께 축하해라.
당신의 성공은 그녀의 성공이다. 그녀를 가리켜라.

_애비 윔백

사람들이 환호하는 가운데 재키와 눈이 마주쳤다. 우리가 얼마나 많은 시련을 함께했는지, 보통 여자 사이를 갈라놓는 사건—못 미더운 남자를 함께 사귄 것—이 우리의 경우 얼마나 사이를 돈독하게 만들어 줬고, 롤러코스터와도 같은 인생의 결정을 함께 내리는 계기가 됐는지 아는 사람은 아무도 없었다.

이제는 다들 알 것이다. 잇 코스메틱 첫 번째 직원 재키. 내 결혼식 들러리. 20년 지기 내 절친한 친구. 안정적인 직장을 그만두고 나와 함께 일하기 위해 우리 집 거실로 와 준 사람. QVC에서 처음 완판을 하고 나서 함께 기쁨의 눈물을 흘리고, 나를 싫어하는 사람들이 나를 갈기갈기 찢어 놓거나 인터넷에서 악플을 남겼을 때 함께 고통의 눈물을 흘린 친구. 나를 무조건 믿고 지지해 주는 친구 재키. 어느 순간 가장 예상치 못한 방식으로 누군가가 인생에 들어와 완전히 바꿔 놓을 수 있다는 걸 알게 해 준 친구였다.

우주가 어떻게 우리에게 말하는지 오프라가 한 얘기를 알고 있는가? 먼저 속삭속삭 말한다. 그런데 우리가 듣지 않으면 머리 위에서 쿵 하고 내려친다. 그런데도 신호를 무시하면 벽돌로 된 거대한 벽이 내 앞에서 와장창 박살 나는 형태로 찾아온다. 재키와 나는 박살 나기 직전에 만났다고 말할 수 있다.

재키를 처음 만난 날, 나는 대학에서 사귄 남자친구 더크와 내 자취방에서 시간을 보내고 있었다. 그런데 갑자기 누가 문을 두드렸다. 문을 열자 멋지게 웨이브 진 긴 갈색 머리에 빛과 고통을 동시에 품은 듯한, 감정이 충만한 눈빛을 한 예쁘장한 여자가 한 명 서 있었다.

"더크, 여기서 뭐하는 거야?"

울먹울먹하며 그녀가 말했다. 더크는 사귄 지 몇 개월 안 된 내 남자친구였다. 우리는 격렬한 사랑에 빠져 거의 매일 붙어 다니다시피 했다. 그는 언젠가 룸메이트가 이상하다고 말한 적은 있지만 그 밖에 다른 말을 한 적은 없었다. 우리는 워싱턴주립대학교에 다니고 있었고 빠듯한 수업 일정 때문에 10킬로미터 넘게 떨어진 그의 자취방에 가기 어려워 우리 집에서 시간을 보낼 때가 많았다. 그래서 그 '룸메이트'를 아직 만난 적이 없는데 그녀가 이곳에 온 것이다.

문 앞에서 울고 있는 여자를 본다면 "세상에, 괜찮아요? 안으로 들어와요!"라는 말이 가장 먼저 나왔을 것이기에 나 역시 그렇게 했다. 그런데 그녀가 다시 한 번 말했다.

"더크, 여기서 뭐하는 거야?"

그다음 벌어진 일은 끔찍했다. 더크는 그녀에게 이렇게 말했다.

"재키, 나 제이미랑 사귀니까 이해해 줘."

두 사람은 왔다 갔다 논쟁을 시작했고, 그녀는 자신의 남자친구가 자신을 두고 나와 바람을 피우고 있다고 생각하는 게 분명했다. 드라마의 한 장면 같았다. 더크는 내게 이미 알고 있던 자신의 이야기—재키는 룸메이트이며 자신이 원하는 것과 다른 관계를 원한다는—를 반복하며 재키에게 나가 줄 것을 요구했다. 재키는 그렇게 했다. 그리고 아예 그를 떠났다.

그녀는 그 집을 나와 자신의 가장 친한 친구의 집으로 들어갔다. 그런데 운명처럼 재키의 가장 친한 친구의 집은 내 자취방과 같은 건물에 있었다. 그곳은 여러 호실로 나눠진 전형적인 옛날 집이었다. 누구의 말을 믿느냐에 따라, 정신 나간 옛날 룸메이트 아니면 분별 있는 전 여자친구인 재키는 나와 한 건물에서 살게 됐고 그 뒤 며칠, 몇 주 동안 더크가 우리 집에 왔을 때 그녀는 바로 위층에 있었다.

더크는 일부러 자신의 여동생에게 전화해 우리 집에 옛날 룸메이트가 찾아왔다고 말하며 자신의 이야기가 사실임을 증명하려 했다. 나는 그를 의심할 만한 확실한 근거는 없었지만 마음속 깊은 곳에서 잘못됐다는 느낌이 있었다. 그게 바로 우주의 속삭임이 아니겠는가? 신뢰가 가지 않고 거짓말하는 사람과 만나 본 사람은 내가 무슨 말을 하는지 알 것이다. 어긋났다는 느낌이 들었다. 하지만 그 느낌에 귀를 기울일 준비가 되지 않았다.

얼마 뒤 재키가 두 사람 사이에 있었던 일들을 비롯해 자신의 이야기를 쓴 편지를 현관문 아래에 가져다 놓았다. 그리고 우리는 우연히 체육관에서 만나 운동을 하며 대화를 나누기 시작했다. 나는 그녀가 사실을 말하고 있다고 느꼈고, 더크에게서도 자백을 받아 냈다. 두 사람은 몇 년째 사귀며 동거했다고 했다. 나는 그 나쁜 놈과 헤어졌다. 그리고 재키와 나는 좋은 친구가 됐다. 우리의 우정은 깊어졌다.

그러다가…. 재키가 더크를 다시 만나기 시작했다. 그 후로 몇 년을 더 사귀었고, 심지어 재키는 더크를 중심으로 졸업 후 계획을 세우기 시작했다. 더크를 따라 시애틀로 가서 함께 살 것이라고 했다. 믿기 어렵겠지만 나와 재키는 이런 상황에서도 좋은 친구로 지냈다. 여기서 멋진 점은 내가 그녀의 남자친구와 사귀었지만 재키는 한 번도 날 멀리하지 않았다는 것이다. 그리고 나는 재키가 다시 그에게로 간 것을 한 번도 비난하지 않았다(당연히 친구로서 좋은 생각이 아니라고 생각했다).

몇 년 뒤 두 사람은 약혼한 뒤 함께 집을 샀다. 더크는 점점 재키를 학대하기 시작했다. 사람들 앞에서 그녀의 몸매와 외모를 가지고 깎아내리기 일쑤였다. 재키가 말하기를, 둘이 외식을 하러 가면 더크가 "너 정말 그거 먹을 거야?" 같은 말을 한다고 했다. 여럿이 모인 자리에서는 멋대로 "재키는 지금 다이어트 중이야" 같은 말을 했다. 재키가 다이어트해야 한다고 생각한다는 이유로 말이다. 상관은 없지만, 재키는 66사이즈였다. 그리고 그것도 모자라 그 나쁜 놈은 또다시 바람을 피웠다. 그 뒤에도 또. 10년 이상 그의 곁에서 그가 바뀌길 바랐던 재키도 마침내 질려 버렸다. 그녀는 일어나 짐을 챙겨 그를 떠났다. 그리고 다시는 돌아가지 않았다.

세월과 함께 재키를 더 많이 알고 또 어떤 환경에서 자랐는지 알게 되면서, 그녀야말로 내가 아는 가장 강인한 사람 중 한 명이라는 사실을 깨달았다. 재키는 전사이며, 그것을 증명할 흉터도 남아 있다.

재키는 몬타나 주에서 학대를 일삼는 홀엄마 밑에서 자랐다. 재키는 아빠가 누군지 몰랐다. 모녀는 이동주택 단지를 옮겨 다니며 살았고 복지 지원금으로만 생활했다. 일찍이 생존하고 자립하는 법을 익혀 삽으로 이웃집 눈을 치워 주는 식으로 용돈을 벌어 음식과 옷을 사려 했지만, 엄마는 수시로 그 돈을 빼앗아 술집에서 탕진했다. 학교에서 성적을 잘 받아도 엄마에게는 비밀로 했다. 엄마는 재키가 재능을 발휘하길 원치 않았고 잘하는 게 있으면 무엇이든 그만두게 했다.

특히 엄마가 남자친구와 헤어질 때마다 육체적, 정신적으로 재키를 학대하며 화풀이를 대신했다. 학대가 계속되자 한계점에 도달한 재키는 열다섯 살에 가출했다. 자신도 어디로 가고 있는지 몰랐지만 하나님이 길을 안내해 주는 듯했다. 가출 신고로 재키를 체포한 경찰관이 그녀의 천사가 됐는데, 그 경찰관 부부가 재키를 입양한 것이다. 재키는 여전히 그들을 '엄마', '아빠'라고 부른다.

재키는 더 나은 삶을 개척하겠다는 집념과 투지로, 하나님의 은총으로 대학에 진학했다. 졸업 후 그녀는 자신이 몸담았던 모든 직장에서 뛰어난 성과를 거뒀다. 더크와 헤어지고 몇 년 뒤에는 DJ가 돼 전 세계를 돌아다니며 DJ 파티에서 공연을 했다. 심지어 중국에는 그녀가 공연한 건물 한쪽 면에 그녀를 그린 벽화도 있다.

누구보다 서로가
잘되길 바라는 마음

새키와 나는 서로 다른 도시와 나라에 떨어져 있어도 항상 친한 친구로 지냈다. 2009년 캘리포니아주 스튜디오시티에 있는 아파트 거실에서 잇 코스메틱을 운영하고 있을 때의 이야기다.

하루는 재키를 만나 커피를 마시며 미(美)의 담론을 바꾸는 데 내가 얼마나 열의를 가지고 있는지 이야기했다. 여성들이 거울에 자기 자신을 바라보는 방식을 바꿔 나감으로써 무엇이 잘못됐는지가 아니라 무엇이 잘 됐는지 (곧 모든 면이다) 보도록 만들고 싶다고 했다. 또 '아름답다'라고 받아들이도록 만들면서 우울함을 자아내는 이미지들을 보는 일이 넌덜머리가 난다고도 했다.

재키도 내 말에 전적으로 동감했고, 나만큼 뜨거운 열의를 보여 줬다. 그리고 먹고 살며 공과금을 낼 정도의 급여만 제공되면, 그보다 훨씬 안정적이고 급여가 높은 데다 수당까지 챙겨 주는 직장을 관두고 이 꿈을 실현하는 것을 돕겠다고 했다. 그때 그녀는 임신 6개월 차였다. 창업 초반에 우리에게는 그녀에게 어떤 수당도 제공할 여유가 없었다. 하지만 재키는 우리의 사명을 진정으로 믿었고, 자신도 그 일부가 되기 위해 가능한 한 어떤 일이든 돕길 바랐다.

재키는 잇 코스메틱에 잠재력이 있다고 믿었다. 그 믿음은 내게 엄청나게 감사한 마음과 함께 심한 압박감과 책임감을 동시에 안겨 줬다. 그녀를 실망시키고 싶지 않았다. 사업가라면 누구나 알 것이다. 직원들이 청구서를 납부하기 위해 나를 의지하고 가족의 안녕과 미래를 위해 나를 믿고 있다는 사실을 깨닫는 순간 얼마나 힘든지. 게다가 재키는 내게 직원보다 더 소중한 존재였다. 가족과도 같았다.

재키는 우리 회사 정직원으로 공식 합류했다. 우리 집 거실로 매일 출근했고 나와 파울로와 마찬가지로 여러 가지 역할을 해냈다. 우리처럼 어떻게 해야 할지 전혀 알지 못하는 일에 뛰어들어서 해결하기 위해 최선을 다했다.

QVC에 런칭한 뒤에는 한 회도 빠지지 않고 우리와 함께했다. QVC 초창기 시절, 우리의 주된 수입원은 오로지 방송에 한정돼 있어 재키도 우리처럼 집보다 방송국 대기실에서 밤을 보낼 때가 종종 있었다. 그녀는 그때 집안의 가장 역할을 하고 있었다.

아들을 낳고 일곱 살이 될 때까지 재키는 우리가 한 것처럼 매주 100시간씩 일에 매달렸다. 그녀가 우리의 사명을 믿었다는 것을 안다. 하지만 나는 그녀의 더 큰 소명이 아들 그리고 아들의 미래라는 것을 잘 알고 있었다. 그녀는 QVC를 오고 가는 차 안에서 아들이 보고 싶어 셀 수 없이 많이 울었다.

나는 재키의 희생이 헛수고로 돌아갈지도 모른다는 걱정을 드러내지 않았다. 하지만 직원을 추가로 고용하지 못하는 내 무능력 때문에 아들과의 소중한 시간을 그녀에게서 빼앗는 것만 같아 죄책감을 느꼈다. 물론 그녀의 선택이었지만 나에 대한 깊은 신뢰에서 비롯됐다는 것을 잘 알았다.

회사를 캘리포니아에서 멀리 떨어진 뉴저지로 이전할 때도 재키는 아들과 남자친구를 데리고 함께 거주지를 옮겼다. 정말, 정말로 올인한 것이다. 그것 때문에 잠을 설치기도 했다. 사실 잘 시간이 거의 없기도 했다.

QVC에서의 성공이 와르르 무너지면 회사가 살아남을 수 있을지 없을지 알 수 없었다. 살아남을 수 없을 것처럼 보일 때도 많았다. 재키는 자신의 인생을 불확실한 미래와 바꾸고 있었다. 재키는 무조건 믿고 따라와 줬다. 그 시절 재키처럼 열심히 일할 수 있거나 또 그렇게 했을 사람은 아무도 없을 것이다.

가족이나 친구랑 일을 시작하면 관계가 틀어지기 쉽기 때문에 절대 하지 말라고 한다. 회사를 키워 나가는 10년이라는 시간 동안 이 같은 사실을 몇 번 깨닫기도 했다. 일과 삶의 경계를 정하고 균형을 이루는 일은 쉽지 않았다.

친구 사이에서는 건강할 수도 있는 자극이 직업 환경에서까지 작용되는 것은 아니었다. 특히 한 사람이 상사가 될 때 더욱 그러했다. 일과 삶의 경계가 흐려지고, 관계가 삐걱대거나 틀어지기가 쉬웠다. 거의 모든 경우에 그러했지만 재키는 예외였다.

우리는 업무와 친분 관계를 따로 유지하는 데 성공했다. 일을 하다 재키가 나에 대해 완전히 실망하거나 화가 나는 일이 있더라도 혹은 그 반대의 경우에도, 함께 커피를 마시거나 식사를 하다 보면 자연스럽게 잊혀졌다. 아마도 아무런 조건 없이 서로가 잘되길 진심으로 바랐기 때문일 것이다.

수년간 지속된 그녀의 희생과 헌신을 언젠가 갚아 줄 날이 오기를 나는 기도했다. 그녀가 아들과 남자친구와 떨어져 지내는 시간이 너무 많지 않기를, 그 시간이 헛되지 않기를 기도했다. 그런데 재키는 우리에게 어떠한 대가를 요구한 적이 없다. 훗날 큰 보상에 대한 거창한 기대도 하지 않았고, 그에 대해 물은 적도 없다.

QVC에서 매출 목표치를 달성하지 못하거나 제품을 빼야 하는 힘든 날을 보낸 뒤에는, 우리의 메시지와 제품이 어떻게 여성들의 자신감을 북돋아 줬는지 보여 주는 고객들의 편지와 이야기를 함께 읽으며 위안 삼곤 했다. 재키는 진정으로 고객들을 사랑했고 이 회사의 발전에 일조하는 게 영광이라고 생각했다.

또한 재키는 유머로 긴장을 푸는 데도 일가견이 있었다. QVC 생방송 중에 목표치를 달성하지 못해 스트레스가 극에 달할 때가 자주 있었는데, 그럴 때면 재키가 카메라 뒤에서 손바닥을 활짝 펴고 열심히 탭댄스를 추기 시작했다. 방송이 한창 진행 중인데도 말이다. 나는 제품 판매에 집중하려고 애썼지만 때로는 웃음을 참기가 힘들었다. 재키는 카메라 뒤에서 과장된 표정을 지으며 내게 미소를 짓고 그 순간을 인식하라며 두 손가락을 자신의 보조개에 갖다 대기도 했다.

지금도 우리 둘에게 해결하기 힘든 문제가 닥치거나 스트레스를 받는 일이 생기면, 재키가 그때 카메라 뒤에서 하듯 과장된 몸짓을 하는데 그때마다 우리는 마구 웃는다! 물론 그렇게 생각할 틈도 없이 정말 힘든 날도 많았다. 그럴 때면 서러움이 잠길 때까지 함께 레드 와인을 마셨다. 그런 소소한 승리면 충분했다!

뜻밖에 찾아온 행운을
놓치지 않는 법

회사가 성장하면서 우리는 마침내 재키에게 더 높은 급여를 줄 수 있게 됐다. 파울로와 나는 우리의 몫을 챙기는 것보다 재키의 급여를 올려 주는 것을 우선순위로 삼았다.

CC크림 콘셉트를 생각해 낸 것도 재키였다. CC크림이란 피부 톤 보정과 커버를 도와주는 안료가 들어간 모이스처라이저로, 피부 결점을 가리기 위해 하는 전통적인 진한 화장 대신 바르기만 하면 결점 커버도 되면서 치료가 되는 제품이었다.

다른 브랜드들이 BB크림—뷰티 밤(Beauty Balm)의 약자다—이라고 불리는 제품 개발에 집중하는 동안 한국에 있는 최고의 스킨케어 연구실에서 CC크림—컬러 코렉팅(Color Correcting)의 약자—이라는 아이디어가 발아했다.

재키는 다른 브랜드보다 앞서 CC크림에 대해 조사한 뒤 심지어 기존 제품보다 커버가 더 잘되고 피부에 잘 받는 CC크림을 개발했다. 지금까지도 이 제품은 우리 회사 역대 최고의 베스트셀러다. 재키의 아름답고, 훌륭하고, 창의적인 사고 과정 덕분에 CC크림을 런칭하면서 우리는 경쟁자보다 훨씬 앞질러 나갔다.

또 우리는 유방암 치료라는 대의명분에 기여히는 데 열정이 있었고, 유방암은 재키 집안의 유전기도 했다. 그래서 오래전부터 재키의 제안으로 '룩 굿 필 베터(Look Good Feel Better)' 재단과 파트너 협약을 맺고 암으로 고통받는 여성들에게 우리 제품을 기부해 왔다. 우리가 수익을 내기 전부터 활동을 시작한 이래 지금까지 4천만 달러어치의 제품을 재단에 기부해 왔다.

현재 재키는 잇 코스메틱에서 두 개의 부서를 총괄하고 있고 QVC 방송에서 프리젠터로 활약하고 있다.

파울로와 나는 재키를 위해 회사 소유권을 일부 따로 떼어 놓았다. 그녀가 노력해서 얻은 결과다. 그래서 로레알에 회사가 인수된 날 재키의 인생과 그녀의 아들의 미래 역시 영원히 바뀌었다고도 할 수 있다. 신이 그녀에게 그녀의 인생에서 닫혀 있던 문들과 열려 있던 문들이 타당했음을 만천하에 드러내 보이신 날이었다.

왜 그녀의 인생에 잘못된 사람들이 들어와서 올바른 사람들에게 인도했는지, 시간이 한없이 길게 느껴지더라도 왜 그녀의 직감을 멈추지 말라고 말했는지, 주변 사람들이 의아해하고 때로는 너무 일만 한다고 수치심을 주는데도 왜 그녀가 엄마로서 옳은 일을 하고 있다는 생각이 들게 했는지 보여 주셨다. 신이 재키에게, 왜 아빠가 누군지도 모른 채 사랑을 보여 주지도 않는 엄마에게서 태어나게 하셨는지 보여 주신 것이다. 이동주택 단지를 옮겨 다니며 수많은 날을 배고픔과 잊혀졌다는 기분을 느끼며 자랐을 그 작고 아름다운 소녀에게.

신은 그녀를 잊지 않으셨다. 본능적으로 날아오르게 하셨다. 그녀는 스스로 나는 법을 배워야 했지만 그렇게 했다. 재키는 아들에게 자신은 한 번도 가질 수 없었던 놀랄 만한 사랑을 주는 엄마가 돼 줬고 이제는 그에 더해 아들에게 자신에게는 한 번도 돌아오지 않았던 모든 기회를 제공할 수 있게 됐다.

잇 코스메틱이 로레알에 인수됐다는 소식을 발표한 그날, 나는 여러모로 나보다 재키 때문에 행복했다. 그날 우리는 함께 울었다. 우리가 해냈다. 우리는 꿈이 있었고, 그 꿈을 향해 함께 고생했고 서로를 위해 헌신했고 그녀는 나를 믿었고 나는 그녀를 믿었고 마침내 우리는 해냈다!

우리 우정은 난장판에서 시작했지만 우리는 함께 강력하고 뜻밖의 행운 같은 교훈을 얻었다. 처음에는 거짓말하는 남자를 통해, 그다음은 서로를 통해서다. 마야 안젤루 선생의 말처럼 "누가 자신이 누구인지 보여 줄 때 처음에는 믿어라." 그렇게 하면 내 꿈을 저지하는 사람들을 숨고 내 인생의 여정에 진정으로 합류할 운명을 가진 새로운 사람들을 맞이할 수 있는 공간을 활짝 열 수 있다!

09

당신은 혼자가 아님을
기억하라

당신은 아직 성장하고 있는 위대한 사람,
만들어지고 있는 걸작, 움직이고 있는 기적이다.

_팀 스토리

인생에서 온 힘을 다해 어떤 일이 일어나게 만들려고 해도 뜻대로 안 될 때가 있다. 그것은 실현시키고 싶은 큰 꿈일 수도 있고 말 그대로 억지로 열려고 밀고 또 밀어도 꼼짝도 하지 않는 문일 때도 있다.

하지만 인생이 내 뜻대로 흐르지 않을 때마다 언제나 더 좋고, 더 기적과 같은 일이 일어나는 것 같다. 마치 하나님이 "네가 원하는 것을 주기에는 나는 너를 너무 사랑한단다. 그저 나를 믿으렴"이라고 말하는 것 같다.

친엄마는 의도하지도 않았는데 딱 한 번 만에 나를 임신했다. 그런데 파울로와 나는 아이를 갖기 위해 10년 가까운 시간을 보냈다. 난임 치료를 하며, 수없이 많은 바늘과 호르몬 주사를 맞고, 셀 수 없이 많은 임신테스트기에 표시된 음성 반응을 보면서 지난 10년간 상당수를 눈물로 보냈다. 나는 실패하고 있으며 내 몸이 나를 실망시킨다는 기분에 사로잡혀 있었다.

부족함을 인정하고
도움을 받다

파울로와 나는 각종 검사를 하고 원인을 알아내기 위해 의사들을 찾아다닌 결과, 내 자궁의 형태가 문제라는 결론에 도달했다. 자궁이 하트 모양이라서 유산할 확률이 높다고 했다. 우리는 계속 노력했지만 임신이 안 되거나 유산을 거듭했다. 이 일은 우리 부부만의 비밀이었고 잇 코스메틱의 폭발적인 성장과 잠시도 쉴 수 없는 업무 일정과 나란히 진행됐다.

회사를 팔고 나니 나는 어느덧 마흔을 바라보고 있었고 결과가 어떻든지 간에 나는 가족을 늘리는 일에 정말 집중하고 싶었다. 연애 시절 나는 파울로에게 아이들이 일곱 명 정도는 있었으면 좋겠다고 그중에 적어도 네 명은 입양하고 싶다고 말한 적이 있다. 내가 입양아였다는 사실을 알기 전의 일이었다.

우리는 입양과 대리출산에 대해 진지하게 검토하기 시작했고 두 가지 다 적극적으로 추진해 보기로 했다. 그 당시에는 대리출산이 두렵게 느껴졌다. 뉴스와 영화를 통해 대리모가 아이를 데리고 도망가거나 양육권을 주장하며 부모를 찾아오는 무시무시한 이야기를 들어본 적이 있기 때문이다. 우리 아이를 말 그대로 남의 뱃속에 품는다는 것도 어마어마한 일이었다. 우리 부부는 입양 기관과 이야기하기 시작했고 동시에 별개의 대리출산 업체에도 의뢰하기로 합의했다.

대리출산 업체는 입양 기관보다 더 빠른 속도로 일을 진행시켰다. 모든 법적 서류를 제출하고 나자 '매칭 콜'을 연결할 차례였다. 매칭 콜이란 대행사 주도 아래 대리출산을 희망하는 부모들을 잠재적인 대리모에게 소개하는 영상 전화를 뜻했다.

나는 이 제도에 대해 잘 몰랐지만, 그 안에는 내가 상상할 수 없을 정도로 복잡한 단계가 있었다. 다시 말해 사전에 모든 힘든 부분에 대한 논의를 마쳐야 한다는 뜻이다. 그 안에는 자연적으로 임신했다면 생각조차 할 필요 없는 생과 사에 대한 결정도 포함돼 있었다.

대행사는 우리에게 논의가 필요한 여러 가지 질문을 제시했다. 예를 들면, 임신과 아기와 관련해 극심하게 고통스러울 가능성에 대해 우리가 어떤 생각을 가지고 있으며, 그 문제를 우리가 어떤 식으로 다루길 원하는지에 관한 것이었다. 만일 이러한 주제가 괴롭게 느껴지는 독자가 있다면 이 단락은 그냥 넘기는 게 좋을 수도 있다.

그중에는 이런 가슴 아픈 질문들이 있었다. '배아가 분리돼 쌍둥이나 세쌍둥이가 됐는데 의사가 감수술(다른 배아를 살리기 위해 하나의 배아를 제거하는 시술)을 받아야 한다고 하면 어떤 선택을 하시겠습니까?' 이런 질문도 있었다. '대리모가 임신을 했는데 임신으로 인해 대리모의 목숨이 위험한 상황이 생기면 임신 중절 수술을 해도 괜찮으시겠습니까?'

그런데 정말 힘든 부분은 따로 있었다. 우리와 도덕관념이 일치하는 대리모를 만나는 게 관건이었다. 예를 들어, 대리모가 임신 중절 수술을 강하게 거부하며 자신이 죽는 한이 있어도 아이를 낳겠다고 결정할 수도 있기 때문이다.

이러한 질문들은 무엇이 옳고 그르냐를 가리자는 게 아니었다. 스스로 무엇이 옳은지 정확하게 설명할 수 있도록, 자신은 어떤 의견을 가지고 있는지 확인하는 과정을 통해 같은 신념을 가진 대리모와 연결될 수 있도록 돕기 위해 꼭 필요한 질문들이었다.

따라서 우리가 절대 일어나지 않기를 바라고 또 기도하는 모든 상황과 도덕적 관념에 대한 솔직한 논의가 필요했다. 실제로 극단적 상황이 닥쳤을 때 어떻게 행동할지 생각하는 것만으로도 부담스러웠지만, 이 문제의 중요성에 대해서는 깊이 공감했다.

대리출산 업체와 어려운 대화를 마쳤지만, 모든 과정에 대해 내가 두려움을 느낀다는 게 문제였다. 나는 관계를 끊어 낼 수 없는 누군가와 관계를 맺어야 했다. 알지도 못하는 사람에게 내 모든 신뢰를 줘야 한다는 뜻이다.

첫 번째 매칭 콜이 가까워지면서 두려움은 점점 더 커져 갔다. 대리모가 날 알아볼까 봐 신경이 쓰였다. 그 당시에도 나는 QVC 방송에서 1년에 200회 넘게 출연하고 있었고, 인포머셜이 시시때때로 방영됐으며, 전국 곳곳에 수백만 명의 충성 고객들이 있었다. 언제든지 사람들이 길거리나 쇼핑몰에서 내게 다가와 "제이미 맞죠? QVC에서 봤어요." 혹은 "TV에 나오는 그 메이크업 하시는 분이죠?" 혹은 "당신 제품을 정말 좋아해요."라고 말할 수 있고, 실제로 종종 있었다. 자주 일어나는 일은 아니지만, 좋은 말이든 나쁜 말이든 사업가로서 치러야 할 내라고 생각한다.

매칭 콜을 앞두고 잠재적 대리모가 날 알아볼까 봐 뿐만 아니라 만약 우리의 이름을 알고 검색한 뒤 불순한 의도로 우리와 매칭이 이뤄지길 바랄까 봐 걱정됐다. 로레알이 계약 조건을 공개한 뒤 인수가 12

억 달러를 두고 수많은 기사가 인터넷에 퍼져 있었다. 뉴스에서 들을 수 있는 불편한 사건들도 두려웠다.

대행사는 이 단계에서 이름이 공개되는 일이 없을 것이라고 약속했고 원하면 변장한 채로 매칭 콜을 진행해도 된다고 했다. 그래서 그렇게 했다. 나는 안경과 밝은 금발의 가발을 샀다. 농담이 아니다. 안경은 드러그스토어에서 가장 낮은 도수로 구입했다. 보통 때는 끼지 않기 때문이다. 살짝 흐릿하기만 했다. 나는 안경과 함께 가발을 쓰고 파울로는 야구 모자를 썼다. 그리고 나서 기도했다.

다가오는 매칭 콜만 생각하면 너무나 불안했다. 래퍼 피프티 센트가 한 명언, '기도나 걱정 중에 한 가지만 하라'에 온 신경을 집중했다. 정말 좋은 말이다. 그 말이 맞다. 기도하면서 걱정하면, 자신의 기도를 믿지 않을 뿐만 아니라 신 또한 믿지 않는 것이다. 그 말을 되새기며 걱정을 멈추고 기도에 집중할 수 있었다.

드디어 영상 매칭 콜 준비를 마쳤다. 가발과 안경을 쓴 채였다. 나는 내 가운데 이름 '마리'를 사용하고, 파울로는 '폴'인 척하기로 했다.

"마리는 섹시해."

파울로가 농담으로 긴장을 풀어 주려고 애쓰며 말했다. 파울로의 장점 중 하나다. 화면 속 전화벨이 울렸다. 드디어 시작이다.

"안녕하세요."

우리가 활짝 웃으며 인사했다. 화면에는 마음이 너무도 따뜻해 보이는 여성과 그녀의 남편이 있었다. 여성의 눈은 밝게 빛나고 따스한 기운이 흘렀으며 진정 좋은 사람이란 게 느껴졌다.

부부는 이미 다섯 명의 자녀가 있는데 평생 그 기쁨을 누리며 사는 것에 너무 감사해서 아이를 가지는 데 어려움을 겪는 다른 가족에게 도움을 주고 싶고, 그것을 소명으로 여긴다고 했다. 또 개인적으로 임신 상태인 것도 좋다고 했다.

중재자를 통해 어려운 질문들에 대한 대답을 마쳤고 우리는 비슷한 관점을 갖고 있는 것처럼 보였다. 나는 지금까지 느꼈던 두려움을 완전히 압도하는 편안한 감정에 휩싸였다.

통화가 끝나고 우리는 주말 동안 이번 매칭을 성사시킬지, 다른 사람을 더 만나 볼 것인지 결정하라는 얘기를 들었다. 상대편과 그 가족에게도 똑같은 선택지가 주어졌다. 파울로와 나는 마음이 편안해졌고 고민할 것도 없이 바로 알 수 있었다. 우리는 전화가 끊어진 지 몇 분 만에 대행사에 다시 전화해 그녀라면 더 바랄 게 없고 상대도 같은 생각이면 함께하고 싶다고 말했다.

몇 분 뒤 그녀도 대행사에 전화해 우리와 매칭을 원한다는 소식을 듣고, 우리는 둘 다 눈물을 흘렸다. 앞으로 무슨 일이 일어날지 잘 알지 못했고 마음 한구석에 두려운 마음이 완전히 가시지는 않았지만, 어쨌든 해 보기로 마음먹었다.

공식적으로 대리출산의 항해에 올랐고, 우리는 진짜 이름으로 통성명을 했다. 배아 이식 과정에서 나의 난자와 파울로의 정자로 만든 배아를 작은 관을 통해 대리모의 자궁에 이식시키던 날, 다 함께 클리닉에 모였다. 우리 부부는 대리모의 손을 잡고 기도하며 눈물을 흘렸다. 우리는 그녀의 아이들과 남편도 만났는데, 그들도 이 여정의 일부였기 때문이다.

우리는 동시에 배아 두 개를 이식했다. 파울로와 나는 쌍둥이를 바랐고, 대리모도 항상 쌍둥이를 임신하고 싶었다고 했다. 배아를 이식한 뒤 착상에 성공하기까지 그리고 임신테스트기에 양성 반응이 나올 때까지 약 열흘이 걸린다.

대리모는 궁금증을 참을 수 없어 검사 날 며칠 전에 임신테스트기를 해 봤는데 양성이 나왔고, 두 줄이 그어진 임신테스트기 사진을 내게 보내 줬다. 공식적인 검사가 아니기에 너무 빨리 희망을 가지지 않으려고 노력했지만 그럴 수 없었다. 나는 흥분해서 파울로와 함께 엉엉 울었다.

삶은 혼자가 아니라 함께임을
알려 준 소중한 사람들

임신한 지 몇 주 뒤 실시한 초음파 검사에서 모니터에 태낭이 하나밖에 보이지 않았다. 간호사가 나머지 하나를 찾아 확인에 확인을 거듭했고, 곧이어 의사가 들어와 확인했지만 아기는 하나뿐이었다.

나는 곧바로 대리모를 위로했다. 착상에 실패한 배아는 어차피 생존이 불가능하기에 결국 이렇게 됐을 것이라는 사실을 알고 있었다. 하지만 그녀는 자신의 몸을 관리해야 한다는 데 큰 책임감을 느끼고 있었고 실패했다는 생각에 상실감과 실망감을 느끼고 있었다.

나도 슬펐지만 이렇게 놀라운 사람이 이 힘든 여정에서 우리의 파트너라는 사실이 너무도 고마웠다. 이토록 사심 없이 다른 사람을 위해 임신하는 것을 소명처럼 여기는 사람이 존재한다는 것이 기적처럼 느껴졌다. 그저 이 일을 원해서 해 주겠다는 것만으로도 내겐 현실 속 천사와 다름없었다.

지금도 그녀의 너그러운 마음을 생각하면 눈물이 난다. 인간애를 믿게 만들어 주기 때문이다. 아직 세상에는 타인을 향해 친절과 사랑을 베푸는 선량하고 좋은 사람들이 많다는 사실을 일깨워 줬다.

그날 나는 그녀에게 당신은 지구에 존재하는 현실 속 천사라고, 신이 우리의 모든 것을 주도하고 계신다고 말했다. 그녀와 손을 맞잡았을 때 우리가 이 여정을 함께할 운명이라는 것을 말하지 않아도 알 수 있었다. 시간이 흘러 아이는 배 속에서 무럭무럭 자랐고, 우리에게 딸아이가 생긴다는 사실을 알게 됐다.

그러던 7월의 어느 날 오후, 딸아이가 예정일을 3주 앞두고 세상에 일찍 나오려 하고 있었다! 기대감을 한아름 안은 채 비행기를 타고 대리모가 사는 곳으로 갔다.

우리는 함께 병원으로 향했고, 나와 파울로가 병실에서 전 분만 과정을 함께할 수 있었다. 대리모는, 출산 직후 내가 아이를 품에 넘겨받아 피부를 맞대며 아이가 세상과 만나는 첫 순간을 보내야 한다고 고집을 부렸다.

진통이 시작됐고, 분만이 임박했음을 알았다. 내 심장이 빠르게 뛰기 시작했다. 아직 의사나 간호사가 분만실에 도착하지 않았고 아래쪽을 흘깃 바라보니 딸아이의 머리가 전부 빠져나와 있었다. 나는 무엇을 하는지도 모른 채 달려갔지만 아이를 받을 준비가 돼 있었다. 아이의 머리를 부드럽게 잡으려는 순간 간호사들이 내 앞으로 달려와 아이를 당겨서 꺼냈다.

우리 딸이 태어났다. 분만 중에 쇄골이 부러지긴 했지만 건강하고 아름다웠다. 잠시 뒤 담당 의사가 달려왔고 파울로가 탯줄을 끊었다. 나는 주체할 수 없을 정도로 흐느꼈다. 내 인생에서 가장 아름다운 경험이었다.

아름다운 내 딸은 사랑의 공동체 안에서, 다른 가족에게 생명을 주기 위해 자신의 몸을 기꺼이 내 준 사람의 자궁을 통해 탄생했다. 우리는 아이 이름을 '원더(경이롭다는 의미)'라고 지었다. 마침내 이 세상에 한 아이를 탄생시킨 기적으로 이끈 우리의 여정을 생각했을 때 원더라는 이름은 정말 잘 어울렸다.

아이가 첫울음을 내뱉자 간호사가 내 품에, 피부가 서로 맞닿을 수 있게 내 가운 속으로 안겨 줬다. 신이 우리에게 이런 기적을 선사하신 것을 믿기 힘들었다. 우리는 부모가 됐다. 나는 엄마가 됐다.

> 너를 처음 봤을 때 난 사랑에 빠졌어. 넌 그걸 알고 미소 지었지.
>
> _아리고 보이토

나는 언제나 혼자서 모든 일을 하는 그런 사람이었다. 누구보다 나 자신을 믿었다. 다른 사람들에게 실망하느니 그냥 내가 하는 게 낫다고 생각하는 그런 사람이었다. 혼자 하면 내가 얼마나 강인한지 보여 줄 수 있다고 생각했다.

나는 어떤 일에도 다른 사람의 도움을 필요로 하지 않는 강인한 사람이 되고 싶었다. 마치 혼장처럼 말이다. 하지만 혼자 한다는 것은 외로운 것이기도 했다. 나는 한 번도 공동체의 힘을 이해하거나 받아들이지 못했다. 그날까지는.

대리모와 그녀의 가족들이 나와 내 가족의 여정에 동참했고 우리에게는 없던 선물을 줬다. 내가 온 힘을 다해도 스스로 해낼 수 없던 그 일을 대신해 줬다. 나는 그녀가 필요했다. 그리고 다른 누군가를 위해 이 일을 해야 한다고 진정으로 믿었기에 그녀도 나를 필요로 했다. 그녀와 내 딸이 그날 내 마음과 내 인생을 바꿔 놓았다.

임신에 실패할 때마다, 그 실패가 거듭될 때마다 내 앞에 꿈쩍도 하지 않는 문이 하나가 있고, 내 몸이 나를 거부한다는 생각이 들었다. 그런데 지금은 꿈쩍도 하지 않던 그 문이 얼마나 고마운지!

결과적으로 일어난 일과 거기서 얻은 교훈이 내가 성취하고자 애쓰던 것보다 훨씬 더 의미가 있다는 것을 깨닫기까지 수년이 걸리기도 한다. 더 나은 결과가 우리를 기다리고 있다는 신념을 가지는 게 제일 힘들다. 또 꿈쩍도 하지 않는 문과 거절, 패배감이 느껴지는 일들이 일어날 때 그 순간을 견디기는 것도 어렵다.

그날 강력한 교훈을 얻었다. 삶은 혼자 하는 게 아니라는 것. 대리모와 그 가족은 우리에게 소중한 친구가 됐다. 내가 걱정하던 일은 아무것도 일어나지 않았다. 오히려 내 인생은 내가 꿈도 꾸지 못했던 사랑과 행복으로 물들었다.

진정한 관계를 원한다면,
기꺼이 위험을 감수해야 한다

나는 늘 외로운 늑대였다. 스스로 길을 개척하고 누가 뭐라 하든, 의구심을 갖든, 누가 날 실패하게 만들든, 내가 어디서 왔든 관계없이 일과 삶에서 성공하리라 결심했다. 또 언제나 남자가 여자를 억압한다고 생각했고, 여성들은 스스로 모든 것을 할 수 있는 존재라고 생각했다.

하지만 내가 잘못 생각한 게 하나 있었다. 우리는 전부 혼자 할 수 없다. 적어도 우리는 혼자서 최고의 인생을 살 수 없다. 파울로, 재키, 그리고 놀라운 우리 팀 없었다면, 내가 잇 코스메틱에서 거둔 것과 같은 성공을 절대 거머쥘 수 없었을 것이다. 그리고 또 대리모와 그녀의 가족 없이는 내 딸을 절대 만나지 못했을 것이다.

모든 것을 스스로 하고자 하는 사람은 자기 자신이 누군가의 도움을 받을 가치가 없다는 두려움을 마음속 깊이 갖고 있는 경우가 많다. 하지만 그건 사실이 아니다. 여러분은 충분히 그럴 만한 가치가 있으며 나 역시도 마찬가지다. 게다가 우리는 혼자서 최고의 삶을 살 수도, 우리 자신을 가장 충만하고 고결한 방식으로 표현할 수도 없다.

진정한 인간관계를 맺기 위해서는 취약한 진짜 자기 자신이 되어야 하는 위험을 감수해야 한다. 도움을 요청하는 위험을 감수해야 한다. 우리의 신뢰를 얻은 사람들에게 우리 이야기를 해 주는 위험을 감수해야 한다. 또한 누군가가 우리를 실망시키더라도 우리는 타인을 믿는 위험을 감수해야 한다. 최고의 인생을 살기 위해서는 나눠야 하기 때문이다.

우리를 사랑해 줄 올바른 사람들을 찾기 위해 잘못된 사람들이 우리를 거부하거나 상처 주는 위험을 감수해야 한다. 우리도 똑같이 사랑받을 수 있다고 희망하면서 다른 사람을 진정으로 사랑하는 위험을 감수해야 한다.

충만한 삶을 위해 진실을 말하고 상처와 용감히 대면하는 위험을 감수해야 한다. 진실된 사랑을 느끼기 위해서는 인간관계가 필요하다. 공동체가 필요하다. 서로가 필요하다.

서로를 필요로 하는 것에 관해서, 나는 나를 낳아 주신 엄마께 한 번도 받아 보지 못한 관심을 보여 달라고 부탁할 참이었다.

딸을 처음 품에 안는 순간은 실로 내 인생에서 가장 기적 같은 순간이었고, 곧 내 엄마는 갓 태어난 날 한 번도 안아 주지 않았다는 것에 아직도 가슴 아프다는 사실을 깨달았다. 물론 왜 그랬는지 알지만, 마음이 편하지 않았다.

그 사실을 아는 것만으로도 고통스러웠다. 심지어 엄마가 나를, 자신의 아기를, 한 번도 품에 안지 않았기 때문에 내가 유효하지 않거나, 인정받지 못했거나, 진짜가 아니라는 생각이 들기까지 했다.

내 나이 마흔둘에 위험하고도 생각만 해도 두려운 일을 하기로 마음먹었다. 사실 나는 여느 엄마가 태어난 아기를 안아 주듯 내 엄마도 안아 줬으면 좋겠다는 마음뿐이었다.

머릿속에서는 비이성적이라고 심지어 조금은 미친 생각이라고 말했지만, 가슴속에서는 그것이야말로 엄마와 단절된 경계를 부수는 과정에서 반드시 필요한 요소라고 말하고 있었다.

나는 엄마께 남부 캘리포니아에 오셔서 함께 주말을 보내자고 제안했다. 아마 내 인생에서 가장 하기 힘든 부탁이었을 것이다.

우리는 소파에 나란히 앉았다. 엄마가 물을 마시고 나는 내가 가장 좋아하는 담요를 두르고 시나몬 돌체 커피를 홀짝였다. 온몸이 따뜻해져 오면서 긴장이 조금 풀렸다.

"드릴 말씀이 있어요. 제겐 대단히 중요한 얘긴데 엄마께서 들어주셨으면 좋겠어요."

"그러자꾸나."

나는 약한 모습을 숨기지 않고 내가 갖고 있는 생각을 솔직히 털어놓았다. 내 딸 원더가 태어나던 순간, 삶의 기적을 경험하고 목격하는 동시에 이 예쁜 아기의 엄마가 될 수 있게 나를 믿어 주신 신의 축복에 얼마나 경이로움을 느꼈는지 말씀드렸다.

또 갓 태어난 원더를 품속에 안은 게 인생에서 가장 벅차오르는 순간이었다고 말씀드렸다. 그리고 나의 출생에, 엄마에게 한 번도 안겨보지 못했다는 사실에 얼마나 공허감을 느끼는지도. 나는 크게 심호흡한 뒤 두근거리는 가슴을 누르고 엄마에게 물었다.

"절 안아 주실 수 있어요? 엄마의 딸인 저를 아기처럼 한번 안아 주시겠어요?"

엄마의 눈에 눈물이 고이는 것을 보고 나는 재빨리 농담을 던졌다.

"저한테 깔아뭉개질 거 같죠?"

엄마는 웃으며 "그럴 리가 있니"라고 말씀하신 뒤 울기 시작했다.

엄마는 왜소하신 편이었다. 나보다 키도 작고 마르셨다. 내가 엄마보다 20킬로그램 정도 더 나갈 것이다. 하지만 그 순간에는 그런 건전혀 신경 쓰지 않았다.

'엄마가 날 너무 뚱뚱하다고 생각하지 않으실까' 같은 산만한 생각들을 밀어냈다. 불안한 자존감으로 인해 인생의 중요한 순간을 망치고 싶지 않았다. 나는 한 번 더 확인하고 싶었다.

"절 무릎에 앉혀 놓고 아기처럼 안아 주실 수 있어요?"

내가 태어난 날 하지 않았던 일을 42년이 지난 지금에 와서 해 주실까? 나는 또다시 거부당할 위험을 감수하고 있었다. 엄마는 감정에 북받친 목소리로 "그럼"이라고 말씀하셨다.

엄마는 기도하고 계셨다. 엄마는 두려움이 찾아오면 예수님이 자신바로 옆에 앉아 있다고 상상한다고 말씀하신 적이 있다. 그렇게 하면어떤 상황에서도 자신감이 생기고 혼자가 아님을 알게 된다고 하셨다. 엄마가 예수님과 마주 보고 계신다는 느낌이 들었다.

엄마가 내 곁으로 다가오셨다. 나는 엄마 무릎 위에 올라가 옆으로몸을 포갰다. 엄마 목에 손을 두르자 엄마가 내 몸을 끌어안았고 우리는 울기 시작했다. 예순하나인 엄마가 마흔둘의 딸을 태어나서 처음으로 안아 주신 것이다.

엄마는 자신의 딸을 처음으로 품에 안았고 그 순간 나도 처음으로엄마의 품에 안겼다. 나는 눈물을 흘리며 "다시는 절 떠나지 않겠다고약속해 주세요"라고 말했다. 엄마는 흐느끼셨고, 나도 그랬다.

"엄마가 절 버렸다고 생각했어요. 그러다가 겨우 엄마를 찾았는데 사라지시는 바람에 다시 버림받은 것 같았어요. 다시는 절 떠나지 않겠다고 약속해 주세요."

엄마는 눈물을 흘리며, 확고하게 말씀하셨다.

"제이미, 약속하마. 다시는 떠나지 않을게."

난 엄마를 믿었다. 우리는 서로를 끌어안고 울었다. 그리고 우리는 치유됐다.

과거의 상처로부터
완전히 치유되기까지

치유받기 위해서 타인이나 나 자신에게 내가 필요한 것을 요청해도 된다고 굳게 믿어라.

나는 남에게 무언가를 바라는 것에 있어 인식을 새롭게 바꿨다. 한때는 그것이 나약함이라고 생각했지만 이제는 그 반대다. 설사 그것이 곧 약한 모습을 드러내거나 부끄러워지거나 거절당할 위험을 감수해야 한다고 해도 말이다. 상대방에게 사과를 청하거나 내가 사과를 해야 한다고 해도 말이다. 누군가에게 태도를 바꾸라고 부탁해야 한다고 해도 말이다. 거울을 보고 스스로에게 내 몸을 사랑하라고 말하고, 왜 그렇게 하기 힘든지 이해하고, 또 그것을 극복하기 위해 힘든 과정을 거쳐야 한다고 해도 말이다. 파트너에게 속마음을 표현하며 좀 더 사랑해 줄 것을 요구해야 한다고 해도 말이다. 내 감정을 상하게 하는 말을 하는 사람에게 참아 왔던 속마음을 말해야 한다고 해도 말이다.

그것은 확실하게 껄끄러운 대화를 나눠야 하는 일일 것이다. 하지만 자신 있게 말할 수 있다. 어려움을 극복하고 나의 감정을 진솔하게 표현하면 관계가 형성되고, 자유를 얻고, 상처가 치유된다고 말이다.

빌리브 잇

1. 믿어라. 직감이 하는 말을

2. 믿어라. 지나온 곳이 갈 곳을 결정하지 않음을

3. 믿어라. 내 진짜 모습을 인정할 때 강인해짐을

4. 믿어라. 나는 상대보다 강함을

5. 믿어라. 마이크의 힘을

6. 믿어라. 진정성이라는 무기를

7. 믿어라. 멸시당해도 끄떡없음을

8. 믿어라. 뜻밖의 행운을

9. 믿어라. 혼자가 아님을

제2부

외부의 신호를 차단하고 깊이 몰입하라

:

무엇에도 흔들리지 않고
앞으로 나아가는 법

10
사랑받는 것보다
용감해질 것을 추구하라

난 한 방을 놓치지 않아!
내 한 방을 놓치지 않아!

_뮤지컬 〈해밀턴〉

인쇄해 온 종이가 손에서 덜덜 떨렸고, 나는 사람들이 무대 뒤 어딘가에서 팬이 돌아가고 있다고 생각하길 바랐다. 연단에 서서 세상을 통해 알게 된 힘의 모습을 하고 있는 관객들을 보며, 나는 정신을 똑바로 차리고, 내가 갖고 있는 두려움을 직시하고, 내 신념이 그보다 크다는 것을 확신해야 할 시간이라는 것을 알 수 있었다.

나는 CEW 공로상을 수상하는 영광을 차지했다. 뷰티 업계에서 가장 영예로운 상으로, 뷰티 업계의 '오스카상'과 다름 없었다. 게다가 이 상은 보통 평생 이 산업에 종사한 사람에게 수여되는데, 고작 8년 차인 내게 그 영광이 주어진 것이다.

시상식도 성대하게 치러진다. 1년에 한 번 열리는 행사에 대형 브랜드 설립자, CEO, 간부들이 모두 한자리에 모인다. 그러니까 그날 하루, 그 장소에서 우리가 알고 있는 세계적 뷰티 브랜드를 책임지는 결정권자들이 모여 자축하는 것이다.

그런데 거기서 그치지 않고 나를 CEW 이사로 초빙하겠다는 제안을 받았다. 그것도 이사장이 직접 말이다. 그녀가 이사회에서 나를 추천했고, 투표 끝에 내가 이 명망 있고 특권층이 모여 있는 이사회 멤버로 선임됐다는 것이다. 이는 곧 업계에서 가장 잘나가는 여성 클럽에 들어간 것과 다름없었다. 나는 한 번도 여성 클럽에 가입한 적이 없었다. 처음에는 너무 과분하게 느껴졌다.

언제나 시인 클리오 웨이드가 말한 '멋쟁이 모임이 모든 사람을 아우르지 못하면, 하나도 멋지지 않다'라는 말을 믿었다.

매년 CEW 행사에 참석했는데, 그곳의 제품 시연회에서 내가 몰래 부스를 벗어나 QVC 바이어를 만났었다. CEW 행사는 나 같이 막 시작하는 사업가가 업계 관계자들을 만날 기회를 제공해 왔다. 또한 그들이 좋은 취지로 훌륭한 일들을 해 온 것도 잘 알고 있었다. 내가 늘 그 이사회를 상류 사회와 비슷하다고 생각한 것도 어쩌면 근거 없는 편견일 수도 있겠다. 이 모임은 포괄적일지도 모르는데 내가 별 근거 없이 걱정하는 것일지도 몰랐다. 아직 확신할 수 없었다.

하지만 그 세계는 내가 온 곳과는 판이하게 다르고, 한 번도 속을 들여다보거나 소속돼 본 적 없는 곳이란 것은 확실했으며, 그 실체를 들여다볼 수 있는 기회가 주어진 것이 행운으로 느껴졌다. 그래서 나는 마음을 열고 이사회에 합류했다. 갑자기 이 상을 받는 것에 더 심한 압박감이 느껴졌다. 이제 나도 이사회 구성원이기 때문이다!

수년간 거절의 의사를 밝힌 것은 비단 소매점과 뷰티 상점들만이 아니었다. 지금까지 나는 업계에서 진정한 일원으로 대접받은 적이 거의 없다. 지난 수년간 나는 대형 기관이 주최하는 시상식에 참여했지만, 가장 높은 잠재력이 있는 신인들에게 주는 상이 우리에게 돌아온 적은 한 번도 없었다. 주목받는 신인 브랜드 창립자로 무대에서 업계 미래를 제시하는 행사 패널이 된 적도 없었다. 그중 상당수 브랜드가 단명하고 말았지만, 그것과 별개로 말이다.

이 화려한 업계에서 우리는 거의 언제나 과소평가당하거나 아예 배제당한 것처럼 보였다. 단짝 너태샤는 언제나 용감무쌍한 다람쥐라는 사실을 상기시켜 주거나 아니면 '신이 말씀하시기를, "너는 거부당한 게 아니다. 내가 너의 가치를 그들로부터 숨긴 것은 그들이 네 운명에 주어진 이들이 아니기 때문이다"' 같은 명언을 들려주며 내 마음을 달래 주곤 했다.

그래서 갑자기 엘리트들로 구성된 명망 있는 이사회에 초청되고, 이 영예로운 상이 주어진다는 소식을 들었을 때 나는 비로소 인정받고, 사람들이 알아봐 주고, 그들의 일원이 되고, 축하받는다는 느낌이 들었다. 눈 깜짝할 사이에 영웅이 된 것만 같았다. 물론 그 사이에는 여성들의 삶과 뷰티 업계 전체를 바꾸겠다는 일념으로 열과 성을 다해 일주일에 100시간 이상 회사를 성장시키는 데 쏟은 8년이라는 시간이 있었지만 말이다.

꿈을 좇다가 일어난
예기치 못한 불상사

시상식을 몇 주 남겨 놓고 내게 약 10분가량 수상 소감을 말할 시간이 주어진다는 사실을 알게 됐다. 상을 수상할 때마다 늘 해 왔던 대로 이 여정을 나와 함께한 모두에게 감사 인사를 준비해야겠다고 생각했다. 그런데 이렇게 큰 행사에서 일반적인 감사 인사로는 부족하다는 본능적인 느낌으로 뱃속이 울렁거렸다.

시상식이 코앞으로 다가오자 갑자기 머리를 한 대 맞은 것처럼 정신이 들었다. 내가 받게 될 상과 서게 될 무대는 나에 관한 게 아닐지도 몰랐다. 그 생각은 한 번 떠오른 뒤로 머릿속을 떠나지 않았고 도무지 떨쳐 버릴 수 없었다. 내 직감도 그렇게 말하고 있었다.

내가 소감을 말하는 바로 그날, 그 공간에 전 세계 수십억 여성들이 보는 아름다움의 이미지를 지배하는 주요 인사 대부분이 내 앞에 앉아서 내가 하는 말을 듣고 있을 것이다. 맙소사! 어떻게 그런 기회를 그저 내 이야기를 하거나, 비록 진심일지라도 모두가 나를 좋아해 줬으면 하고 바라는 욕망에 싸인 감사 인사로 허비할 수 있겠는가?

이 기회와 순간이 내가 뷰티 산업에 더 큰 변화를 만들 시도를 하라고 주어진 거라면? 회사를 통해 하는 것보다 더 큰 영향력을 전파하라는 것이라면? 그들의 방식을 바꿔 온 세상에 전파하는 비현실적이고 과하게 보정된 이미지를 바꾸면 지금보다 더 큰 성공을 할 수 있다는 것을 나의 사례가 증명했다고 말한다면? 내가 미친 걸까?

스티브 잡스가 만든 애플 광고가 기억나는가? 광고 속에서 잡스는 잭 케루악이 쓴 편지의 강렬한 발췌본을 읽으며 이렇게 끝맺는다.

"세상을 바꿀 수 있다고 믿을 만큼 미친 자들이 세상을 바꾼다."

아직 보지 못했다면 반드시 검색해 보길 바란다. 소감을 발표하는 날 아침 나는 그 광고를 보고 또 봤다. 그리고 기도했다. 눈물을 흘렸다. 그런 다음 마음을 가다듬고 직감에 집중했다. 그리고 알 수 있었다. 축하해야 할 이 순간을 내가 열정을 가진 일을 위해 투쟁하는 데 사용한다면 좋지 않은 결과로 이어질 수도 있다는 걸.

하지만 시어도어 루스벨트의 연설문 '경기장의 남자'에 나오는 구절(브레 브라운의 베스트셀러 《대담하게 맞서기》에서 심도 있게 탐구하고 있다)의 진실을 믿을 만큼 나 역시 인생에 대한 경험이 충분히 있다.

"중요한 사람은 강한 사람이 어떻게 걸려 넘어지는지, 어떻게 하면 더 잘할 수 있었는지 지적하는 비평가가 아니다. 중요한 사람은 경기장에서 실제로 싸우는 사람, 먼지와 땀과 피로 망가진 얼굴을 가진 바로 그 사람… 최상의 경우 마지막에 최고의 성취를 거머쥘 사람, 최악의 경우 실패하더라도 최소한 대담하게 맞서다가 실패한 바로 그 사람이다."

그 순간, 그곳에서 주어지는 단 한 번의 기회에 내가 가진 모든 용기를 끌어모아야 한다. 톡톡히 망신을 당할지도, 업계에서 친구들을 잃을지도 모른다. 하지만 나는 확신할 수 있었다. 이제는 내가 경기장으로 들어가 대담하게 맞설 때라는 것을. 나는 인기가 많아지는 것보다 내가 믿는 것을 위해 용감하게 궐기하는 것을 택할 것이다.

드디어 시상식 날이 밝았다. 나는 사력을 다할 준비를 마친 글래디에이터가 된 기분이었다. 다른 게 있다면, 전투에서 갑옷 대신 반짝이는 시상식 드레스를 입고 있으며 경기장이 화려한 뉴욕의 무도회장이라는 것뿐이었다. 아름답고 우아한 찬사가 가득한 내 소개가 진행되는 사이 나는 쿵쾅대는 가슴을 가라앉히며 무대 위에 앉아 있었다. 객석은 완벽한 옷차림을 한 경영진들로 가득 찼다. 뷰티 업계 사람들은 옷을 끝내주게 입었다.

그들은 내가 가장 좋아하는 패션이 노메이크업, 곱창 밴드, 추리닝 바지인 줄은 꿈에도 모를 것이다(그 차림에 군것질거리, 레드 와인 한 잔, 아니 레드 와인 한 컵이 더해지지만… 그건 또 다른 얘기다). 나는 그날 사람들이 내게 무엇을 기대하는지 보았고, 그들은 내가 당연히 곧 자신들의 비위를 맞출 소감을 말할 것이라고 믿어 의심치 않았을 것이다. 어쨌든 로레알에 인수된 이후 나는 뷰티 업계에서 성공 신화로 통했다.

그들의 예상과 달리 나는 연단 앞으로 가 내가 갖고 있던 신념을 이야기했다. 나는 그때 이후 최고의 방법으로 혁신이, 최악의 방법으로 파괴가 일어날 것임을 짐작하지 못했다.

2017년 CEW 공로상 소감문 일부를 여기에 공유한다.

'당신'이 바로 힘이라면 당신은 무엇을 하시겠습니까?

제게 이 상을 주신 CEW 관계자들께 깊은 감사를 드립니다. 잇 코스메틱은 2010년 CEW 어워드에서 QVC에 발탁됐고, 그 기회는 제 인생과 브랜드를 획기적으로 바꿔 놓았기에 영원히 감사한 마음을 잊지 않을 겁니다. 그 덕분에 얼타뷰티, TSG, 세포라, 마침내 로레알과 멋진 파트너십을 맺게 됐습니다. CEW에 영원히 감사할 겁니다. 파울로와 더불어 잇 코스메틱 전 직원에게도 감사하다는 말을 전하고 싶습니다. 엄청난 위험을 감수하고, 나와 함께 대담하게 맞서서 다른 시도를 해 준 여러분의 용기에 정말 감사드립니다. 매일 나와 삶을 변화시키고 미(美)의 담론을 바꾸는 사명에 함께해 줘서 정말 감사합니다!

잇 코스메틱을 설립한 초기, 전 셀 수 없을 만큼 많은 거절을 당했습니다. 모든 소매점을 포함해 거절당하지 않은 곳이 없었습니다. 회사를 세운 지 몇 년이 지났지만 여전히 거실을 사무실로 사용하고 있었고 정말 어떻게 살아남아야 할지 막막했습니다. 그러다가 결정적인 순간이 찾아왔죠. 사모 펀드업계 큰손 투자자를 만났는데, 기업 실사를 마치고 잇 코스메틱에 투자하지 않겠다고 말했습니다. 그 이유를 물었을 때 당시 투자자가 한 말을 지금도 잊을 수 없습니다. 그 사람은, "여자들이 당신 같은 사람을 보고 화장품을 살 것 같지 않군요. 내 말은, 몸매랑 체중 때문에 그렇다는 말입니다"라고 했습니다. 아직도 기억이 나는데, 저는 충격 속에서 그 사람의 눈만 바라보다가, 마음속에서 "저 사람 말은 틀렸다"라는 소리를 들었습니다. 그래서 저는 저 자신뿐만 아니라 이 세상 모든 여성을 위해 그 말이 틀렸다는 것을 증명하기로 결심했습니다.

2010년 9월 QVC 데뷔 당시 우리에게는 10분의 시간이 주어졌는데, 저는 제품의 효과를 입증하기 위해 생방송에서 과감히 메이크업을 지우고 울긋불긋한 주사 병변을 보여 주기로 했고, 모델로 일반인 여성을 캐스팅했습니다. 그 당시까지만 해도 뷰티 업계에서는 아무도 해 본 적 없는 시도였고, 모든 지표가 실패할 것이라고 제게 경고했습니다. 생방송 10분이 지나고… '완판'이라는 글씨가 떴을 때… 저는 그만 울고 말았습니다. 회사가 살아남았기 때문만이 아닙니다. 우리가 여성으로서 접하는 아름다움의 이미지라는 문제에서 '사람들의 힘이 힘을 가진 사람들보다 뛰어나다'라는 명언이 진실이라는 것을 그 순간 증명했기 때문입니다.

(덧붙이자면, 이쯤에서 웃고 있던 사람들의 표정이 냉정한 시선으로 바뀌었다. 객석은 남자와 여자의 비율

제게 있어서 '아하! 하는 순간'이 증명된 순간이기도 했습니다…. 전 늘 궁금했습니다. 여성들이 슈퍼모델이나 유명인이 등장하는 완벽하게 보정된 광고를 보고 화장품을 사는 것인지, 아니면 과감하게 새로운 시도를 하는 뷰티 기업이 하나도 없는 건지 늘 궁금했습니다.

전 잇 코스메틱을 성장시키면서 그 당시 제 주변 뷰티 업계에서 일어나는 일들을 전부 무시하기로 했습니다. 일반인 모델을 기용하고 보정하지 않은 전후 사진을 그대로 썼습니다. 많은 소매업자와 뷰티 전문가들이 그렇게 하면 고급스러워 보이지 않는다고 충고했습니다. 그런데 오늘날 그렇게 말했던 소매점 대부분에서 일반인 여성 이미지를 사용하고 있습니다. 전 그것이 정말 자랑스럽습니다. QVC나 다른 홈쇼핑 채널을 보시면 알겠지만, 7년이 지난 지금 메이크업 브랜드 거의 대부분이 일반인 모델을 출연시키고 있습니다. 그 모습을 볼 때마다 제 얼굴엔 미소가 떠오릅니다…. 정말 뿌듯하거든요.

오늘날 잇 코스메틱은 입점 소매점마다 감사하게도 실적으로 상위권을 차지하고 있습니다. 이런 말씀을 드리는 이유는, 저는 오랫동안 제품을 팔기 위해서는 절대 이룰 수 없는 완벽함을 보여 주는 이미지만 업계에서 통용된다고 생각했기 때문입니다…. 제가 이 자리에 서 있다는 사실과 잇 코스메틱의 성공은 그 말이 더 이상 사실이 아니라는 것을 증명합니다.

얼마 전 우리가 로레알 인수 역사상 역대급 거래를 성사시켰을 때 과거 제 체중을 문제 삼으며 투자를 거부했던 투자자로부터 이메일이 왔습니다. 만일 그때 우리 회사에 투자했더라면 그 회사는 역대급 성공을 거두었을 것입니다. 그분은, "로레알과 거래가 성사된 것을 축하드립니다. 그때는 제가 틀렸습니다"라고 말씀하시며 자신의 결정을 후회했습니다. 그 순간만큼은 기분이 좋았습니다. 하지만 그분도 우리가 평생 봐 온 것과 동일한 미의 정의를 믿은 것뿐이라는 데 생각이 미쳤습니다.

뷰티 업계 이야기로 돌아와, 저는 틀을 깨기 위해 트랜스젠더 모델을 기용하는 것과 같은 노력을 기울이는 로레알과 그 외 다른 브랜드들이 너무나 자랑스럽습니다. 이제는 바뀔 때인 것입니다! 하지만 저는 변화가 필요한 것에 비해 업계가 들이는 노력이 수박 겉핥기식에 불과하다는 생각이 듭니다. 화장품 회사로서 우리는 모든 여성이 우리 제품을 사길 바랍니다. 우리가 화장품 회사로서 모든 여성이 우리 제품을 사길 바란다면, 왜 우리는 그들과 다른 보정한 이미지를 보여 주는 것입니까? 게다가 이러한 아름다움의 이미지들이 전 세계에 어떤 영향을 미칠까요? 지금 이곳에 있는 여러분들에게는 이러한 현상을 바꿀 수 있는 힘이 있습니다.

주변을 둘러보세요…. 지금 이 자리에는 전 세계 수십억 명의 여성들이 보는 이미지를 단독으로 결정하는 사람들이 있습니다.

지금 이 자리에는 최고의 뷰티 브랜드 경영진들과 그 브랜드의 차세대 결정권자들이 있습니다. 세계에서 가장 영향력 있는 뷰티 브랜드들이 바로 지금 이 자리에 있습니다.

지금 이 자리에 있는 여러분들이 전 세계 여성들이 접하는 이미지와 선망의 대상이 되는 이미지를 결정합니다. 이곳에서 얼마 떨어지지 않을 여러분의 사무실에서 마케팅 아이디어와 광고로 시작하는 것이 전 세계적의 수십억 명 여성들에게 도달합니다.

여러분들의 브랜드가 사용하는 모델과 아름다움의 이미지를 보면서 스스로 이렇게 묻고 답해 보셨으면 합니다. 그 이미지가 내 자신감을 떨어뜨리는가? 아니면 그 반대인가? 내가 사용하고 세상에 보여 주는 이미지를 보면 힘이 나는가? 아니면 의욕이 꺾이는가?

오프라는 "당신이 바로 에너지라면 당신은 무엇을 하시겠습니까?"라는 질문을 한 적이 있습니다. 지금까지 제 인생에 좋은 영향을 끼친 질문이며, 저는 오늘 이 질문을 좀 더 확장하고자 합니다. 이 자리에 있는 여러분들에게는 커다란 힘이 있기 때문입니다. 뷰티 산업과 세계에 여러분의 흔적을 남길 수 있는 커다란 힘이 있습니다. 더 높은 목표를 위해 경쟁하고, 그것을 달성했을 때 만족해하며 하루하루를 살아갈 수 있습니다.

하지만 오늘 저는 여러분께 한 발짝 뒤로 물러나 진짜 중요한 게 무엇인지 생각해 보라는 제안을 하고 싶습니다. 또한 여러분이 여러분의 커리어에서 전 세계에 있는 여성과 여자아이의 삶을 어떻게 바꿀 건지도 말입니다. 여러분이 작은 소녀였을 때 아름다움의 이미지를 보고 어떤 영향을 받았습니까? 그리고 지금 여러분은 그것을 보고 어떤 영향을 받습니까?

지금 이 자리에 앉아 있는 여러분 한 명 한 명에게 다른 소녀들과 다른 여성들을 위해 변화를 결심할 수 있는 힘이 있습니다. 여러분에게는 그 모든 힘이 정말 존재합니다. 바로 이 공간에 있는 당신은 세계적인 일류 뷰티 기업의 결정권자이며 전 세계 수십억 여성들과 어린아이가 접하는 이미지를 지배하고 있습니다⋯. 그 이미지들이 그들의 삶에 끼치는 영향을 바꿀 수 있는 힘이 여러분에게 있습니다. 저는 오늘 여러분에게 한 가지 질문만 던지고 싶습니다⋯.

'당신'이 바로 힘이라면 당신은 무엇을 하시겠습니까?

감사합니다.

연단에서 물러나며 내가 저지른 일에 대한 충격이 가슴 깊은 곳에서 생생하게 전해졌다. 나는 암묵적인 교전규칙을 깨고 전 뷰티 업계에다 대고 변화를 요구한 것이다.

'당신이 바로 힘이라면 당신은 무엇을 하겠는가?'

우리가 매일 아침 일어나 눈을 떴을 때 우리 자신에게 물어볼 수 있는 선물 같은 질문이다. 우리가 가진 에너지와 힘을 사랑받는 데 쓸 것인가, 아니면 용감해지는 데 쓸 것인가? 위험을 감수할 것인가, 아니면 안전함을 택할 것인가? 현상 유지에서 탈피할 것인가, 아니면 안락함에 기대 무뎌질 것인가?

나는 그날, 거대하고 힘 있는 세계적 뷰티 기업의 결정권자들 앞에 서서 사랑받는 대신 용감해지길 택했다. 거의 언제나 옳은 선택이 틀림없지만, 이번 경우에는 그런 선택을 함으로써 예상치 못했던 결과를 맞이하게 된다.

상처 주려고 한 말에
상처받지 마라

11

증오는 너무나 많은 문제를 일으켰지만
어떤 문제도 해결하지 못했다

_마야 안젤루

"얼굴이 코끼리 궁둥이보다 크네."

"임신 몇 개월째예요?"

"턱 축소술 받아야겠네."

"살찐 거 같은데, 해 봤다가 실패한 다이어트는 어떤 게 있어요?"

"기분 나쁘라는 말은 아닌데 스타일리스트 고용하셔야겠어요."

"오해하지는 마세요. 근데…."

사람들이 내 소셜미디어 페이지에 포스팅한 비난 글의 일부다. 놀라운 건, 나를 팔로우하기로 '선택한' 사람들이 남긴 글이라는 점이다. 일부는 좋은 의도에서 하는 말이라고 생각할지도 모른다. 누가 봐도 '코끼리 궁둥이'는 그런 게 아니지만 말이다. 하지만 그 말을 한 사람의 진짜 의도를 누가 알 수 있을까?

나를 증오하는 사람이 있었는가? 아니면 인터넷에서 나에 대해 악플을 남기는 사람은? 내가 아는 사람 중에 나에 대해 나쁘게 얘기하는

210   제2부   외부의 신호를 차단하고 깊이 몰입하라   __

사람은? 만약 그런 적이 있다면 그게 얼마나 큰 상처가 되는지 잘 알 것이다. 그 문제에서 당신은 혼자가 아니다.

파울로를 만나기 3년 전 내가 스물두 살이었을 당시, 나는 미스 워싱턴에 뽑힌 지 얼마 되지 않았고 방송에서는 리얼리티 쇼 데뷔를 앞두고 있었다. 과거 MTV에서 생면부지의 사람들이 한집에 살며 카메라가 모든 상황을 담아내는 〈리얼 월드〉라는 프로그램이 있었지만 그 외 리얼리티 방송은 아직 주류가 아니었다. 2000년이 가까워지면서 경쟁 리얼리티 쇼 두 개가 첫 방송을 앞두고 있었다. 바로 〈서바이버〉와 〈빅 브라더〉였다. 〈빅 브라더〉의 첫 시즌에 열 명의 참가자들은 외부와 단절된 채 한집에 동거하며 마지막 승자가 되기 위해 경쟁을 펼쳤다.

대학 졸업이 가까워지면서 나는 친구들과 함께 즉흥적으로 프로그램에 지원하면 재미있을 것이라고 생각했다. 우리는 각자 방송사에 테이프를 보냈다(그렇다, VHS 테이프다. 기억하는가?). 이후 주최 측으로부터 내가 수천 명의 지원자 가운데 1차 심사에 합격했으니 LA에서 열리는 2차 심사에 참여해 달라는 전화를 받았다. 나는 무슨 일이 일어날지 전혀 예상하지 못한 채 LA로 날아갔고, 그저 신나고, 천하무적이 된 것만 같았다(아, 20대 초반이여!). 나는 그다음 70여 명으로 구성된 최종 심사에까지 합격했다. 그때부터 신원 조사, 심리 인터뷰, 혈액 검사를 비롯해 수많은 카메라 인터뷰를 거쳐야 했고, 최종 합격했다! 프로그램 출연이 확정됐다는 소식을 들은 것이다! 세상에 이런 일이!

가족들에게 내가 하게 된 일을 설명하려고 노력했다. 다시 말하지만 그때는 리얼리티 쇼가 막 시작될 때로, 인기 있는 장르가 되기 한 참 전이었다. 편집만으로 새로운 스토리를 만들어 낼 수 있다는 사실을 이해하는 사람이 몇 없었다. 블로그와 소셜미디어도 이제 막 주류에 진출하는 시기였다. 따라서 일방적인 의견, 악플러, 익명의 비판자들로 가득한 거대한 경기장은 완전 새로운 것이었다.

〈빅 브라더〉가 촬영되는 집안 곳곳에 여러 대의 카메라가 설치됐고 나와 아홉 명의 출연자들이 사는 모습이 외부 세계에 노출됐다. 촬영된 영상은 (심하게) 편집된 뒤 일주일에 여섯 번 황금시간대에 방송됐다. 거기에 그치지 않고 바깥 사람들은 실시간으로 중계되는 라이브 카메라로 집안을 들여다볼(훔쳐볼) 수 있었다. 하지만 우리는 전화기나 TV에 아예 접근할 수 없어서 3개월 동안 바깥에서 무슨 일이 일어나는지 알지 못했다.

출연자들은 매주 투표로 탈락자를 선정했다. 그중 가장 많은 표를 받은 두 사람이 심판대에 오른다. 그다음은 미국의 시청자들 투표에 맡겨진다. 시청자들은 전화나 인터넷으로 탈락시키고 싶은 사람을 투표한다. 그리고 마지막까지 남은 세 명이 상금을 차지한다.

그 시기에 안 그래도 내성적인 내가 그 프로그램에 출연한 것은, 내가 살면서 해 본 가장 정신 나간 짓이었다. 모르는 사람 아홉 명과 함께 카메라와 마이크가 가득한 집에 고립돼서 24시간 내내 마이크를 차고 있어야 한다고 상상해 보라. 내가 하는 것과 말하는 것, 하지 않는 것과 말하지 않는 것이 고스란히 촬영됐다.

심지어 적외선 카메라가 어둠 속에서 벌어지는 일을 촬영하고 우리가 자는 모습까지도 담았다. 집 안에 있는 거울은 모두 양방향 투과성 거울로, 뒤에 설치된 카메라 혹은 카메라를 든 촬영기사가 움직임 하나하나까지 포착했다. 하루 종일 하는 일—일어나서 옷을 입고, 씻는 일을 비롯해 그 사이에서 드러나는 모든 습관과 별난 행동—이 전부 찍힌다고 생각해 봐라! 이를 닦을 때 수납 선반에 달린 거울 뒤에서 누가 나를 찍고 있다는 사실을 인지하고 있었다. 때로는 거울 뒤에서 미세한 움직임이 느껴지기도 했다. 그럴 때면 정말이지, 기이하고 섬뜩하고 온몸에 소름이 돋는 듯한 기분이 든다.

〈빅 브라더〉 촬영장에는 화장실이 하나밖에 없었다. 변기만 설치된 아주 작은 공간이었는데 카메라가 설치되지 않은 유일한 공간이었다(그렇다, 샤워실에도 카메라가 설치돼 있었다). 하지만 그곳에도 오버헤드 마이크가 설치돼 있었다. 변기 위에 앉아 있으면 천장에 매달린 긴 줄 끝에 달린 마이크가 머리 위로, 살짝 얼굴 앞까지 내려온다고 상상해 보길 바란다. 그 마이크는 출연자들이 화장실에서 몰래 개인적인 대화를 하는 것을 방지하기 위해 설치됐겠지만 그 안에서 들리는 소리를 전부 녹음했다. 전부 다.

정말 바보 같고 못 견디게 부끄러운 이야기인데, 그 집에 고립된 지 약 2개월쯤 됐을 때 있었던 일이다. 변기에 앉아서 혹시 방귀가 나올까 봐 식은땀을 흘리고 있었다. 나도 안다. 모두 방귀를 뀐다는 사실을. 하지만 마이크에 대고 하는 사람은 없지 않나! 농담이 아니라, 마이크에 대고 방귀 뀌는 상상을 해 보기 바란다. 그것도 낯선 사람이 듣고 있다고 말이다(나중에 안 사실이지만, 조정실에서 수십 명의 사람이 소리를 들었다고 한다). 지난 몇 주 동안 방귀가 나오려고 할 때마다 나는 꾹 참았다!

이런 이야기를 적는 게 무척 부끄럽지만 지금쯤이면 우리는 친구가 됐을 것이기에 사실대로 다 털어놓겠다. 나는 매일매일 화장실에서 최대한 소리를 내지 않으려고 갖은 애를 썼다. 게다가 난 그 당시 미스 워싱턴이었고, 왠지 모르겠지만 나는 다른 사람들보다 훨씬 품위 있게 행동해야 한다고 생각했다.

잠시 솔직해져 보자. 공중화장실에서 모든 사람이 다 나갈 때까지 기다렸다가 참았던 볼일을 본 적이 얼마나 자주 있는가? 아니면 소리를 감추기 위해 변기 물을 계속 내렸던 적은? 아니면 큰 소리로 기침했던 적은? 휴지걸이를 세게 돌린 적은? 우리는 도대체 왜 이런 짓을 하는 걸까? 이제 정말 이런 행동을 그만두고 자유로워질 때가 왔다.

어쨌든, 나는 어느 날 그 작은 화장실 변기에 앉아서 인생은 너무 짧다는 생각을 했다. 그리고 시원하게 방출했다! 제대로 내뿜었다! 나는 부끄러우면서도 자신감 넘치는 묘한 기분을 느꼈다. 나는 자유다! 그리고 나는 전부 내려놓았다. 완전한 자유를 누린 것이다! 나는 자유에 내 한방을 놓치지 않았다! '한 번뿐인 인생'의 자유! 아빠가 말한 '방귀 총'의 자유! 흔들어 젖히는 용감무쌍한 다람쥐의 자유!

자, 지금쯤이면 꼬박 3개월 동안 말 그대로 우리의 모든 움직임이 찍힌다는 말의 의미를 이해했을 것이다. 우리를 찍은 모든 영상은 편집을 거쳐 우리가 알지 못하는 스토리 라인이 있는 쇼로 만들어진 뒤 일주일에 여섯 번 전국에 방송됐다. 내가 출연했던 〈빅 브라더〉 시즌 1에는 총 70개의 에피소드가 황금시간대에 방영됐다.

〈베철러〉나 〈배드걸스 클럽〉 같은 리얼리티 예능 프로그램에서 왜 출연자들이 감정이 한껏 고조돼 눈물을 흘린다고 생각하는가? 사실 이렇다. 바깥세상과 완전히 단절되면 마치 자신만의 세계에서 사는 것과 같다. 몇 주, 몇 달이 지나면 그 세계의 모든 것이 격렬해지고 감정이 한계점으로 치닫는다. 방송용으로 안성맞춤이다! 시간이 지날수록 〈빅 브라더〉 촬영장은 매 순간 긴장감으로 꽉 차 있는 바람에 나는 한순간도 방심할 수 없었다. 잠을 잘 때도 마찬가지였다.

〈빅 브라더〉는 경쟁 구도였고, 어마어마한 상금이 걸려 있었기에 (우승자에게는 50만 달러, 준우승자에게는 10만 달러, 3등에게는 5만 달러가 주어졌다) 경쟁은 점점 치열해졌다. 매주 한 사람씩 탈락했고, 시청자들의 참여도 엄청났다.

모든 것이 실시간으로 이뤄지고 있었고 바깥세상에서 어떤 일이 일어나는지 전혀 인식하지 못하고 집안에 갇혀 있었기에, 팬들이 우리와 소통할 수 있는 유일한 방법은 경비행기에 배너를 달아서 우리가 지내던 집 위로 지나가게 하는 것이었다. 광고나 "나와 결혼해 줄래?" 같은 문구가 적힌 긴 띠를 달고 하늘을 나는 비행기 말이다. 그 것과 같은 종류였다. 프로그램에 심취한 팬들이 십시일반 돈을 모아 집 위로 출연자끼리 경쟁을 붙이는 메시지를 띄웠다. 기상천외한 방식이었다. 특히 그 메시지는 바깥세상에서 전해진 유일한 소식이었다. 비행기가 뜰 때마다 우리는 전부 작은 뒷마당으로 나가 하늘을 올려다봤다.

비행기에 "제이미, 누구랑 누구 조심해. 그들이 널 탈락 후보로 지명했어" 같은 메시지가 달리면 그게 사실인지 알 길이 없었다. 어떤 날은 팬들로부터 "제이미, 화이팅! 사랑해!" 같은 상냥한 메시지를 받기도 했지만, "제이미는 밉상에다 이중인격자"처럼 나와 다른 출연자들을 대상으로 한 상처받는 메시지를 받은 날도 적지 많았다. 나는 경비행기 엔진 소리가 가까이 다가오는 소리를 들을 때마다 몸이 반응하며 구역질이 나기 시작했다.

막상 꺼내고 나니 좀 이상하고 어리석었다는 생각이 들지만 그 당시에는 사람들이 돈을 내고 내게 상처를 주려고 한다는 생각을 견디기 힘들었다. 다른 출연자들도 똑같이 화를 냈다. 마치 익명의 가해자들이 모든 이들이 볼 수 있도록 비행기를 이용해 증오의 배너를 하늘에 펼쳐놓는 것만 같았다. 지금도 나는 하늘에서 경비행기 소리가 들리면 그때 기억으로 속이 메슥거린다.

다른 방면에서 프로그램을 하는 것은 정말 즐거웠고, 특히 리얼리티라는 장르 초창기에 그 내부를 볼 수 있는 기회를 얻어서 감사하다. 무엇보다 내성적인 성향을 가진 내가 안락지대에서 벗어나 나를 억제하던 것들에서 많이 해방됐고(말 그대로, 시원하게!) 그것으로도 충분했다. 프로그램 출연을 후회하지 않는다. '욜로(YOLO: You Only Live Once의 약자로, '인생은 오직 한 번뿐'이라는 의미)'니까. 나는 석 달 내내 살아남았고, 여성으로서는 최종 생존자였지만, 마지막 회를 남겨놓고 탈락했다. 4등이어서 상금은 없었다. 그리고 나는 그것이 스릴 가득한, 인생에서 한 번뿐인 경험이 될 것이라고 생각했다. 그러나 내 짐작은 빗나갔다. 안티팬이 띄운 비행기는 앞으로 벌어질 일의 워밍업에 불과했다.

안티팬의 말에
어떻게 반응할 것인가

프로그램이 끝난 다음 날 나는 가족, 친구들과 함께 식사하기 위해 외출했다. 그런데 놀랍게도 몇 초마다 한 번씩 내가 〈빅 브라더〉에 출연한 걸 알아보는 사람들이 말을 거는 바람에 도저히 걸어 다닐 수 없을 지경이었다.

대부분의 사람은 상냥하게 다가와 사진을 찍길 원했지만, 개중에는 내가 방송에서 한 행동이나 언행이 좋았다거나 혹은 싫었다는 말을 하며 자신들의 의견을 표명했다. 별명이 '치킨 조지'였던 다른 참가자와 내가 함께한 콩트가 재밌었다거나 "조시랑 몰래 사귄 거 아니에요?" 혹은 "정말 화장 안 지우고 자요?" 같은 질문을 했다(두 번째 질문에 대한 답은 '아니다'다. 화장을 안 한 모습은 대부분 편집됐는데, 제작진이 내가 '퀸카'라는 인상을 주길 원했기 때문이다). 나는 사람들의 관심에 어떻게 대처해야 하는지 알지 못했다.

〈빅 브라더〉 촬영장을 떠난 지 24시간도 안 되어, 프로그램과 연관된 수백 개의 웹사이트가 개설돼 있으며 그중에는 각각의 참가자를 지지하거나 반대하는 의견을 강력하게 드러내는 사이트도 있다는 사실을 알게 됐다. 내게도 나에 대해 모든 것을 평가하는 팬 사이트와 안티팬 사이트가 있었다. 뭐라고? 나는 무엇을 해야 할지, 어떻게 이해해야 할지 감을 잡을 수 없었다.

그런데 방송에서 화장을 하고 있는 사람이 별로 없었고, 내가 거울 앞에서 화장을 하는 바람에 팬과 안티팬들이 그 모습을 눈여겨봤다. 내가 가장 많이 받은 질문 중 하나가 "방송에서 바른 립글로스는 어디

거예요?"였다. 여성들이 내게 다가와 "우리 딸이 결혼식 때 바르게 그 립글로스 어디서 살 수 있는지 알려 주세요" 같은 말을 했다. 한편, 몇 몇 심한 안티팬 사이트에서는 내 메이크업을 문제 삼는 데 집중했다. 안티팬 중 한 명은 내 얼굴에 립글로스를 붓는 끔찍한 온라인 게임을 만들었고, 어떤 이들은 내가 화장한 사진들로 내 얼굴 전체를 덮어서 마치 추상화처럼 보이게 만들어 포스팅했다. 그 사진은 웃기기도 하고, 안 웃기기도 하고, 다시 보니 웃겼다. 그러니까 내 말은, 그 당시 만 해도 나는 미국에서 가장 거대한 화장품 회사는 차치하고 그 어떤 화장품 회사를 차리게 될 줄은 상상도 하지 못했다. 정말 대단하지 않 은가? 그러니 씨앗을 뿌려 주고 내 미래를 분명하게 만들어 줘서 고맙 다, 안티팬들아! 하, 신은 정말 위대하다! 잠시 다른 길로 샜다. 다시 이 사랑과 증오의 효과에 대해서 이어 가겠다.

안티팬 사이트를 처음 본 나는 고통을 이기지 못하고 이불을 뒤집 어쓴 채 아이스크림과 사탕을 마구 먹었다. 감정적 섭식으로 조금이 나마 기분이 나아졌다. 아니면, 조금이나마 무감각해질 수 있었다. 하 지만 그게 다른 문제를 불러왔다. 내 체격과 몸매를 단죄하는 수많은 웹사이트가 존재했던 것이다. 참 재밌는 시기였다. 물론 놀랍고, 아름 답고, 상냥한 팬 사이트들도 많았다.

그런데 우리 뇌는 독특하다. 수많은 사람에게 긍정적인 말을 듣는 다고 해도 우리 뇌는 한 사람이 한 부정적인 말을 확대해석한다. 그 당시 나는 집중력과 사고를 통제할 줄 몰랐다. 증오, 거부와 맞선 것 같은 느낌만 들 뿐이었다. 나는 비난을 내면화했고, 외롭고 사랑받지 못한다고 느낄 때가 많았다.

반면, 극성팬도 있었다. 그들은 대체적으로 상냥했는데 내 얼굴을 본뜬 인형, 특별한 문구가 적힌 티셔츠, 그림, 장신구 같은 선물을 보내줬다. 심지어 재소자로부터 팬레터를 받기도 했다.

하룻밤 사이에 얻는 명성의 가장 큰 폐단은 팬과 안티팬뿐만 아니라 상태가 좋지 못한 사람들의 관심도 받는다는 점이라고 할 수 있다.

프로그램에 출연하기 전, 나는 보통 사람이었다. 대학 졸업 후 시애틀에 있는 한 인터넷 스타트업에서 열심히 일하며, 공과금을 내고 학자금 대출을 겨우 갚을 수 있을 정도로 돈을 벌고 있었다. 프로그램 참가자들은 따로 출연료를 받지 못했다. 매일 50달러씩 지원되는 경비가 다였고, 우리는 각자 알아서 청구서를 납부해야 했다. 급료를 지급하는 직업 없이 하룻밤 사이에 일약 유명해지면, 유명인이 되더라도 수중에 돈이 없다. 그 말인즉슨, 미친 사람에게 스토킹을 당하더라도 보안을 강화하거나 자신을 지키기 위한 돈이 없다는 뜻이다.

스토커는 팬이 아니다. 그 사람들은 정신적으로 문제가 있고 다른 사람에게 집착하는 경우가 많다. 인터넷을 통해 라이브 영상이 스트리밍된 탓에 집에서 우리를 지켜보는 사람들이 있었고, 그들 모두가 건강하진 않았다. 어느 날 내가 자란 곳에서 멀리 떨어지지 않은 사무용품점에 인쇄를 하러 갔다가 소름 끼치는 스토커를 만났다. 멀리 떨어진 주에 사는 남자였는데 나를 계속 따라다닌 것이다. 그날 그곳에서 나에게 말을 건 것이다. 나중에 듣기로 그 사람은 마네킹 로봇을 만들어 나라고 생각하고 있었으며 내가 자신과 함께 살고 있다는 망상에 사로잡혀 있었다고 한다. 경찰의 도움을 받는 수밖에 없었다.

시간이 흐르면서 방송에 출연하며 얻은 반짝 유명세는 끝나고, 팬과 안티팬도 서서히 사라졌다. 그 당시에는 그 모든 일을 받아들이는 데 도움이 될 어떤 도구도 없었지만 점점 유들유들해졌다.

세상에는 여러 부류의 안티팬들이 있다. 나를 아는 부류와 그렇지 못한 부류. 나에게 진심으로 상처를 입고 싶은 부류, 자신도 너무 깊은 상처를 입고 있어서 자신이 하는 말이 남에게 상처가 될 것이라고 생각조차 하지 못하는 부류. 그중에서도 자신들의 얼굴을 당당하게 드러내는 부류는 흔치 않다. 대부분은 익명이거나 다른 사람으로 가장해서 공격하거나 가십을 퍼트려서 화제를 만든 뒤 어떤 식으로든 집단 증오를 만들어 낸다.

소셜미디어와 모든 기술의 형태가 부상하면서 아이들이 학교에서 소규모 집단에 의해 괴롭힘을 당하고 가해자가 누구인지 확실히 아는 시기는 지났다. 이제 그들은 공개된 온라인 사이트에서 괴롭힘을 당하고 상대가 누구인지 알 수 없을 때가 많다. 그리고 고통을 야기하는 콘텐츠는 영구히 온라인에 남는다. 최근 연구에 따르면 외로움, 우울증, 자살 수치가 점점 상승하고 있으며, 이러한 현상을 사이버상에서의 괴롭힘 증가, 소셜미디어, 우리 삶에서 급속도로 진화하는 기술의 역할과 연관시키는 연구가 많다.

안티팬과 비판가들이 세상을 차지하는 비율이 높아지고 있고 이제는 이런 부정적인 의견들이 우리가 잠시도 눈을 떼지 못할 뿐만 아니라 많은 경우, 완전히 중독돼 있는 기기를 통해 매일 우리를 찾아올 때가 많다. 우리의 좋아요와 팔로워가 늘어날 때 우리 몸에서 분비되는 기분 좋은 화학 물질을 연구한 최신 논문들을 살펴보면 무서운 생각이 든다. 특히 그 물질이 아직 뇌 성장이 진행 중인 청소년들을 포함해 모든 사람에게 중독성이 있다는 사실을 고려하면 사태가 심각하기 때문이다.

기술이 우리 삶에서 기능하는 역할이 점점 커진다는 결론에 이른다. 따라서 증오와 비난을 건강한 방식으로 처리하는 법을 습득하는 것은 우리 자신에게, 우리 가족에게 그리고 이러한 새로운 현실에서 자라게 될 다음 세대들에게 반드시 필요한 일이다.

그저 신경 쓰지 말라고 말하긴 쉽다. 다른 사람이 무슨 생각을 하든 걱정할 필요가 없으니까. '상처받은 사람이 상처 입힌다'는 명언은 확실한 참이다. 그러나 안티팬을 무시하는 일은 정말로 힘이 든다.

우리는 본질적으로 인간관계와 소속감을 갈망한다. 다른 사람의 생각을 아예 신경 쓰지 않게 되면 인간과의 연결고리를 끊는다는 대가를 치러야 한다. 그것 역시 좋은 방법은 아니다. 그렇다면 해결책은 무엇일까?

나는 오랫동안 이 문제와 싸워 왔다. 내가 어떤 일을 자처하거나, 위험을 감수하거나, 나답게 행동하거나, 나서서 용감하거나 훌륭하거나 공공연한 일을 할 때마다 늘 비판이 뒤따랐다. 안티팬이나 비평가들을 피하는 거의 유일한 방법은 살면서 아무 일도 하지 않고 아무 말도 하지 않는 것일테다.

알버트 아인슈타인은 "위인들은 언제나 범인들의 강한 반발에 부딪혀 왔다"라고 말했다. 내가 만일 같은 말을 한다면 '범인'을 '미개인'으로 바꾸겠다. 둘 중 뭐가 됐든 우리가 위대한 일을 하는 데 치러야 할 대가는 모든 사람이 그것을, 혹은 나를 좋아하지 않으리라는 것이다. 그리고 그럴 때마다 마음이 쓰라릴 것이다.

조엘 오스틴 목사가 한 유명한 말이 있다. 그는 삶의 모든 고난은 '좌절'이 아니라 신의 '의도'이며, 이는 장차 우리의 소명을 따르는 과정에서 발생할 기복의 무게를 온전히 짊어질 수 있게 우리를 강인하게 만들어 주시기 위해서라고 했다. 그때는 몰랐지만 팬과 안티팬이 생긴 경험은 내게 앞으로 닥칠 일을 대비해 줬다.

내 안의 작지만 분명한 목소리를 듣고 따르다

내가 다음으로 경험한 여론의 법정은 저널리즘의 세계로 들어가면서 시작됐다. 나는 스물다섯 살 때 경영학 석사를 취득하기 위해 뉴욕 컬럼비아대학교에 진학했다. 아이비리그인 컬럼비아대학교 경영대학원에 합격했을 때 나는 원하는 것을 이루려면 어떻게 노력해야 하는지 알고 있었다. 나는 자격이 충분했다. 하지만 나를 길러 주신 부모님은 둘 다 대학에 가지 않으셨고 자라면서 알아 주는 사립학교에 다닌 것도 아니었다. 나는 영화에서나 보던 아이비리그 환경에 내가 어울리지 않을까 봐 걱정이 되고 자신이 없었다.

하지만 나는 자신의 안전지대를 벗어나야만 성장할 수 있다는 일반적인 생각을 믿었다. 경영대학원 첫해에 나는 실제 사례 연구나 교과 과정보다 학생들, 교수님들, 졸업생들에게서 더 많은 것을 배운다는 사실을 깨달았다. 나는 이 대단한 사람들과 가깝게 지내는 것을 매우 가치 있게 여겼다. 어떨 때는 그저 교실을 둘러보며 이 자리에 있기 위해 우리가 각자 얼마나 많은 비용을 들이고 있는지 생각했다.

나는 어떻게 하면 우리가 모두 이 경험에서 더 많은 것을 얻을 수 있을지 궁금했다. 그리고 그때 교내 신문에 독특한 학생들, 교수님들, 졸업생들을 상대로 심도 있는 인터뷰를 실어 보자는 생각을 처음 했다. 나는 '발견'이라는 헤드라인으로 매력적인 사람들의 목소리 속 진짜 이야기를 담았다. 인터뷰를 진행하며 나는 직관의 흐름을 느꼈고 다른 사람들의 이야기를 나누는 일에 깊이 빠져들었다. 그때 처음 나는 그 흐름의 상태에 귀를 기울이고, 다른 사람의 의견 대신 그 흐름이 저절로 결정하게끔 내버려 두었다.

MBA는 2년제 과정이다. 1년이 지나면 학생들은 대부분 여름방학 동안 금융이나 컨설팅이나 투자은행 쪽에서 인턴을 하는데, 그런 곳은 월급이 후해서 어떤 곳은 석 달 동안 한 달에 1만 달러씩 주기도 한다. 그리고 그러한 인턴십은 졸업 후 근사하고 월급이 아주 높은 정규직에 취업하기 위한 첫 번째 관문으로 여겨졌다. 한 가지 짚고 넘어가자면, 대학의 순위는 보통 그런 숫자에 의해 결정된다. 예를 들어 졸업생이 졸업 후 첫 직장에서 얼마를 받고, 졸업반의 평균 봉급이 얼마인지와 같은 요인에 의해서 말이다. MBA 재학생들에게는 자기 자신을 포함해 동기들로부터 봉급이 높은 '성공한' 직장에 취업해야 한다는 압박이 매우 심하다. 그것은 명예의 훈장인 동시에 승인의 징표로 여겨졌다. 책임감에 대한 압박도 있다. 내가 성공해서 학교의 높은 지위를 유지할 것을 믿는다는 교우와 졸업생들의 무언의 압박이 있다.

나도 돈을 많이 주는 컨설팅 회사나 금융 회사에서 인턴을 할 수도 있었다. 하지만 내가 그 일을 하면 비참해지리라는 사실을 너무나 잘 알고 있었다. 그래서 내가 뭘 했냐고? 나는 엄청난 위험을 감수하기로 했다. 나는 워싱턴주에 있는 야키마라는 자그마한 시골 한가운데 있는 지역 TV방송국에서 '무보수' 저널리즘 인턴을 하기로 결정했다. 그렇다, 무보수, 0달러였다. 나는 그곳에 가서 차를 사거나 렌트할 여유가 없어 이모의 왜건을 빌려 타고 다니며 뼈 빠지게 일했다. 무보수로 말이다. 기사 쓰는 법을 배우고, 영상을 촬영하고, 나와 다른 이의 목소리를 녹음하고, 화면에 목소리를 입히고, 편집하는 법을 배웠다.

'1인 밴드' 취재하는 법도 익혔다. 1인 밴드란 홀로 모든 것을 하는 기자를 일컫는다. 자동차에 장비를 싣고 사건 현장으로 가서, 카메라를 설치한 뒤 사람들에게 마이크를 대고 취재하는 모습을 찍었다. 그런 다음 내가 마이크를 받아서 카메라에 대고 내 부분을 촬영했다. 다 끝나면 방송국으로 돌아와서 영상을 편집하고 기사를 작성한 뒤 프로듀서나 부장에게 승인이 떨어지면 기사를 수정한 뒤 그날 저녁에 방송될 수 있게 제출한다. 때에 따라 생방송에서 기사를 직접 소개해야 하기도 했다.

나는 여름 방학을 가능한 한 이 과정을 전부 습득하느라 보냈다. 지루한 이야기, 신나는 이야기, 정말 슬픈 이야기를 취재했고, 인스턴트 마카로니 앤 치즈를 잔뜩 먹었다. 이모한테 빌린 왜건의 도어 패널이 주행 중에 떨어지면 갓길에 차를 세워야 했다. 나는 다른 기자들과 친하게 지냈고, 그들은 내게 요령을 알려 줬다. 내 인생에서 최고라고 할 수 있는 여름을 보냈다. 야키마를 떠날 때 수중에 내 이름으로 된 돈이 한 푼도 없었지만 너무 뿌듯했고, 오디션용 테이프를 안고 언젠가는 사람들의 이야기를 듣고, 그 들의 얘기에 공감하고 나누는 일을 직업으로 삼을 수 있을 것이라는 꿈에 부풀어 있었다.

컬럼비아 경영대학원 마지막 해 동기생들이 졸업생 대표 연설자로 나를 선택했다. 그 소식을 듣고 정말 놀랐다. 내가 학교의 평균치를 크게 낮출 것이 분명했기 때문이었다. 내가 졸업한 해인 2004년에 컬럼비아 MBA 학생들이 졸업 후 받는 평균 연봉과 수당을 합치면 10만 달러가 넘었다. 내 건 얼마였냐고? 약 2만 3,500달러였다. 고등학교 졸업 직후부터 대학에 가기 전인 9년 전까지 헬스클럽에서 일하며 벌었던 돈의 약 절반쯤 됐다. 공과금이나 학자금 대출을 어떻게 지불할지 막막했지만, 워싱턴주 트라이시티 KNDU 방송국의 아침뉴스 진행자 겸 리포터 일을 선택했다.

내가 졸업 후 어떤 일을 할 것인지 얘기했을 때 동기들의 표정을 봤어야 한다. 혼란스러우면서도 호기심에 찬 눈빛 속에는 실망, 당혹감 그리고 약간의 동정이 뒤섞여 있었다. 동기들 중 상당수는 좋은 의도에서, 내가 월스트리트의 고수익 직장을 마다한다는 이유로 내가 실수를 하고 있고 내 실력을 제대로 발휘하지 못할 것이라고 걱정했다. 그들의 눈에는 내가 직감을 따라 촌구석에서 돈 한 푼 못 버는 것보다 그런 직장에 가는 것이 더 큰 성공처럼 보였기 때문이리라.

하지만 그때 다른 사람의 기대에 근거해 중요한 결정을 하지 않았다. 그들이 선한 의도로 내가 잘되길 바란다는 것을 알고 있었지만, 나는 볼륨을 낮추고 내 마음속 깊은 곳에 자리한 고요하고 작은 목소리에 귀 기울여야만 했다. 나는 졸업 연설에서 내가 상상하는 동기들의 미래에 대해서 말했다. 심지어 언젠가 〈뉴욕타임스〉나 〈월스트리트저널〉 1면 또는 홈페이지를 장식할 사람들을 생각하면 가슴이 두근거린다고까지 했다(그게 내가 되리라는 것은 전혀 예상하지 못했다).

아마 그해 컬럼비아 경영대학원 졸업생 중에서 내 초봉이 가장 낮았을 것이다. 어쩌면 역대 최저일지도 모른다. 하지만 나는 내 소명이라고 믿는 것을 좇았다. 학교도 내 선택을 지지해 주고 응원해 줬다. 내가 그곳을 적극 홍보하는 이유이기도 하다. 내면의 소리를 따른다면 다른 사람들에게 과소평가를 당한다고 해도 아무런 문제가 되지 않는다.

사람들 눈에는 내가 현재 어디에 있는지만 보이고 어디로 가는지는 보이지 않을 때가 많다. 컬럼비아 경영대학원 동기들 중에서 내 연봉이 가장 낮았지만 15년 뒤 나는 컬럼비아대학교가 수여하는 가장 영예로운 상인 공헌상을 수상했다. 매년 소수의 사람에게 주어지는 특별한 상이다. 또한 학교의 감독위원회로 위촉되기도 했다. 인생의 소명을 따라가다 보면 모든 것이 가능해진다!

안티팬은
혼란에 빠진 팬일 뿐이다

방송일과 함께 다시 안티팬의 세계로 던져졌다는 사실을 깨닫게 되기까지는 얼마 걸리지 않았다. 누군가가 어떤 공적인 일을 하거나 진정으로 변화를 이끌어낼 일을 하거나 위대함에 도달하기 위해 안락지대를 벗어나는 일을 하면 모든 이들이 이에 대해 의견이 있는 것처럼 보인다. 상대방이 더 용감하거나 성공한 사람일수록 사람들은 그를 사람으로 여기지 않고 감정이 없다고 생각하는 경향이 있다.

나는 이 사실을 배우 그리고 공적이거나 유망한 직업을 가진 친구에게서 직접 들었다. 사람들은 그들이 아무런 느낌을 받지 않고 상처를 받지 않을 것이라고 짐작하면서 아무 말이나 쓰고 말한다. 방송 커리어가 쌓이면서 나는, 〈빅 브라더〉에서 얻은 경험이 인생의 다음 단계에서 저널리스트로 겪은 좋은 점과 나쁜 점을 모두 대처할 발판이 돼 줬다는 사실을 깨달았다.

나는 수년 전에 비해 훨씬 더 탄성이 강해졌다. 증오가 가득 찬 이메일이나 온라인에서 악성 댓글을 읽어도, 기분만 살짝 나쁠 뿐 그 자리에서 바로 털어내 버리는 데 점점 능숙해지고 있다. 일부러 상냥한 이메일과 우리의 아침뉴스를 보고 어떻게 기분 좋게 하루를 시작하는지, 덜 외롭게 느끼는지 혹은 우리에게서 소식을 전달받는 게 너무 좋다는 시청자들의 편지, 메시지, 쪽지에 더 많은 관심을 가졌다.

우리가 집중하는 것을 우리는 확대해석한다. 따라서 우리는 현명하게 집중할 대상을 선별해야 한다. 하지만 악성 댓글 작성자와 안티팬들은 너무 부정적이어서 그들을 보며 긍정적이 되기는 쉽지 않다.

동기부여 연설가이자 전직 미 프로미식축구(NFL) 선수인 트렌트 셸턴은 통찰력이 돋보이는 긍정적인 방식으로 안티팬들을 재해석했다. 안티팬들은 사실 내가 하는 일을 우러러보는 사람들로 그것을 표현하는 방식이 다를 뿐이라고. "안티팬은 혼란에 빠진 팬일 뿐이다"라는 그의 말이 매우 일리가 있다. 그의 말대로 안티팬들은 보통 소셜미디어에서 상대를 팔로우한다. 그것은 사랑이다. 그들은 상대를 팔로우하기 위해 가짜 계정을 만들기도 한다. 그것 역시 사랑이다.

결국, 셸턴의 말은 안티팬의 가슴 깊숙한 곳에는 상대에 대한 애정이 있다는 말이다. 정말 아름답게 표현하셨네요, 트렌트.

과거 우리 회사가 성장하는 것을 우려한 밉상 삼총사와 우리 주력 제품을 훔쳐 갔던 회사를 생각해 봐도 맞는 말이란 생각이 든다. 그들은 우리가 가지고 있던 것을 원했다. 우리를 우러러봤던 것이다!

앞으로 안티팬이나 반대 의견과 대면할 일이 생기면 먼저 그들의 말이나 행동에 진실이 조금이라도 있는지, 뒤에 숨겨져 있는 의도는 무엇인지 생각해 보길 권한다. 어떠한 좋은 의도도 찾을 수 없다면 그 비난은 건설적이 아닌 파괴적이며, 그들은 그저 화풀이 중일 경우가 많다. 그럴 때 딱 맞는 말이 있다.

"충고를 귀담아들을 필요 없는 사람이라면 그의 비난 역시 귀담아들을 필요 없다."

그들의 말을 무시하고 진짜로 중요한 일에 집중하며 나다움을 잃지 않는 것이 중요하다. 그리고 항상 기억해야 할 것은, '좌절'은 우리의 감정을 상하게 할 수 있지만 또한 장차 성공의 무게를 짊어질 수 있게 우리를 강인하게 만들어 줄 '의도'라는 사실이다.

이를 알기에, 다년간 대중의 찬사와 비난을 동시에 받아 왔기에 나는 CEW 시상식 수상소감으로 튀게 될 불똥도 의연하게 대처할 수 있으리라 생각했다. 하지만 그 뒤에 이어진 공격은 이전의 경험과는 전혀 달랐으며 무척 고통스러운 것이었다.

12

나의 가치를 믿고
나아가라

알려진 것을 제하고 남은 것이 그의 본질이다.

_밥 고프

'당신이 바로 힘이라면 당신은 무엇을 하시겠습니까?'

나는 뷰티 산업을 향해 물었다. 그 자리에는 전 세계 수십억 명의 여성들이 접하는 '미'의 이미지를 결정하는 거대 기업 경영진들이 있었고, 나는 그들에게 변화를 촉구했다. 나는 직감적으로 그게 옳은 일이라는 것을 알고 있었다.

지금까지 쌓아 온 경력으로 나는 그 순간 만반의 준비가 돼 있었다. 우리 회사가 크게 성공하는 축복이 내게 내려진 이유 중 하나는, 적어도 수익만 좇는 것처럼 보이는 다른 회사들이 더 많은 돈을 벌기 위해서라도 내가 하는 일을 따라 할 것이라고 믿었다(우리 제품을 모방하는 것과 달리 이것은 따라 해 줬으면 하고 내가 진정 바라는 것이다!). 그렇게 되면 큰 그림 상으로 니도 문화를 바꾸고 미의 담론을 바꾼다는 목표에 한 발짝 더 가까워지게 될 테니까.

연설을 끝마치자 객석 대부분에서 열정적인 박수가 터져 나왔지만,

약 3분의 1은 차가운 눈빛으로 나를 주시하며 입을 삐죽 내밀고 예의상 가볍게 손뼉을 쳤다. 서로 상충되는 공기가 공간을 가득 메웠다.

행사가 끝난 뒤 평소 나를 따뜻하게 대해 줬던 몇몇 업계 전설들이 내 곁을 지나가며 아는 척을 하지 않았다. 나는 그런 일이 있을지도 모른다고 예상했다. 하지만 그들의 화를 돋우거나 업적을 폄하하려는 의도는 없었고, 내가 느끼기에 반드시 변화가 필요한 일을 조명하고자 했다. 그 자리에는 대형 백화점과 고급 브랜드를 쥐락펴락하는 사람들뿐만 아니라 드러그스토어와 대형 할인점에서 판매하는 수십억 달러의 브랜드 수장들도 있었기 때문에 누군가는 화가 날 만했다.

더 걱정할 새도 없이 나는 곧 수많은 여성에게 둘러싸였다. 울먹이고 있는 이도 있었다. 그중 몇몇은 내게 아름답다고 느끼기 위해 자신들이 직접 겪는 투쟁과 뷰티 업계에 종사하며 좋아하는 일을 하면서도 그 속에서 자신들이 부족하게 느껴지는 데서 오는 내적인 갈등에 대해 이야기했다. 한때 투자자가 여자들이 내 몸매랑 체중을 보고 내게서 화장품을 사지 않을 것이라고 했던 이야기에 많은 여성이 공감을 나타냈다.

시상식에는 뷰티 에디터들과 기자들도 참석했는데, 행사 직후 흥분한 기색이 역력한 상태로 몇 명이 내게 다가와 업계 거물과 맞선 내 용기에 감탄했다. 그날 행사장을 떠나며 내가 누군가를 화나게 한 것만은 분명했지만 나는 전반적으로 용감한 일을 했다고 느꼈다.

그들 앞에 서서 세계인들에게 져야 할 책임을 바라보는 시각을 바꾸라고 요구한 것은 옳은 결정이었다. 그날 전도유망한 '업계의 요정'

이라는 내 명성에 금이 가긴 했지만, 나는 어디에나 존재하는 진짜 명성들을 위해 또 내 신념을 위해 강경한 태도를 취했다.

언제나 '사람들의 힘이 힘을 가진 사람들보다 뛰어나다'라는 명언을 굳게 믿는다. 그렇지만 나는 그다음 일어날 일에 아무런 준비가 돼 있지 않았다.

제일 먼저 내가 평소 존경해 마지않던 업계의 전설로부터 전화를 받았다. 그분은 격분한 상태였다. 전 세계 뷰티 시장의 약 90퍼센트를 지배하는 사람들이 참석한 자리에서 내가 부끄러운 짓을 했으며 객석에 있던 산업의 아이콘 상당수의 기분을 상하게 했다는 것이었다. 이어서 그동안 나를 눈여겨봐 왔고 심지어 업계에서 내 편을 들어왔다고까지 말했다.

나는 그분께 내 뜻이 틀리지 않았다는 사실을 그분도 알고 있으리라 여겼고 업계의 전설적인 인물로서 내가 진정으로 산업이 발전하기를 바라는 뜻에서 위험을 감수했다는 사실을 자랑스럽게 여기실 것으로 생각했다고 말씀드렸다. 덧붙여 나는 '세상을 바꿀 수 있다고 믿을 만큼 미친 자들이 실제로 세상을 바꾼다'라는 명언을 늘 굳게 되새긴다고 했다. 그분은 이렇게 쏘아붙였다.

"농담하는 거죠? 당신은 절대 뷰티 산업을 바꿀 수 없어요."

스피커 통화가 아니었는데도 그 목소리가 너무 커서 나와, 한 방에 있던 지가가 그 말을 듣고 입이 떡하고 벌어졌다. 나는 침착하고 냉정하게 대답했다.

"사실, 이미 바꿨습니다."

통화는 좋게 끝맺지 못했다. 그분은 내 행동을 도저히 용납할 수 없으며 로레알 총수에게 이 사실을 알릴 것이라고 했다. 그것은 마치 우리 부모님에게 고자질을 해서 나를 곤경에 빠뜨리겠다는 협박처럼 들렸다! 그런 다음 "후폭풍이 없길 바라는 게 좋을 거예요"라는 말을 남겼다. 나는 그 말이 무엇을 의미하는지 정확히 알지 못했다. 위협인가 아니면 화가 난 사람들이 앞으로 나를 다른 행사에 부르지 않을 것이란 의미인가? 그럼에도 난 "이 일로 화가 나셨다니 유감입니다. 그런데 전 제가 옳은 일을 했다고 생각합니다"라고 답했다.

우리는 불일치에 합의했고 통화가 끝났다. 원만하지 않게. 어떤 끝맺음도 없이. 그냥 끝났다. 어쩔 수 없다고 생각했다. 돌이킬 수 없지만 나는 할 말을 했고, 내가 믿는 대로 행동했다. 하지만 그것은 단지 시작에 불과했다. 처음에는 괜찮았다.

곧바로 유명 잡지와 웹사이트가 놀라울 만큼 긍정적인 어조로 내가 얼마나 개척자인지, 업계 전체를 상대로 변화를 요구했다는 이야기를 실었다. 내가 브랜드로서, 그리고 방송에서 일반인 모델을 기용하고 연령대, 사이즈, 피부 톤, 피부 질환 여부를 막론하고 다양한 여성들을 내세우면서 이미 이룩한 변화들을 열거했다.

내 체중 때문에 투자를 거부한 투자자 이야기를 실은 기사들도 나왔다. 내 연설은 순식간에 널리 퍼져서 우리 회사 페이스북에 포스팅한 동영상은 조회 수가 100만 뷰가 넘었다. 이제 화장품을 사는 여성뿐만 아니라 전 세계에 있는 여성들에게 내 메시지를 전달할 기회가 생긴 것이다.

쉽게 위축되지 마라
위기는 기회다

나는 왜 수많은 사람이 자신의 의견을 표명하지 않는지 비싼 교훈을 얻었다. 내게 전화해서 불같이 화를 냈던 그분이 한 말 중 하나는 틀림없었다. 내 입장을 밝히면 후폭풍을 각오해야 한다. 그리고 후폭풍은 매우 참기 힘들 수 있다. 특히 나의 가장 핵심적인 부분에 잘못된 공격이 가해질 때는 더더욱.

뷰티 업계를 탈바꿈하고 모든 여성을 포용하기 위한 문화를 개척해 나가는 용감하고 반항적인 여성으로 나를 묘사하면서 찬양하고 떠받드는 언론 기사들이 연일 쏟아져 나오는 동시에 온라인에서 내가 모든 여성을 충분히 아우르지 못한다는 공격이 시작됐다. 말 그대로 공격이었고, 잔인했다.

이러한 공격은 주류 언론에서가 아닌, 온라인에서 이루어졌다. 내가 '모든' 연령대, 사이즈, 피부 톤, 피부 질환, 성 정체성을 아우르는 모델을 보여 주지 않았기 때문에 내가 위선자라는 익명 댓글이 여기저기 올라왔다. 그러한 공격은 눈덩이처럼 불어났고 내 소셜미디어, 회사 소셜미디어 그리고 개인 메일함이 증오로 가득한 메시지, 살해 협박을 비롯한 신상에 대한 위협, 내 얼굴에 악마 뿔을 그려 넣는 등 악의적 낙서를 한 사진으로 폭발할 지경에 이르렀다.

나는 그동안 탄성이 충분히 생겼다고, 이런 일로는 상처받지 않을 만큼 둔감해졌다고 생각했다. 하지만 이번에는 비난의 종류가 달랐다. 나는 일을 시작한 이래 줄곧 포용성을 위해 싸워 왔는데 이런 식으로 비난을 받으면서 깊은 상처를 입었다. 나는 타인에 대한 신뢰를 잃지 않기 위해 무던히 애를 써야만 했다. 정말 너무, 너무 아팠다. 옳은 일을 위해 앞장서서 싸웠는데 가능한 모든 측면을 충분히 잘하지 못했다는 공격을 받는 것처럼 느껴졌다.

모두가 내게 바라는 역할을 할 수도 있었다. 그날 시상식에 참석한 모두가 기분 좋아할 만한 번지르르한 소감을 발표할 수도 있었다. 난 이미 회사를 팔았다. 주목을 받는다고 해서 내게 득이 될 것도 없었다. 변화가 일어나게 하고 문화를 바꾸기 위해 최선을 다한다는 사실 외에 내게 좋을 게 없었다.

내가 충분히 잘하지 못한 부분은 전부 인정하겠다. 하지만 열렬하고 건설적인 비판과 인신공격은 다른 것이다. 전자는 배우고 성장하게 만들지만 후자는 그 반대다. 비록 상당수의 공격이 매우 마음을 아프게 하는 형태를 띠었고 견디기 힘들었지만 나는 그 말을 새겨들을 수 있을 정도로 강인해져야 했다.

어쩌면 어떤 식으로든 내게 주어진 선물일지도 모르기 때문이다. 더 많이 알고, 더 많이 배우고, 더 잘할 수 있게 만들어 줄 선물. 공격을 당하면 방어적이 되고 부정하기 쉽다. 하지만 그런 식으로는 성장할 수 없다. 나는 수 주간에 걸쳐 머리를 쥐어짜며 이러한 공격의 기저에 어떤 진실이라도 있는지, 내가 어떻게 더 잘할 수 있을지 고민했다.

사실 나는 우리가 모든 형태의 다양성을 보여 주는 모델을 고용했다고 생각했다. 하지만 장애가 있는 모델을 포함할 생각은 하지 못했다. 고의는 아니었지만 간과한 것은 확실했다. 10대에서부터 70대에 이르는 모델을 고용했지만, 80대와 그 이상을 찾기 위해 더 노력했었어야 했다.

수상 소감을 말했을 당시 우리는 컨실러의 색상을 48가지로 늘리고 48명의 실제 직원들이 각 색상의 모델이 되는 캠페인을 런칭하는 데 힘을 쏟고 있었지만, 나는 열심히 노력해서 소매점에 더 넓은 진열 공간을 확보해 다양한 색상을 더 빨리 출시했었어야 했다. 나는 이 모든 일에 실패했고 어쩌면 더한 일에도 실패했을지 모른다.

나는 모든 이에게 모든 것이 되기 위해 모든 노력을 다했지만 그게 절대 불가능한 일이라는 것을 안다. 또한 나 자신이 완벽과 거리가 멀고, 더 잘할 수 있고 언제나 조언을 듣고 시도하는 데 열려 있다는 사실도 알고 있다.

나에게 쏟아지는 비난들로 너무나 고통스러운 나날을 보냈지만 나는 이를 받아들이고, 경청하고, 깊이 성찰하는 기회로 삼았다. 그리고 나와 우리 팀이 더 잘하고 더 많이 해야 한다는 도전 의식이 전보다 더 활활 타올랐다. 그리고 우리는 그렇게 했다.

힘들더라도
옳은 일을 하라

깨달음은 변화를 몰고 온 선물이었다. 그 깨달음은 내가 받고, 읽고, 들었던 메시지들을 포함해 사람들과 나눈 대화들, 내가 놓쳤을지 모를 그 무엇을 이해하기 위한 노력을 통해 얻을 수 있었다. 후폭풍의 긍정적인 측면이라고 할 수 있었다.

하지만 안타깝게도 통찰력 있는 메시지는 극소수고 대다수는 무자비한 공격, 살해 협박, 그리고 건설적이지 않고 상처와 공포를 유발하려는 목적이 분명한 비난이었다. 그러한 사실들이 특별히 슬프게 느껴지는 이유는 따로 있었다.

용감하게 일어나는 사람을 공격하는 일은 다른 사람들을 일어서지 못하게 만든다. 이런 행위는 주로 여성들에게 큰 영향을 미친다. 우리는 100퍼센트 완벽하게 해내지 못할 바에야 시도조차 하지 않는 경향이 있다. 최근 연구에 따르면 평균적으로 남성은 자격 요건이 60퍼센트만 충족돼도 일자리에 지원하는 반면, 여성은 100퍼센트가 충족될 때까지 지원을 미룬다고 한다. 이는 여성들의 심성 모형을 보여 주는 여러 강력한 예시 중 하나에 불과하다.

여성들은 어떤 일을 시행하기에 앞서 완벽한 준비가 돼 있어야 한다고 학습하고, 실패의 두려움 때문에 위험을 피한다. 이와 동일한 마음가짐이 삶의 모든 측면에 드러나는데, 연봉 협상과 급여 인상을 할 때 자신의 가치를 과소평가한다. 자신감 결여와 나서서 원하는 바를 요구하지 못하는 회피 성향은 우리의 개인적인 삶과 직업적인 삶을 모두 억제한다.

나는 내가 가진 용기를 하나도 남김없이 모두 끌어모아 변화를 실행에 옮기기 위해 내 한 방을 놓치지 않고, 내가 할 수 있는 일과 내가 가장 잘 할 수 있는 일을 그 당시 내 위치에서 할 수 있는 한에서 최선을 다했다. 비록 완벽한 모습은 아니었지만 적어도 나는 당당하게 나서서 시도를 감행했다.

이런 일들이 내게 벌어지고 있는 사이 언론사에 몸담은 친구들 몇몇이 내게 연락을 해 왔다. 내 기분을 풀어 주기 위해 한 말이겠지만, 그들의 말에 따르면 수상 소감이 인터넷상에 퍼지고 수많은 기사 헤드라인을 장식하면서, 나를 공격함으로써 인기에 편승하려는 악성 댓글 작성자들의 가장 좋은 표적이 됐다고 한다. 클릭 수와 조회 수가 수익을 가져다주는 경우가 잦기에 그것에 목숨을 건다는 것이다. 하지만 그들이 뭐라고 하든, 설령 그 의도가 선한 것이어도 내 기분은 나아지지 않았다.

나는 내가 가장 우러러보는 사람들을 검색해 보기로 했다. 내가 생각하기에 인류에 궁극적인 기여를 하는 사람들, 성공, 업적, 봉사 분야의 궁극점이 있는 사람들이 궁금했다. 의미 있는 일에는 언제나 반대가 뒤따를 것이라고 생각했고 내 말이 맞는지 확인하고 싶었다. 같은 생각을 하지 않는 사람, 그 일이 마음에 들지 않는 사람, 그렇기 때문에 그를 싫어하는 사람 혹은 분명한 이유 없이 그냥 그를 싫어하는 사람들의 반대가 있을 것이라고 생각했다.

그래서 나는 모든 이들을 검색했다. 나의 가장 훌륭한 멘토들부터 지구상에서 가장 눈부신 성공을 한 사람들까지. 아니나 다를까. 그들에게는 수많은 안티팬이 있었다. 그들을 공격하기 위해 만들어진 웹사이트들이 있었다. 그들을 음해하는 거짓말과 상처를 주는 증오에 가득 찬 글들이 있었다. 세상을 이롭게 만든 인물이라고 존경받는 사람조차 예외가 아니었다. 이 과정은 내 기분을 나아지게 만들지는 않았지만 혼자라는 생각에서는 조금 벗어날 수 있었다.

한동안은 사무실에 갈 때도 안전을 걱정해야 했다. 각종 범죄를 보도했던 뉴스 앵커 시절과 〈빅 브라더〉 출연 후 스토커가 따라붙었던 지난날들을 상기하며, 얼마나 많은 아픈 사람들이 그 공격적인 메시지를 보고 합류하고 싶어 할까 걱정됐다.

하지만 진심으로 가장 힘들었던 부분은 온몸을 파고드는 고통이었다. 누군가 나의 정체성에 이의를 제기하는 것은 견디기 힘든 일이다. 특히 내가 전혀 공감을 할 수 없을 때는 더욱더.

누군가가 나의 본질에 공격을 가할 때, 내가 내 정체성을 분명히 알고 그것을 단단히 붙잡고 있어야 한다. 온 세상이 나와 맞서려고 할 때, 나를 무너뜨리지 못하게 하는 유일한 무기는 나 자신이 누군지 아는 것이다. 나는 늘 옳은 일을 위해 싸우는 사람이다. 비록 미숙하고 완벽하지 못하더라도 나는 언제나 그렇게 하는 사람이다.

내 주변에는 다양성이 존재하고 나는 그것을 아름답다고 여긴다. 다양성—사이즈, 연령, 피부색, 성별, 누구를 사랑하는지, 누구에게 투표하는지, 누구에게 기도하는지—은 그 나름의 형태만으로 아름답고 나의 마음은 상대와 연결돼 있다. 나는 우리가 모두 연결돼 있다고 믿는다. 그리고 나는 내가 어떤 사람인지 안다.

> 좋은 나무는 쉽게 자라지 않지.
> 바람이 강할수록 강한 나무가 자라지.
>
> _더글러스 맬럭

내가 굳게 믿고 있는 것이 있다. 특히 여성으로서 우리에게는 모든 것을 완벽하게 하지 않는다는 이유로, 과거에 실수를 했다는 이유로, 부모 역할이든 리더 역할이든 어떤 일을 우리가 하는 식으로 하지 않는다는 이유로, 최선을 다하고 있을 뿐인데 세상에 형편없이 보인다는 이유로 다른 여성을 공격하지 않도록 유의해야 할 책임이 있다.

또한 여성으로서 우리는 반대에 직면한다는 두려움을 넘어서야만 한다. 비난은 상처를 줄 때가 많지만 나의 경우에 건설적인 피드백은 선물이었다. 내가 지나쳤던 사각지대를 보고, 더 크게 성장하고 더 나은 사람이 될 수 있게 도와줬다. 오늘날 나는 귀중한 시간을 쪼개 사려 깊은 피드백을 남겨 준 사람에게 감사한 마음밖에 남아 있지 않다.

우리는 큰 소리로 당당하게 우리의 생각을 표현하고, 부당한 일에는 목소리를 높여야 하며, 여성들이 자신감을 박탈당한 채 불완전한 상태에서 경기에 임하게 만드는 주변 환경을 변화시킬 책임이 있다. 여성으로서 우리 중 수많은 이들이 준비가 덜 됐다고, 혹은 자격이 안 된다고, 혹은 충분하지 못하다고 생각하면서 인생 그리고 꿈이라는 경기에 출전하지 못한다.

아직 수많은 여성이 자기 자신과 다른 여성에게 매우 비판적이다. 이는 우리 모두를 억압할 뿐이다. 우리에게는 실패한다는 두려움과 창피를 무릅쓰고 시도하는 여성, 창업하는 여성, 신업에 도전장을 내미는 여성, 불의에 저항하는 여성, 자신의 능력을 마음껏 발휘하는 여성이 필요하다. 우리는 서로를 돌봐 줘야 한다. 서로에게 희망을 줘야 한다. 서로 축복해야 한다.

전사는 좌절이 길잡이가 될 것임을 안다.

_글레넌 도일

나는 그날 사랑받는 대신 용감해지기로 한 선택을 후회하지 않는
다. 나는 그날 피하지 않고 경기장에 입장했다. 그리고 내가 가진 유
일한 한방을 놓치지 않았다. 평생 불가능한 아름다움의 이미지를 보
면서 느낀 좌절을 나 자신보다 훨씬 더 큰 무엇을 정복하기 위한 모험
의 길잡이로 사용했다.

회사를 지금보다 더 성장시킬 수 있다고 깨달았을 때 나는 혹독한
비난을 들으면서 느꼈던 고통을, 나는 도전의 길잡이로 사용했다. 더
많이 배우고, 성장하고, 확장하는 데 말이다. 특히 자신의 가치를 알
고 실현시키는 일에 있어서는, 힘들더라도 옳고 용감한 일을 하는 것
이 언제나 가장 훌륭한 결정이라는 것을 명심하길 바란다.

나는 혼자서 뷰티 업계의 포용성을 완전히 변화시킬 수 없다. 하지
만 죽도록 노력해 왔다고 자부한다. 그리고 어쩌면 그날 공개적으로
전 뷰티 업계에 변화를 촉구하며 한 걸음 더 전진했을지도 모른다. 아
니, 다섯 걸음 더 전진했을지도 모르겠다.

오늘날 세계적으로 거대한 브랜드들이 모든 연령, 사이즈, 피부 톤,
피부 질환, 성별을 대표하는 모델을 선보이고 있다. 그들도 옳은 일을
하기 위해 변화를 꾀하고 있는 것인지도 모른다. 아니면 우리의 성공
을 눈여겨봤을지도. 이유야 어쨌든 내가 그날 한 일이 조금이라도 영
향을 미쳤길 바랄 뿐이다.

나는 또한 내가 모든 것을 완벽하게 해내는 데 실패했다는 사실도 알게 됐다. 하지만 나는 경기장에 들어가서 전력투구했다. 경기에 출전해서 온 힘을 다해 싸웠다. 내게 남은 바람은 뷰티 업계의 결정권자들이 내가 엔드존을 향해 심혈을 기울여 정확하게 던진 공을 받아서 우리 모두를 위해 경기를 승리로 이끄는 것뿐이다. 우리가 함께한다면 해낼 수 있기 때문이다.

빌리브 잇
2

제3부

기적은 준비된 자, 그것을 믿는 자에게 일어난다

:

성공을 넘어
더 큰 미래를 꿈꾸는 법

균형을 믿지 마라.
그것은 거짓이다!

어떤 것의 가치는 당신이 그것과 바꾸는 인생의 양이다.

_헨리 데이비드 소로

즐거운 이벤트, 모임, 휴가, 가족 모임, 휴일 파티, 동창회를 손꼽아 기다리면서 흥분과 기쁨을 느끼는 대신 스트레스를 받은 적이 있는가? 행사 자체에 대한 스트레스가 아니라 내가 입고 가기로 계획한 옷이, 산 옷이 맞지 않을까 봐 느끼는 끈덕지고 진정한 스트레스 말이다. 그 옷을 입어 보고 나서 기분이 나빠져 나가고 싶지 않았던 적은? 여기에 동의한다면 나 역시 마찬가지다. 그것도 너무 자주. 오스카 시상식 '전전날 밤' 파티 전날도 그랬다.

옷장에서 그날 입기로 한 드레스를 꺼냈다. 속이 비치고 신축성 있는 아름다운 오간자 천에 일일이 손으로 꿰맨 반짝이 구슬이 달린 드레스인데, 살짝 꽉 끼는 감이 있었지만 당연히 파티 당일에는 맞을 것을 '알고' 샀다. 과연 그랬을까? 맞다, 여전히 꽉 꼈다.

나는 반대편의 큰 사이즈를 모아 놓은 방향으로 몸을 틀었다. 다시는 입을 일이 없길 바라지만 혹시 몰라 버리지 못한 옷들이 있는 곳이었다. 여러분도 옷장에 이런 칸이 따로 마련돼 있는가? 다른 한쪽에는 '아직 많이 작은' 옷들을 모아 뒀다. 가격표가 그대로 붙어 있는 것도 있었다. 언젠가는 반드시 맞을 것이기 때문에 사도 괜찮다는 합리화로 샀던 옷이었다.

그날 밤 열리는 파티는 굉장히 중요한 행사여서 드레스가 맞지 않는다는 실망감 따위로 가지 않겠다는 결정을 내리지 않았는데 정말 잘한 일이었다. 그 파티에서 만난 누군가가, 내 마음을 흔들어 놓고 내 관점을 영원히 바꿔 놓는 이야기를 해 줬기 때문이다. 생각지도 못한 이야기였다.

배경 설명을 먼저 해 보겠다. 내가 세운 회사 덕분에 나는 이제 1년에 몇 번 꽤 근사한 파티에 초대받는다. 오스카 전날 밤 파티와 전전날 밤 파티가 그 예다. 매년 파티에 참석할 때마다 나는 무엇을 입고 가고, 무엇이 내게 맞고, 그리고 너무나 당연하게 헤어와 메이크업을 어떻게 연출할 것인지 걱정하면서 많은 시간을 보냈다. 그 시기는 내가 1년에 몇 번 안 부르는 헤어 스타일리스트와 메이크업 아티스트를 집으로 불러 도움을 받는 때이기도 하다.

회사가 로레알에 인수된 뒤 갑작스럽게 달라진 환경에서, 나는 처음으로 유명인들이 고용하는 스타일리스트 팀을 경험할 수 있었다. 그제야 나는 파티와 행사에서 유명인들이 선보이는 헤어와 메이크업에는 보통 수천 달러의 비용과 더불어 긴 시간이 소용된다는 사실을 알 수 있었다. 붙임머리(모르는 사람을 위해 덧붙이자면, 어느 때고 레드카펫을 밟는 사람 중에 붙임머리를 하지 않는 사람은 거의 없다), 정맥을 감추고 근육이 도드라져 보이기 위한 보디 메이크업, 이목구비 중 어디라도 완전히 다른 형태로 보이게 끔 만들어 주는 메이크업과 컨투어링, 가짜 속눈썹, 매니큐어, 드레스 에 따라 이중 교정 속옷(그렇다. 한 겁 위에 또 한 겁을 겹쳐 입는다는 뜻이다)은 기본에 불과하고, 더 많은 절차가 남아 있었다. 실로 많은 시간과 에너지가 드는 일이며 이 일은 전부 세상에 나오기 전 완벽하게 보정을 거치는 레드카펫 사진 촬영을 위해서였다.

뷰티 산업의 이러한 이면은 잇 코스메틱에서의 내 일상과는 정반 대였다. 예술의 경지에 오른 헤어와 메이크업, 각 아티스트들의 재능 을 직접 경험하는 것은 놀라운 일이었다. 이런 경험을 할 수 있는 운 좋은 기회가 생길 때마다, 나는 이러한 생활 방식을 누릴 여유가 되고 또 선택하는 사람들이 얼마나 많은 시간을 들이는지 감탄했다.

긴 시간 준비가 모두 끝나고 나는 마침내 오스카 축하 파티에 도착 해 먼저 가장 중요한 레드카펫 사진을 위해 포즈를 취했다. 촬영이 끝 나고 안으로 들어가니 사람들이 칵테일 잔을 손에 들고 자리를 옮겨 다니며 대화를 나누고 있었다. 톱 연예인부터 여러 엔터테인먼트 산 업 관계자들까지 모두 이러한 분위기에서 빛을 발하는 사람들이었 다. 끊임없는 대화 속에 의제들이 오고 가고, 대다수 사람이 이 순간 을 만끽하고 있었다!

TV에서 내가 진정으로 중요하게 생각하는 주제에 대해 이야기하 거나 특히 다른 여성들과 대화를 나누고, 또 다른 여성의 이야기에 귀 를 기울일 때 활기차고 열의에 넘치는 모습을 비친 탓에 사람들은 내 가 외향적일 것이라고 짐작한다. 하지만 앞서 언급한 대로 나는 카메라 밖에서는 내성적인 사람이다. 특히 파티나 사교 모임에서는 더욱 더. 여러분 중에 파티에서 고통스러울 정도로 수줍고 어색해 화장실에 숨고 싶다는 생각이 들거나 아예 화장실에 숨는 이가 있다면 내 말의 의미를 알 것이다.

사람들과 어울리기 위해 최선을 다하지만 이러한 환경에서는 정말 힘이 든다. 나는 '잡담'이 소모적이고 어렵게 느껴진다. 내게 선택의 여지가 있으면, 나는 이런 행사에 외향적인 성향인 친구들을 내 짝으로 동반해 그들이 새로운 사람들과 이야기를 나눌 동안 나는 가만히 듣기만 했다. 일과 회사가 공적인 성격을 갖고 있는데도 나는 모르는 사람들과 파티에서 어울리는 것이 여전히 너무나도 힘들었다.

어떤 이유에서인지 나는 내성적인데도 연예인에 빠진 적이 거의 없다. 오프라 윈프리와 빅토리아 오스틴을 제외하고 다른 사람과 있을 때 한 번도 긴장하거나 반한 적이 없는 것 같다. 아마 일적으로 많은 연예인을 만났고, 그들이 여러분 그리고 나와 전혀 다르지 않다는 것을 이미 알기 때문인지도 모르겠다. 그들도 우리와 마찬가지로 자신 없어 하고, 두려움을 느끼고, 좋은 일과 나쁜 일을 겪고, 사랑, 소속감, 공동체를 갈망한다.

균형은 거짓이다
모두 잘 해낼 수 없다

나는 유명인들로 넘쳐나는 행사에 참석할 때마다 누가 누구인지, 혹은 어떤 유명한 사람을 만날지 조바심을 내는 대신 내가 만나야 하는 사람을 만나게 될 것이라고 믿는다. 어떻게 보면 맹신일 수도 있지만 내 친구 너태샤가 알려 준 이 방법은 내게 평화를 가져다줬다. 그리고 억지로라도 사교적이어야 한다는 압박감이 사라졌다. 이런 방식—억지로 애쓰지 않는 방식—으로 가장 재미있는 사람들을 만나기도 했고, 추후에 반드시 그 필요성과 중요성을 깨닫는 이야기를 누군가로부터 전해 듣기도 했다.

그날도 파울로는 다른 모든 행사에서와 마찬가지로 권하는 대로 족족 전채 요리를 집어삼키기 시작했다. 어떤 건강한 식사법을 고수하고 있더라도 전채 요리는 그의 약점이었다. 그 당시 파울로는 오랫동안 비건을 실천하면서 그 생활을 만족해했다. 콜레스테롤 수치도 쑥 내려가고 어떤 유혹에도 흔들리지 않을 줄 알았다. 그것은 오스카 축하 파티에 가기 전까지였다. 반짝이는 은색 쟁반이 눈에 들어온 즉시 모든 규칙은 사라졌다. 나는 반대편에서 그가 손을 뻗어 땅콩 소스를 바른 치킨 사테이 꼬치 두 개를 집어 드는 것을 지켜봤다. 내가 그 모습을 다 봤다는 것을 나중에 그에게 말할 건지 말 건지 고민했다. 하지만 결정을 내리기도 전에 파울로가 와규 슬라이더 버거를 꿀꺽했다. 다음은 미니 사이즈 돼지고기 빵이었다. 그가 어찌나 행복하고 후련한 표정을 짓는지 감탄스러웠고, 군침이 도는 전채 요리가 지나갈 때 나도 그렇게 태평스러울 수 있으면 얼마나 좋을까 생각했다. 그날 밤 파울로는 어떤 제약도 받지 않는 논-비건(Non-Vegan·비건이 아닌 사람)으로 변신했다!

지금처럼 영화의 한 장면처럼 느껴지는 순간에 있다는 생각이 들면 나는 늘 그 순간을 체감하려고 애썼다. 주위를 돌아보며 찬찬히 음미하며 제대로 느끼려고 했다. 감사하는 마음도 느껴졌다.

방 안을 천천히 둘러보던 중 반대편에서 톱 연예인들 사이에 있는 메그 휘트먼이 눈에 띄었다. 그때는 잠시 뒤 그녀가 내 관점을 영원히 바꿀, 간단하기 그지없는 말을 하게 될지 몰랐다. 아마 지금까지도 그녀 자신도 그런 말을 했다는 것을 기억하지 못할 것이다.

메그 휘트먼이 누군지 모르는 사람을 위해 설명하자면 비즈니스 세계에서 아이콘으로 통하는 인물이다. 이베이, 휴렛 패커드와 같은 기업의 CEO를 역임했고, 여러 이사회에 몸담고 있으며, 〈포브스〉지에 따르면 이 글을 쓰는 날짜 기준으로 미국에서 두 번째로 부유한 여성이다. 아이 둘을 키우는 엄마이며 하버드에서 MBA를 취득했다. 일명 'BFD(Big Freakin' Deal, 대단한 사람을 뜻하는 속어)'로 통하는 인물이다. 일류 연예인들이 하나같이 사뿐사뿐 그녀를 만나러 가는 모습을 구경하는 것은 재미있었다.

그때 나는 로레알의 캐롤 해밀턴과 여성, 자신감을 주제로 심도 있는 대화를 나누는 중이었다. 캐롤도 나만큼 이 주제에 열의가 대단했는데, 우리는 자신만만한 여성이 전체 여성의 절반도 되지 않는다는 최신 연구와 뷰티 산업이 전통적으로 자신만만한 여성에게만 집중하고 나머지 여성은 무시하는 경향에 관해 이야기를 나눴다.

그때 누군가가 메그 휘트먼을 캐롤에게 소개했다. 메그의 시선이 내 쪽으로 옮겨 왔을 때 나는 손을 내밀어 악수를 청하며 (나는 보통 포옹을 하지만 이번만큼은 악수가 맞다고 생각했다) 인사말을 건넸다.

내 이름을 말하기도 전에 언제나 다른 여성의 편에 서는 캐롤이 이번에도 나서서 메그에게 입이 닳도록 내 칭찬을 했다. 업계에서 내가 이미 이룩하고 또 밀어붙이고 있는 변화와 그중에서도 내가 어떻게 여성들에게 자신감을 불어넣고 있는지에 대해서 말이다.

메그의 눈이 반짝이더니 내게 주먹을 부딪쳐 오지 않겠는가! 세상에! 내게 있어 메그 휘트먼에게 주먹 인사를 받은 것은 그 자리에 있던 어떤 대단한 사람들과 일어날 수 있는 일보다 멋진 일이었다.

그녀의 주먹 인사는 마치 끝내주는 여자들끼리 서로를 알아보는 표시처럼 느껴졌다. 유리천장을 차례로 허물어 왔으며, 여러 이사회의 홍일점으로 활약하며 과거부터 현재까지 수많은 여성의 선구자 역할을 해 온 이 여성이 나를 알아본 것이다. 내게 '잘했다'고 말한 것이다. 한 번의 주먹 인사 형식으로. 덧붙이자면, 주먹을 맞부딪치고 나서 폭발음을 내거나 손바닥을 좍 펼쳐서 불꽃이 터지는 동작을 하지는 않았지만, 그게 무슨 소용인가. 내가 메그 휘트먼과 주먹 인사를 나눴는데! 그거면 족했다.

주먹 인사를 한 이후 나는 갑자기 내성적인 모드로 돌아가서 멀뚱히 선 채 대화를 어떻게 이어 가야 할지 안절부절못했다. 내성적인 사람들은 내가 느끼는 고통에 공감할 것이다!

나는 나 자신과 다른 모든 여성을 위해 해답을 찾고 있었던 질문을 하기로 마음먹었다. 메그는 보통 비즈니스와 관련된 질문들을 받아 왔겠지만, 그것은 내 가슴속에 품고 있던 질문이 아니었다. 나는 심호흡한 뒤, 멜 로빈스의 '5초 법칙'—어떤 일에서 도망쳐 버리고 싶을 때

도움을 주는 도구다—을 사용했다. 5, 4, 3, 2, 1…. 5부터 거꾸로 센 뒤 나 자신에게 두 번 생각할 기회를 주지 않고 냅다 질문을 뱉었다.

"메그, 묻고 싶은 게 있어요. 다시는 이런 기회가 오지 않을지도 모르니 그냥 물어볼게요. 전 얼마 전 수많은 여성, 아니, 거의 대다수 여성에게, 성공 여부와 무관하게 한 가지 공통점이 있다는 사실을 알고 정말 놀랐어요. 하나같이 자신의 몸매, 체중, 외모를 걱정하고, 그것에 대해 불안감을 느끼는 데 에너지를 뺏기고 있더군요. 사실 내가 아는 성공한 임원들 대부분이랑 그 밖에 변호사나 CEO같이 크게 성공한 여성들도 자신에게 맞는 옷 사이즈에 따라 자기 가치를 재단한 적이 많다고 인정했어요. 메그, 당신도 그런 기분을 느껴 본 적이 있나요? 그런 것들을 걱정해 본 적이 있나요?"

잠깐의 침묵이 이어졌다(참고로 말하면, 그사이 내 머릿속에는 오만가지 생각이 들었다. 메그가 날 미쳤다고 생각할까? 더는 나를 사업가로서 존중해 주지 않으면 어떡하지? 주먹 인사한 걸 후회하는 건 아니겠지? 내가 아는 대부분의 여자처럼 메그도 아마 자신의 몸매와 체중에 대해 불안감을 느끼고 있어서 내 질문이 불쾌하고 나처럼 처음 보는 사람에게 그런 걸 걱정한다고 인정하고 싶지 않을지도 몰라… 등등. 어떤 말인지 이해했을 것이다). 그 잠깐의 침묵은 1시간처럼 느껴졌고 대답을 기다리기 힘들었다. 거물 사업가도 자신의 몸매와 체중을 신경 쓸지 궁금했다. 순간 파티장 전체가 고요해진 것처럼 느껴졌다. 그때 메그가 나를 쳐다보며 단호한 목소리로 "아뇨"라고 말했다.

"정말요?"

뒤이어 메그가 한 말은 매우 단순했지만 깊은 울림을 줬다. 광명을 찾은 순간이었다. 그녀는 이렇게 말했다.

"뭔가는 포기해야죠. 포기했어야만 했고요. 인생의 수많은 일 중에서 무언가는 포기할 수밖에 없었죠. 내겐 아이들이 있고, 일이 있으니까요. 우리 집을 마사 스튜어트('살림의 여왕'으로 불리는 미국의 가사 전문가)가 하듯 깔끔하게 유지하는 건 불가능해요. 버려야 할 것은 버려야죠. 그래서 전 그런 문제를 걱정하진 않았어요."

필요에 의해서든 자발적인 선택이든 메그는 현재 몸무게나 집안 정리 따위를 걱정하느라 시간과 에너지를 뺏기지 말아야겠다는 결정을 내리고도 자신의 커리어와 부모 노릇 그리고 인생의 다른 측면에서 성공했다. 분명히 말해 둘 것은 메그는 늘씬하다는 것이다. 누가 알겠는가. 어쩌면 집도 깔끔할지도.

하지만 핵심은 그녀가 둘 중 어떤 것에도 집중하지 않는다는 점이다. 어떤 일에 집중한다는 것은 다른 일에 대해 우리의 시간과 에너지, 관심을 포기한다는 의미이기 때문이다. 메그는 의식적으로 그런 선택을 했다.

타성에 젖지 말고
주체적으로 살아가라

우리 중 상당수는—보통 무의식적으로—모든 일을 완벽하게 해내야 한다고 생각하고 결국 모든 일에 실패했다는 자괴감에 빠진다. 그게 아니면 자발적으로 자신의 몸매, 체중, 외모, 남들이 자기 자신을 어떻게 생각할지, 남들이 우리를 좋아하는지, 상처 주는 말을 하는 인터넷상의 안티팬이나 악성 댓글 작성자들 혹은 나에게 도움이 되지 않는 그 외 모든 것들을 걱정하는 것으로 시간을 보낸다.

하지만 뭔가는 포기해야 한다! 즉, 몸매나 체중, 다른 사람들의 의견, 그와 관련된 다른 문제들을 걱정한다는 것은 우리의 에너지가 쓰일 수 있는 다른 것이 희생된다는 뜻이다. 큰 그림을 보면 인생에서 진짜 중요한 게 무엇인지 다들 잘 알고 있다.

몸의 이미지를 예로 들어 보자. 우리는 거기에 너무 집착해서 다이어트에 돈을 쓰고, 유행하는 다이어트와 성공 스토리를 보며 소셜미디어에 빠져 헤어 나오지 못하고, 조금이라도 더 날씬해 보이는 옷을 찾는다. 여기에 들인 노력에 어떤 대가가 치러졌을까? 우리가 집중하는 일 중에서 시간, 에너지, 힘들게 번 돈이 들어가지만, 우리의 영혼, 꿈, 건강, 행복을 포함한 다른 것들을 충족시키지 못하는 것들을 생각해 보길 바란다.

메그가 훌륭하게 지적한 대로, 뭔가는 포기해야 한다. 그녀는 몸의 이미지나 외모, 체중, 혹은 자신의 집이 남들에게 어떻게 보일지 걱정하지 않겠다는 선택을 했다. 그리고 그 에너지를 가족을 돌보고 역대 가장 성공한 여성 기업가가 되는 데 집중했다. 그때 이 심오한 '아하!' 하는 깨달음을 확장시키는 의문이 나를 강타했다. 여성들은 자기 자신과 서로를 발전시키는 데 전혀 도움이 되지 않은 일에 얼마나 많은 시간을 낭비하고 있는 걸까?

나한테 맞는 옷 사이즈에 근거해 무엇을 입을 건지 혹은 내가 충분히 '~한지'와 같은, 알고 보면 중요하지도 않은 일에 들어가는 소중한 시간과 힘들게 번 돈을 수량화해서 전부 더한다고 생각해 보자. 내 사이즈가 무엇인지, 어떻게 하면 바꿀 수 있는지 고민하며 허비한 시간을 생각하니 머리가 지끈거렸다. 내가, 아니 사실상 우리 모두가 얼마나 많은 시간과 기회비용을 낭비했는가! 그 시간은 교육, 커리어, 우리가 열의를 갖고 있는 대의, 우리 자신이나 다른 사람에게 실제 도움이 되는 일들에 쓰일 수 있었다.

여성으로서 수많은 이들이 꾸미지 않고 집 밖을 나서지 말라고 배운다. 수많은 여성들이 우리를 사랑하는 선한 의도를 가진 사람들이나 사회로부터 완벽한 사람 또는 남을 기쁘게 해 주는 사람이 되라는 소리를 들으며 자란다. 언제나 상냥하고, 공간을 차지하지 말고, 다리를 꼬라고.

그리고 자라면서 점점 예뻐지기 위해서는 줄어들어야 한다고 학습한다. 말 그대로 마르고 지구상에서 공간을 조금이라도 덜 차지하도록(나는 수년간 이 생각에 사로잡혀 있었다). 비록 그것이 우리 중 상당수의 건강과 체력, 시간을 빼앗아가더라도 말이다.

그런 다음 다리가 더 길쭉하고 날씬해 보이게끔 하이힐을 신어야 한다고 배운다(나 역시 마찬가지다). 그 터무니없는 신발은 우리의 육체적 능력을 저해시킨다.

생각해 봐라. 그러면 우리는 공간을 덜 차지하고 속도도 느려진다. 그런 다음 우리는 손톱을 길게 기르거나 때로는 인조 손톱을 붙인다. 그러면 손의 육체적 능력까지 떨어진다. 이 아크릴 손톱—나도 수년간 프렌치 매니큐어 스타일을 고수했다. 왜 있잖은가, 끝부분만 하얗게 칠하는 스타일 말이다—역시 시간과 돈이 든다.

내 말은, 이런 일들을 하며 진정 행복하다는 생각이 들고 자신의 개성을 표현하는 데 도움이 된다면 좋은 일이다. 그러나 내게는 이런 일들이 의무처럼 느껴질 때가 많았다.

이제야 알게 됐지만, 항상 똑같은 블라우스와 검은색 바지를 입고 머리를 틀어 올린 채 다녔던 건 일종의 생존 전략이었다. 무언가는 포기해야 했고, 헤어스타일과 의상에 공을 들이면서 아이디어를 짜고, 창조하고, 사업을 추진할 여력이 없었기 때문이다. 나는 치장하는 데 시간을 들이는 것을 결코 좋아한 적이 없었고, 내가 시간을 단축하고 대단히 쉽고 빠르게 바를 수 있는 제품을 출시한 이유이기도 하다.

메이크업을 하든 안 하든 내 주사 질환이 아름답고, 모든 사람이 메이크업을 하든 안 하든 아름답다고 생각한다. 나에게 메이크업이란 옷이 그러하듯 선택적 개성 표현일 뿐이다. 어떤 날은 트레이닝복을 입고 싶거나 메이크업을 하고 싶지 않고, 어떤 날은 멋지게 차려입거나 눈썹을 완벽한 아치형으로 그리는 데 좀 더 공을 들이는 것이다.

오랜 기간 룩 굿 필 베터 재단(암으로 육체적 변화를 겪는 여성들을 돕기 위해 우리가 회사 설립 첫날부터 기부를 이어 온 단체)과 함께 일해 오면서 화장한다는 단순한 행위가 단지 예뻐 보이기 때문만이 아니라 자기관리 측면에서 자신감을 높여 주는 수단으로 가치를 인정받고 있음을 익히 알고 있었다.

나는 내 시간을 무엇과 바꾸고 어떤 일을 할 때 보람을 느끼는지 잘 안다고 생각했다. 착용한 액세서리가 의상과 어울리는지 신경 쓸 때보다 트레이닝복을 입고 있을 때가 훨씬 마음이 편한 날도 있었다. 하지만 그날 메그 휘트먼과 만난 자리에서 깨달았다. 몸매와 체중에서 만큼은 아직 멀었음을 말이다. 기억할 수조차 없을 만큼 오래전부터 그 생각은 행복이 고갈되는 방식으로 내 사고와 시간, 에너지를 갉아 먹고 있었다.

나는 메그 휘트먼과 대화를 나누며 평생 포기해 버린 시간을 떠올렸다. 심지어 그날도 내가 보이는 대로 보이기 위해, 내가 입은 대로 드레스에 맞추기 위해 투자한 시간까지도. 훨씬 더 나은 방식으로 쓸 수 있었던 시간이었다.

오해는 금물이다. 치장하거나 그 밖에 원하는 일을 하며 시간을 들이는 게 잘못됐다고 말하는 게 아니다. 자신에게 맞는다고 생각하는 일을 하면 된다. 어떤 사람은 몇 시간에 걸쳐 치장하며 예술적으로 자신을 표현하는 일을 사랑한다. 그들에게는 그 행위가 영혼을 채워 주기 때문에 시간이 아깝지 않은 것이다.

하지만 그 순간 내게 맞는 일이 무엇인지 진지하게 고민해 봐야겠다고 생각했다. 좋든 싫든 우리는 모든 것을 할 수 없기 때문이다. 그것은 불가능하다. 모든 것을 다하려 한다면 뭔가는 포기해야 한다. 모든 것을 완벽하게 균형을 맞추려 한다면 모든 것을 잃게 될 가능성이 크고 늘 실패했다는 생각에서 벗어나지 못할 것이다.

얻기 위해
양보해야 하는 것들

우리 집 거실에서 창업한 뒤 회사를 성장시키기 위해 10년 넘게 쉬지 않고 일하던 때를 돌아보면, 나도 많은 것을 포기했었기에 그 속도로 회사를 성공적으로 키울 수 있었다. 생각해 보면 성공적으로 모든 일을 균형 있게 해낸 적은 한 번도 없다.

나는 좋은 CEO였지만 원하는 만큼 가족과 친구들과 시간을 보내지 못했다. 파울로에게도 늘 곁에서 소통하는 파트너가 돼 주지 못했다. 몸을 돌보지도 건강에 신경 쓰지도 못했고, 출장을 다닌다고 집을 자주 비웠고 집 안은 대체적으로 엉망진창이었다.

겉으로 보기에는 모든 것이 성공적으로 보일지 몰라도 속은 문드러지고 있었다. 균형이라는 것이 존재하는데, 나는 그것에 실패했다는 생각 때문이었다.

모든 일을 균형 있게 해내는 것은 불가능하다. 인생의 모든 중요한 측면을 균등하게 조직할 수 있다는 의미에서의 균형은 거짓말이다. 그 거짓말이 진실이라고 믿는다면 우리는 항상 좌절감을 느낄 것이다. 그리고 그런 감정에는 더 많은 에너지가 소요되며 곧 더 많은 일을 포기하는 것으로 이어진다.

늘 스스로 패배자라는 생각이 든다는 의미는 자녀들과 함께 있을 때도, 파트너와 저녁 데이트를 즐길 때도, 자기관리를 위해 따로 마련한 시간에도 그런 기분을 느낀다는 뜻이다. 즉, 이러한 순간을 온전하게 만끽할 기회를 스스로 저버리고 있다는 의미이기도 하다. 이 교훈을 좀 더 빨리 알았으면 얼마나 좋았을까 싶다. 하지만 이제는 안다.

우리에게는 어디에 집중하고 에너지를 들일지 스스로 결정할 수 있는 힘이 있다. 하지만 신중하게 선택해야 한다. 선택을 하고 나면 다른 일은 양보해야 하기 때문이다. 내 인생에서 가장 중요하고, 내 시간과 에너지를 집중하고 싶은 일을 선택했다면 그 순간을 만끽할 수 있도록 최선을 다할 기회가 주어진다.

직장에 나가면 올인해서 일에만 집중해라. 자녀나 가족이나 친구와 있을 때는, 휴대전화를 치우고 일 생각은 머리에서 지운 채 가족과 지내는 시간에 올인해 그 순간을 만끽해라. 진정한 자기관리를 위한 시간을 마련했다면 그 순간에 집중해 당당하게 자신의 내면을 채워라.

이 모든 일을 균형 있게 전부 해낼 수 없음을 깨달아야 한다. 그것이 가능하다는 거짓말을 믿는다면, 어떤 순간도 집중하지 못하고 인생의 가장 중요한 부분을 진정으로 만끽하는 기회를 스스로 박탈하고 말 것이다.

모든 일을 균형 있게 할 수 있다는 말은 거짓에 그치지 않고 수많은 소녀와 여성들이 희생되는 일종의 자기 방해다. 그보다 어떤 영역에 집중하고 자신의 에너지를 어떤 의도에 맞게 쓸 것인지 선택하는 힘을 믿어야 한다. 순간을 만끽하는 것 또한 중요하다! 무슨 일이 있어도 적어도 한 가지는 포기해야 하기 때문이다.

메그 휘트먼은 그 순간 자신의 지혜와 조언이 내게 어떤 영향을 끼쳤는지 알지 못할 것이다. 주든 받든 어떤 형태로의 조언은 내 인생에 지대한 영향을 미쳤다. 메그를 만났던 날처럼 우연한 기회에서 얻은 것이든, 동료나 친구 혹은 상사와 지속적으로 이뤄진 것이든, 내가 조언을 해 주는 또 다른 기업가든, 책을 통해 만났거나 한 번도 만나지 못한 멀리 떨어진 사람이든 상관없다.

우리는 모두 서로에게 배울 수 있고, 서로를 가르칠 수 있고, 서로에게 영감을 줄 수 있으며, 서로의 인생에 영향을 끼칠 수 있다. 우리는 한배를 탄 셈이다.

받는 것보다
주는 것이 먼저다

어떤 질문에도 사랑이 답이 되길…

-클리오 웨이드

"전 좋아요. 감사합니다. 오늘 어떠세요?"

나는 상대방의 대답을 기다렸다. 어색한 침묵이 이어지고 바리스타는 의도치 않은 질문에 무방비로 당했다는 표정을 지었다. 습관적으로 휴대폰을 들여다보고 싶은 욕구에 시선을 내리깔려던 찰나 그가 미소를 머금고 답했다.

"마침 오늘이 제 생일이에요. 그래서 기분 좋습니다."

"와, 생일 축하해요."

"고맙습니다. 손님께 처음 말씀드린 거예요."

이런 순간이 좋다. 두 사람이 연결돼 서로를 보고 듣는 순간.

나는 그날 아침 커피를 사기 위해 긴 줄에 서 있으면서 문득 살아 있다는 느낌이 들지 않는다는 생각이 들었다. 생각해 보면, 우리는 원하지 않아서가 아니라 감각이 무뎌지고 바쁘고 다른 일에 정신이 팔려서, 그 누구와도 눈을 마주치지 않고 자동조종장치 모드로 움직여 커피 줄을 선다.

살면서 얻은 인생의 중요한 교훈이 있다. 원하거나 필요한 것이 있을 때 상대에게 먼저 주라는 것이다. 그러면 반드시 돌아온다. 나는 왜 인생의 순간순간을 더 만끽하지 못하는지, 왜 더 많은 기쁨을 누리지 못하는지 궁금할 때가 많았다. 하지만 이 교훈—내가 필요한 것을 먼저 주라는 것—은 그런 생각들을 바꾸는 도구가 됐다. 때로는 가장 간단한 교훈이 우리의 삶을 가장 크게 변화시킬 수 있다. 이 교훈은 내 인생의 지침으로 작용하며 몇 번이나 사실로 판명됐다.

혹자는 "도대체 그게 무슨 말이에요? 내게 없는 걸 어떻게 준단 말이에요?"라고 물을지도 모르겠다. 내 설명을 들으면 이해가 갈 것이다. 그 뒤 나처럼 그것을 실천에 옮기면 아마 획기적이라는 생각이 들 것이다.

진심을 다해
희망을 전하라

내 소중한 친구이자 베스트셀러 작가, 그리고 내가 아는 그 어떤 사람보다도 굉장한 영향력을 소유한 브렌던 버차드에 따르면 누구나 죽기 전에 다음 세 가지 질문을 한다고 한다. "내가 살았나?", "내가 사랑했나?", "내가 중요했나?" 나는 매일 이 세 가지를 이룰 수 있다고 생각한다. 방법은 쉽다. 다른 사람에게 감사함을 표시하면 된다.

매번 진심으로 긍정적인 생각이 드는 상대에게 내 마음이 전해지게 노력한다고 상상해 보자. 여기서 핵심은 100퍼센트 진심이어야 한다는 점이다. 나는 이 행동이 나를 포함해 수많은 사람의 인생을 바꾼다는 사실을 알게 됐다.

커피 줄에서 기다리다가 누군가의 헤어스타일이 멋지다는 생각이 들면, 그 자리에서 얘기해라. 정말로 고마운 사람에게 문자를 보내고, 그 이유를 말해 줘라. 직장 동료가 좋은 아이디어를 내면, 축하해라. 모임이나 행사에서 혼자 있는 사람이 있으면, 먼저 인사를 건네고 내 눈에 그가 들어온다고 말해 줘라. 나는 이런 행동들을 실천하면서 무한한 기쁨을 느꼈다. 더불어 목표도 생겼다.

나는 항상 여성들이 자신감 있게 태어나지만, 그렇게 되지 못하도록 학습한다고 생각한다. 말에는 엄청난 힘이 있다. 때때로 우리는 누군가로부터 우리가 가진 힘을 상기할 필요가 있다. 때때로 우리는 우리 자신을 더 쉽게 신뢰할 수 있도록 누군가로부터 신뢰를 얻을 필요가 있다. 그렇다고 해서 우리가 나약해지는 게 아니다. 그저 우리가 인간이라는 뜻이다.

우리는 공동체 속에서 뒤섞여 살아갈 수밖에 없는 존재다. 우리는 같은 인간으로서, 공유하는 경험 속에서 서로에게 힘을 북돋아 줘야 한다. 우리에게는 각자 상대에게 희망을 줄 수 있는 힘이 있다. 게다가 그것은 무료다! 삶 속에 이것을 실천해 온 덕분에 진정 인생이 바뀔 만한 경험을 할 수 있었다. 그것도 셀 수조차 없을 만큼 많이.

로스앤젤레스에서 열린 자서전 《비커밍》 출간 기념회에 참석한 미셸 오바마 전 영부인을 만났을 때도 이 교훈은 아름답고 강력하게 그 존재감을 드러냈다.

출간 기념회 당일 나는 오전 내내 우느라 눈이 퉁퉁 부어 있었고, 정신을 차리기 위해 애쓰고 있었다. 우리 엄마 니나는 그해 내내 입원과 퇴원을 반복했는데, 그 주에 또다시 응급실에 실려 갔다. 엄마는 '피부경화증'이라고 불리는 자가면역질환을 앓고 계셨다. 몸의 조직이 딱딱하게 굳는 증상이 나타나고, 진행될수록 더 큰 고통을 느끼는 병이었다.

그날 아침 엄마와 함께 구급차에 올라타 엄마가 다시 집으로 돌아오지 못할까 봐 마음을 졸이며 응급실로 향하던 기억이 떠올랐다. 그때를 기점으로 몇 년 전부터 나는, 부모님이 연로해지시거나 건강이 나빠지시면 우리 모두에게 찾아오는 새로운 시기를 지나며 부모님을 염려하고 돌봐야 한다는 책임을 느끼는 감정의 역할 전환을 겪고 있었다. 그날은 특히 엄마를 멀리 떨어진 뉴저지주에 두고 나는 로스앤젤레스에 있다는 사실이 더 힘들게 느껴졌다. 엄마 옆은커녕 가까이에도 있지 못하는 것이 무력하게 느껴졌다.

출간 기념회에도 거의 안 갈 뻔했지만 강인한 성격과 관대한 마음씨를 가진 여성으로서 늘 나와 엄마에게 영감을 줬던 미셸 오바마 여사를 만날 수 있는 기회는 고난 속에서 한 줄기 빛처럼 느껴졌다.

그녀의 연설을 들으러 모인 수만 명의 인파가 스타디움에 입장하는 사이, 내가 소지한 입장권으로 내 친구들과 우리 부부는 정식 행사가 시작하기 전에 열리는 '밋앤그릿(Meet & Greet· 통상적으로 팬이 가수를 직접 만나 사진을 찍을 수 있는 기회를 뜻함)'에 참여할 수 있었다.

도착했을 때 우리는 다른 줄로 가라는 안내를 받았는데 그곳에 도착하니 약 100여 명의 사람들이 이미 오바마 여사를 만나기 위해 기다리고 있었다. 비밀 요원들이 주변을 에워싸고 있었고, 앞쪽에 가까위지자 전화기를 비롯해 모든 소지품을 특별 보안 구역에 꺼내 놓아야 했고, 신호가 떨어지면 오바마 여사가 있는 포토존(특정 배경이 있는 벽 말이다. 왜 있잖은가, 레드카펫 행사에서 유명인들이 포즈를 취하는 사진 뒤에 천편일률적으로 보이는 배경 말이다)으로 가라는 설명을 들었다. 더불어 우리에게는 짧은 인사를 나누고 함께 사진을 찍을 찰나의 시간이 주어지며 어떤 경우에도 명함이나 선물 같은 물건을 건네서는 안 된다는 주의를 들었다.

줄이 움직이며 오바마 여사를 막 만나고 돌아오는 사람들이 보이기 시작했다. 우는 이가 여럿 있었고, 나머지는 자신에게 크나큰 의미가 있는 사람을 만났다는 기쁨에 함성을 지르고 있었다.

잠깐 짚고 넘어갈 게 있다. 이 에피소드는 어떤 정치적 의도나 어떤 정당에 대한 지지와 전혀 관련이 없다. 이제는 너무나 유명해져 버린, 존 매케인 장례식에서 조지 W. 부시 전 대통령이 미셸 오바마 전 영부인에게 사탕을 주는 장면은 내가 꼽는 최고의 TV 명장면 중 하나다.

우리는 우리와 똑같이 투표하지 않고, 우리랑 똑같이 생기지 않고, 우리랑 똑같은 방식으로 사랑하지 않지만, 우리처럼 사랑과 인류애의 힘을 믿는 좋은 사람들을 진정한 친구로 만들 수 있고, 또 그렇게 해야만 한다.

줄이 점점 줄어들면서 오바마 여사가 서 있는 공간의 귀퉁이가 보이기 시작했고, 나는 그 순간 그녀가 어떤 기분일지 궁금했다. 그녀는 미소를 지으며 정중하게 악수를 청했고, 사람들이 짧은 인사를 건네고 함께 포즈를 취하는 순간이 순식간에 지나고 나면 보안팀이 재빨리 그들을 밖으로 안내했다. 마치 기름칠이 잘된 기계가 돌아가는 것 같았다.

내가 경탄해 마지않는 영향력을 세상에 보여 준, 이 놀랍고 강인한 여성에게 무슨 말을 건네야 할지 알 수 없었다. 그 짧은 순간에 어떤 중요한 말을 할 수 있을까?

불현듯 잇 코스메틱 행사에서 우리의 멋진 고객들과 만났던 비슷한 상황이 떠올랐다. 포토월에서 팬이나 고객을 만난 공인 친구들이 해 준 이야기도 떠올랐다. 이렇게 많은 사람 한 명 한 명에게 에너지를 나눠 주고 나서 그녀가 어떤 기분이 들지 상상했다.

나는 그녀가 필요로 할, 기운이 생기거나 기분을 좋게 만들어 주는 말이 하고 싶었다. 내가 필요한 것을 주는 셈이기도 했다. 나는 그날 진정으로 기운을 차리고 싶었기 때문이다. 내 신념을 실천하기 위해 먼저 기도를 올렸다.

"하나님, 부디 제 입에서 올바른 말이 나올 수 있게 해 주세요. 저분이 정말 필요하거나 어떤 식으로든 좋아할 만한 말을 할 수 있게 도와주세요."

나는 내가 하는 말이 그녀에게 도움이 될 수 있길 바랐다. 하지만 내게 다음과 같은 일이 생길 줄은 꿈에도 상상하지 못했다….

곧 내 차례였다. 기대로 가슴이 두근댔다. 언젠가 본 시트콤에서 줄을 서다가 바로 자기 차례가 되기 직전 사람들을 앞으로 보내 '다음이 내 차례'라는 스릴을 계속 만끽하던 캐릭터가 떠올랐다. 거짓말 안 보태고 나도 똑같이 그렇게 하고 싶었다. 비밀 요원들이 별로 좋아하지 않겠지만 말이다. 요원들이 내게 '다음이 내 차례' 자리에서 빠져나와서 미셸 오바마가 있는 쪽으로 가라는 손짓을 했을 때도 나는 무슨 말을 할지 정하지 못했지만 옳은 말이 나올 것임을 굳게 믿었다.

내 눈이 오바마 여사의 눈과 마주쳤을 때 나는 곧장 그녀의 강인하고 따뜻한 존재감을 느낄 수 있었다. 그리고 입을 열려는 찰나, 그녀가 먼저 말을 걸었다. 정말 믿기 힘든 말이었다.

"내면이 환히 빛나는 분이시군요."

포토월에 가까이 갔을 때 미셸 오바마 여사가 내게 말했다. 시간이 멈춘 것 같았다. 너무 놀라서 "감사합니다"라고 말한 것까지만 기억난다. 그 뒤에는 뭐라고 했는지 전혀 모르겠다. 그녀는 또렷하고 친절한 눈빛으로 미소를 짓고 있었다.

경호원들이 대화를 중단하고 즉시 사진을 찍으라고 주의를 줬고, 우리는 그렇게 했다. 그 뒤 나는 다시 그녀에게 감사하다는 말을 했다. 내가 그녀에게 도움이 될 만한 이야기를 전하고 싶었는데, 반대로 그녀가 내게 그런 이야기를 해 줬다. 그리고 내 안에 있는 무엇을 꺼내 내가 특별한 사람처럼 느끼게 했다.

모든 걸 잊어버리고 싶던 날, 내가 누군지 또 내 안에 무엇이 있는지 말해 줬던 것이다. 그 순간, 특별히 힘들었던 바로 그날, 내가 가장 필요했던 말을 정확히 들려준 것이다.

우리가 상대에게 이런 일을 할 때 상대와 그 주변 사람들에게까지도 미치는 영향을 우리는 알 길이 없다. 나는 그날 그곳에서 엄마에게 전화를 걸었다.

"엄마, 미셸 오바마 여사를 만났어."

엄마가 목청을 가다듬었다. 내가 들을 수 있게 있게 힘껏 큰 소리를 내려고 하시는 것이다.

"오, 제이미… 그거 정말 잘됐구나. 어떤 분이었어?"

"정말 대단한 분이었어. 아름다운 건 말할 것도 없고. 엄마처럼!"

필요한 것이 있다면
남에게 먼저 줘라

나는 앞서 볼륨을 낮추고 내 인생에서 왈가왈부하는 게 싫은 사람들에게서 마이크를 뺏음으로써 생기는 힘에 대해 언급했다. 내가 필요한 것을 상대에게 먼저 주는 행위는 내 마이크로 상대에게 희망을 주는 것과 같다. 올바른 사람과 올바른 말의 볼륨을 높이는 것 또한 매우 강력한 힘을 가지고 있다. 그것이 도움이 되는 조언이나 좋은 아이디어, 혹은 영감을 불러일으키거나 기운을 북돋워 주는 순간 등 어떤 형태라도 상관없다.

그날 이후로 누군가로부터 용기나 영감을 얻는 말을 들을 때마다 실천하게 된 일이 있다. 나는 의도적으로 미셸 오바마가 내게 해 준 이야기를 끊임없이 상기하며 마음속에 새겨 넣다시피 하는 방식으로 내 안에 뿌리내리게 했다.

기분이 울적한 날에는 그 말을 기억해서 반복 재생 버튼을 누른다.

우리에게 자신감을 주는 긍정적인 말의 볼륨을 높이는 이 행위는, 필요할 날에 꺼내 쓸 수 있게 도구상자 안에 긍정의 플레이리스트를 만드는 것과 같다.

우리는 모두 내면에 환한 빛을 가지고 있다. 우리 자신을 빛나게 할 빛뿐만 아니라 다른 사람의 아름다움도 비출 수 있는 빛. 우리 중에는 빛이 흐릿해졌거나, 오랫동안 환하게 비추고 있지 못하거나, 빛이 얼마나 강력한지 또 얼마나 밝게 비칠 수 있는지 의심하기 시작한 사람도 있을 수 있다. 아니면 빛이 있다는 사실조차도 까맣게 잊어버린 사람도 있을 것이다.

나는 다른 사람을 솔직하게 칭찬할 때 그 순간 세상은 더 살기 좋은 곳이 된다고 믿는다. 우리는 서로 연결돼 있기 때문이다. 따라서 우리가 주는 것은 되돌아온다. 우리가 진정으로(지어내거나 솔직하지 못해서는 안 된다. 진실해야만 한다) 다른 사람의 기운을 북돋아 주면 우리도 기운이 생긴다! 이것이 황금률(다른 사람이 해 줬으면 하는 행위를 하라'는 종교 원칙)이며 뉴턴의 작용과 반작용의 법칙이다. 당장 우리 눈에 보이지 않더라도 사실이다.

따라서 원하는 것이 있다면, 그것을 얻을 수 있는 가장 좋은 방법은 주는 것이다. 인생에서 이 명제가 그날 미셸 오바마 여사가 내게 했듯, 늘 그 자리에서 분명하게 성립되지 않더라도 언젠가는 반드시 성립된다. 이 교훈은 위인들과 훌륭한 리더를 하나로 묶는 공통분모라고 할 수 있다. 바로 타인을 보고 섬기는 방식으로 사는 인생 말이다. 위대하고 긍정적인 영향을 끼친 사람들 대부분이 이 같은 인생을 살았다.

돌아가시면 가족 모두가 비탄에 빠지는 이모나 할머니, 사람들이 성대한 은퇴식을 열어 주고 아쉬움의 눈물을 흘리는 교사나 교내 청소부—왜 있잖은가, 타인을 보고, 챙기고, 받든 인생을 산 덕에 졸업생들까지도 찾아오는 그런 사람들 말이다—, 인생에서 하루도 더 일할 필요 없는데도 수십 년간 빠지지 않고 토크쇼를 진행한 오프라부터, 승객들이 그날 어쩌면 더는 보지 못할 미소를 보여 주고 인사를 건네겠다는 일념으로 은퇴를 포기한 버스 운전수까지.

다른 사람을 진심으로 대하는 것이 그에게 가장 큰 선물이 되는 경우가 많다. 물론 자기 자신에게도 마찬가지다. 사업을 할 때도 마찬가지다. 상사나 지도자가 할 일 중 하나는 팀원들이 자신의 존재가 눈에 띈다고 느끼게 만드는 것이다. 또한 안전하다고, 자신이 중요하다고 깨닫게 하는 것이다. 그러한 표현은 진정성이 있어야 한다. 그렇게 되면 팀원들의 사기가 올라가고 이직률이 줄어들 뿐만 아니라 나도 내가 준 것을 되돌려 받으므로, 지도자로서 나의 존재감도 더 강력하고 진실하게 보이고, 들리고, 존중받을 것이다. 잇 코스메틱이 극단적으로 저조한 이직률을 유지하는 주요 요인 중 하나이기도 하다. 너무나 간단한 방법인데도 실천하는 곳이 드물다는 사실이 정말 놀랍다. 특히 기업의 지도체제에서 말이다.

내가 필요한 것을 먼저 주는 행위는 간단하지만 강력한 힘을 발휘한다. 의도적으로 행할 때 더욱 그러하다고 장담할 수 있다. 중독성이 강력한 휴대폰 화면에서 눈을 떼고 잠시 그날을 만끽하며 내가 살아있다는 것을 느끼고 다른 사람들을 진심으로 바라보고 그들과 연결돼 있는지 느끼는 것은, 모든 것을 바꿀 만큼 놀라운 경험이었다.

하루가 힘들게 느껴질 때 다른 사람을 기쁘게 하거나 인정하는 것이 괴로움에서 벗어나는 하나의 도구가 됐다. 때로는 내가 그 행동을 충분히 실천하고 있지 않을 때 기분이 좋지 않다는 사실도 알게 됐다.

최고라고 할 수 있는 부분은, 우리에게는 지금 이러한 방식으로 남에게 줄 힘이 있다는 것이다. 친구를 원하면 친구가 되면 된다. 외롭다고 느껴지면 다른 사람에게 소통할 기회를 줘라. 내 목소리가 들리지 않는다는 생각이 들면 다른 사람에게 그들의 이야기를 공유해 줄 것을 청하고 그들의 이야기에 귀를 기울여라. 내가 아름답다는 생각이 들지 않으면 다른 사람에게서 아름다움을 발견하고 그들에게 말해 줘라. 나의 존재감이 보이지 않는다는 생각이 들면 다른 사람으로 하여금 내가 그들을 보고 있다는 것을 알게 해라. 내가 원하는 만큼 물질적으로 소유하고 있지 않거나 부유하지 않으면 곤경에 처한 사람과 내가 할 수 있는 만큼 나눠라.

지금 내 안에 있는 모든 것의 힘을 빌려 먼저 줘야 한다고 믿어라. 내가 원하거나 필요한 것이 있어도 먼저 줘라. 그다음에 어떤 일이 생길지는 지켜보면 알게 될 것이다.

15 여성들이여, 서로의 성공을 함께 축하하라

"그 원피스 참 이쁘다."

"세일해서 산 거야."

"그걸 해내다니 정말 대단해!"

"다른 사람들이 많이 도와줬어."

"넌 정말 아름다워."

"말도 안 돼. 살이 얼마나 많이 쪘는데."

"남편분이 참 사려 깊으시군요."

"그렇긴 한데 전구 하나 바꿔 낄 줄 모르는 걸요."

"헤어스타일 근사한데!"

"니무 지저분해서 어쩔 수 없이 질렀어."

"아이가 정말 똑똑해요."

"아, 그런데 말썽꾸러기라 집안이 엉망진창이에요."

"넌 피부가 정말 좋다."

"농담이지? 여기 여드름 난 거 보이지?"

칭찬을 듣고 나를 깎아 내리는 식으로 대응한 적이 있는가? 여성들은 성공이 아닌, 인지된 문제가 있을 때 서로 가까워지는 경우가 많다. 우리는 어릴 적부터 개인적인 승리에 대해 말하면 유대가 끊어지기 때문에 그때는 고립될 위험을 감수해야 한다고 배운다.

여성들은 흔히 몸을 사리고 친절하고 겸손하게 굴고 상대를 화나게 하지 말라는 말을 들으면서 자란다. 나도 한편으로는 대담하고, 용감무쌍하고, 반항기가 있고, 바닥부터 시작해 회사를 성공적으로 키워 낸 끈질긴 집념이 가득하고, 그것이 어떻게 가능했는지 다른 사람들과 공유하고, 조언하고, 영감을 주면서 그들의 자신감을 북돋워 주는 일을 좋아하지만, 다른 한편으로는 내 성공 스토리를 이야기하는 것이 잘난 척하는 것이라는 생각에 불편함을 느끼도록 학습되어 왔다.

무엇보다 금전적인 성공은 절대로 말해서는 안 되며 재산과 관련해서는 어떤 것도 개인적으로 또 은밀하게 다뤄야 한다고 배웠다. 마치 그것이 병원 기록이라도 되는 듯 말이다. 자신의 성공에 대해서 떠벌리는 사람은 오만하고 불안감에 쫓기는 무례한 사람이라는 생각이 들게 자랐다.

〈포브스〉에서 나를 '가장 부유한 자수성가 여성' 명단에 올리겠다는 연락을 받았을 때도, 나는 무시하고 회사의 홍보 팀장에게 내 순자산에 대해 어떤 언급도 하지 않겠다는 뜻을 전하라고만 일렀다. 내가 참여하지 않으면 나를 제외할 것이라고 생각했기 때문이다. 뜻밖에도 기자가 다시 이메일을 보내 와, 구체적인 자료를 수집해서 내 순자산을 추산했으며 내 확인과 관계없이 기사화될 것이라고 했다.

'이런 젠장!'

순간적으로 든 생각이었다. 심장 박동이 빨라지면서 나는 나머지 부분을 읽어 내려갔다. 기사가 무조건 나갈 것이기 때문에 내 구체적인 자산을 확인해 주는 것이 가장 이상적일 것이라고 했다. 나는 경악했다. 머릿속에서 온갖 생각이 빠르게 스쳐 지나갔다.

'〈포브스〉가 어떻게 내 실제 순자산을 알아 낸 거지? 회사를 팔 때 일 처리를 도와준 은행가와 변호사가 많았는데 이런 정보를 누가 유출한 걸까? 이런 개인적인 사안을 절대 확인시켜 줄 수 없어! 아, 이런. 기사가 나가면 내 인생이 어떤 타격을 받을까?'

로레알이 잇 코스메틱 인수 소식을 보도자료로 내며 현금 12억 달러라는 정보를 공개한 뒤, 뉴스에 오르자마자 난데없이 사람들이 나타나 담보 대출금을 상환해 달라고 요구하거나, 고소하겠다고 협박하거나, 돈을 갈취하려 하거나, 병원비를 대신 내 달라고 하는 바람에 곤욕을 치렀다. 회사 매각 대금은 그렇다 치고, 내 개인적 순자산을 공개하는 것은 별개였다!

나는 〈포브스〉 기자에게 어떤 확인도 하지 않을 것임을 분명히 전달했다. 사실 쉽지 않은 결정이었다. 집에서 쿠키를 구워 학교에 가져가 한 봉지에 1달러에 팔던 꼬마 사업가 시절에도 나는 〈포브스〉 표지를 장식하고픈 꿈이 있었기 때문이다. 사실 〈포브스〉가 내가 누구인지 안다는 것만으로도 꿈처럼 여겨졌다.

우리 회사가 큰 성공을 거둘 수 있었던 배경에는, 훌륭한 제품과 문화를 바꾸고 나아가 모든 여성을 대신해 뷰티 업계를 바꾸겠다는 진실된 임무가 있었다고 나는 믿는다. 그 임무에 대해 〈포브스〉에 말할 수 있다면 정말 멋진 일이 될 것이며 속도가 붙을 수도 있었다. 게다가 사업가로서 걸어온 내 고된 여정이 누군가에게 희망을 줄 수 있을지도 모를 일이었다.

그래서 나는 기자에게 내 이야기는 기꺼이 나눌 마음이 있지만 개인 자산에 대해서는 절대 언급하지 않겠다고 말했다. 그리고 절대 언급하지 않았다. 그녀는 약속을 지켰고 인터뷰에서 그 주제를 입에 올리지 않았다. 그리고 아름답게 쓰인 기사는 희망적이었고 다른 사업가들에게 도움이 되겠다는 의도를 분명히 했다.

그럼에도 불구하고 그녀는 내 순자산을 기사화할 수밖에 없으며 내가 정보를 제공하지 않았기 때문에 공개된 자료를 토대로 그들이 추산한 숫자가 보도될 것이라고 말했다.

〈포브스〉가 내 순자산을 정확히 알 방법이 전무했다. 회사를 매각하고 그 돈을 고스란히 차지하는 사람이 있는가 하면, 투자자에게 돈을 지불하고 나면 수중에 몇 달러도 남지 않는 사람이 있다. 따라서 〈포브스〉가 할 수 있는 일은 수집한 자료와 자신들이 맞는다고 믿는 정보와 통견을 바탕으로 최선의 추측을 하는 것뿐이었다.

〈포브스〉 명단이 발표된 날, 결국 기사에 실리고 말았다. '제이미 컨 리마, 잇 코스메틱 CEO' 그 옆에는 그들이 추측하는 내 순자산이 적혀 있었다. 직원이 막 출간된 잡지를 내 사무실에 가져다줬고 나는 초조해진 나머지 입에서 "아오, 젠장!"이라는 말이 불쑥 나왔다. 회사를 설립할 때만 해도 하나님께 가장 의미 있는 일에 나를 사용하시고 유익하게 쓰일 수 있게 해 달라고 빌었는데… 이제는 사무실에서 큰 소리로 '젠장'이라고 소리치고 있다.

이 일로 내가 왜 이렇게까지 반응하는 걸까? 한편으로는 명단에 오른 게 자랑스러우면서 (자만심인 걸까?) 다른 한편으로는 다른 사람들에게 오만하고 잘난 척하는 것으로 비칠까 봐 부끄럽고 당황스러운 걸까? '데니스 다이너에서 웨이트리스를 하던 시절 내가 진정 〈포브스〉 명단에 오를 수 있으리라고 믿을 수 있었을까?' 잠깐 옹졸한 생각이 스쳤다. '나를 믿어 주지 않았던 사람들이 이 기사를 봤으면!' 하는 생각도 들었다.

나는 늘 루이스 하우즈(Lewis Howes)가 주장한 '진짜 억만장자는 억만 명의 사람에게 긍정적인 영향을 미치는 사람'이라는 원칙을 믿었다. 비욘세, 테일러 스위프트, 메그 휘트먼, 오프라 윈프리도 명단에 있었고, 내가 엄청난 영향을 미치는 여성 집단에 포함된 것이란 걸 알 수 있었다.

금전적인 성공을 거둔 뒤 가장 좋은 점 중 하나는 다른 사람을 도울 수 있다는 점이다. 파울로와 내가 회사를 소유하고 있을 때와 매각한 이후에도 변하지 않고 해 온 일이다. 사람들을 돕는다는 목적이야말로 내 열정에 불을 붙이는 일이며 매일 아침 나를 침대에서 벌떡 일어나게 하는 힘이다.

나는 성공을 돈의 액수나 직함으로 따지지 않는다. 성공은 얼마나 의미 있는 봉사를 하느냐가 기준이 되어야 한다고 생각한다. 하지만 그게 내가 사업적이고 금전적인 성공을 공적으로 축하하고 싶지 않은 진짜 이유일까? 아니면 정말 내가 여자라서 '겸손'이라는 미명하에 내 능력을 드러내지 말라고 내면에 각인될 것일까?

모든 사람에게
영감을 줄 기회를 놓치지 마라!

고백할 게 있다. 지난 3년 연속으로 〈포브스〉 명단에 오른 이래 내 공개된 이력에는 '제이미는 〈포브스〉가 선정한 '가장 성공한 자수성가 여성'에 이름을 올렸다'라고 돼 있었다. 실제 명단은 '가장 부유한 자수성가 여성'이었다. '가장 성공한'이 더 고상하고 겸손해 보인다는 생각에서 그렇게 바꾼 것이다. 내가 TV에 출연할 때마다, 기조연설을 할 때마다, 상을 받을 때마다 우리 회사 홍보팀이 제공하는 내 이력에는 '가장 부유한'이 '가장 성공한'으로 바뀌어 있었다.

그러다가 올해 큰 깨달음이 찾아왔다! 머리를 한 대 얻어맞은 것처럼 '내가 지금까지 뭘 한 거지?'라는 생각이 든 것이다. 소녀와 여성들이 사실상 돈이 하나도 없는 상태에서 시작해 자수성가한 여성인 내가 〈포브스〉의 '가장 부유한 자수성가 여성' 명단에 오른 것을 보는 것이 큰 의미가 있다는 생각이 들었다.

어떤 일이 가능하다는 것을 보고 나면 그것을 성취하는 상상을 하기가 훨씬 쉽기 때문이다. 예를 들어, 오프라가 무슨 일을 하는지 보면서 나도 터무니없을 정도로 큰 꿈을 이룰 수 있을 것이라고 굳게 믿었기 때문이다.

진정으로 문화를 변화시키기 위해서는 소녀와 여성들이 자수성가

한 여성이 사업적으로 또 금전적으로 크게 성공하는 모습을 볼 수 있어야 한다. 나는 10년 동안 집념과 기도를 동력 삼아 일주일에 100시간씩 일했다. 8년 넘게 연 200회 이상 TV 생방송에 출연하며 대기실에서 눈 붙인 날이 셀 수 없을 정도다.

그리고 수년간 전방위에서 수없이 거절당했다. 두려움을 더 큰 신념으로 극복하면서 거듭되는 거절의 말이 자기의심으로 이어지지 않게 노력해야 했고 그것이 결국 승낙으로 이어지게 일조했다.

왜 나는 이런 성과를 축소하고 심지어 감추기까지 한 걸까? 내가 왜 스스로 내 빛을 흐려 왔을까? 왜 다른 여성들을 위해 가능성의 길을 밝힐 수 있는 기회를 알아차리지 못했을까?

〈포브스〉 기자에게 내 순자산에 대해 어떠한 언급도 하지 않겠다고 말했을 때, 그녀는 명단에 있는 다른 여성도 마찬가지라는 말을 했었다. 덧붙여서 남성들은 명단에 오른다는 소식을 들으면 보통 정반대의 반응을 보인다고 했다. 나는 그게 어떤 의미인지 물어봤고, 그녀가 대답하기를, 남성들은 대체로 명단에 오르길 원할 뿐만 아니라 자신들의 순자산이 〈포브스〉가 추산한 것보다 훨씬 더 높아야 한다고 불평하면서 그것을 증명하기 위해 재무 기록을 제공하는 등 온갖 시도를 한 뒤 순자산액과 랭킹을 높여 달라고 요구한다는 것이었다.

여성과 남성의 일반적인 반응이 이렇게 다르다니 놀랍지 않은가?! 아니, 그렇지 않을 수도! 여성들은 오랫동안 몸을 사리며 성공의 사회적 이상에 맞춰 아름답고 상냥해야 한다는 가르침을 받아 왔다. 또한 여성은 남자 동료보다 직업적으로나 금전적으로 성공할 수 없다고 배운다. 그런 역학이 관계를 파괴하기 때문이다. 이와 비슷하게 남성들은 금전적인 성과만을 성공의 잣대로 삼아야 한다고 배운다. 또한 자신들이 가족의 생계를 책임져야 한다고 생각한다.

우리의 의식은 이러한 기준이 시대에 뒤떨어진 제한적 믿음이라는 사실을 자각하지만, 우리의 무의식은 아직 이러한 믿음을 진실로 착각할 수 있다. 사회와 선한 의도를 가진 가족까지 그것을 진실로 받아들이게끔 만든다.

이걸 생각해 봐라. 모든 세대가 사용하지만, 특히 밀레니얼 세대나 그 아래 세대가 주 사용자인 현대적 플랫폼 인스타그램에서 조회 수가 가장 높고 흔하게 볼 수 있는 사진 중에서 선망의 대상이 되는 여성의 사진은 보통 몸매나 외모에 역점을 두거나 완벽한 엄마의 모습을 보여 준다. 반면, 남성들은 금전적 혹은 직업적인 성과나 성공과 돈의 상징—멋진 자가용, 비행기 혹은 직업—을 드러내는 사진을 찍는다. 설령 크게 자수성가한 여성—특히 여성 연예인—을 보더라도 그들이 여전히 몸을 사린다는 것을 알 수 있다.

유명 할리우드 커플의 사진에서, 남자친구보다 훨씬 더 큰 성공을 거둔 여성이 비키니를 입고 자세를 취하고 있는 한편 옷을 다 입은 남자가 비행기 앞에서 그녀보다 더 높은 위치에 서서 팔짱을 끼고 있는 모습을 본 적이 있다. 물론 우리는 원하는 사진을 포스팅하고 원하는 옷을 입고 원하는 대로 자신의 정체성을 표현할 수 있다. 비난을 하려는 게 아니다. 유명 소셜미디어 플랫폼에서 금전적으로, 사업적으로, 리더로서 성공한 여성들의 사진을 좀처럼 찾아보기 힘들다는 점을 언급하고 싶을 뿐이다.

소셜미디어 피드에서 책상 앞에 앉아 있거나 이사회를 주재하거나 정장을 갖춰 입은 여성의 사진이 널리 공유돼 수백만 개의 '좋아요'를 받는 모습을 마지막으로 본 것이 언제인가?

각자의 소셜미디어 피드에서 누가 보이는지는 우리가 결정하고, 자유 의지로 팔로우할 사람을 고른다. 우리가 온라인에서 누군가를 팔로우하는 것에는 그 사람이 동의하는 것, 즉 무엇을 재미있다고 생각하는지와 성공과 가치를 어떻게 정의하는지 등으로 우리 자신의 에너지를 채우겠다는 의미도 있다.

만일 비즈니스적 영감이나 동기를 얻기 위해 누군가를 팔로우한다면 이것을 명심해라. 내가 하고 싶은 일에 관해 이야기를 잘하는 사람이 아닌, 실제로 그 일을 한 사람을 팔로우해라.

나는 가끔 내가 팔로우하는 사람들의 목록을 살펴보다가 잠시 멈추고 그의 콘텐츠를 보면서 내가 느끼는 기분이 어떤지 스스로에게 물어본다. 내게 영감을 주고, 기운이 생기게 하고, 영혼을 채우는 게시물인가? 아니면 부족하고, 허전하고, 가치 없다는 생각이 들게 만드는 게시물인가?

내가 팔로우하는 사람을 자주 점검하면서 내 삶을 파고드는 에너지와 영향력을 스스로 결정해야 한다. 이런 행동은 내 안의 평화와 긍정성, 잠재력을 보호해 줄 것이다!

문화를 바꾸고 계속되는 고루한 기준을 멈추게 하기 위해서는 소녀와 여성들이 성공의 새로운 그림을 보는 것이 정말 중요하다. 남자들도 마찬가지다. 내게는 그것이 〈포브스〉의 '가장 부유한 자수성가 여성' 명단에 오른 것의 힘이다!

우리 모두에게, 특히 다음 세대에게 '성공한 여성 사업가'라는 개념이 너무 익숙해서 유행하는 다이어트보다 비즈니스에 도움이 되는 조언이 더 빠르게 퍼진다는 걸 상상만 해도 얼마나 멋진가!

나는 비로소 〈포브스〉 명단과 같은 것이 그런 일이 일어날 수 있게 만드는 원동력이 된다는 사실을 깨달았다.

다른 사람의 성공을 나의 성공으로 여겨라

나는 여전히 내 실제 순자산을 밝히지 않고 그에 대한 어떤 언급도 삼가지만, 내가 〈포브스〉의 '가장 부유한 자수성가 여성' 명단에 오른 것을 더는 숨기지 않는다.

우리의 승리, 업적, 심지어 작은 성과를 알리는 것조차 직관에 어긋나는 일임을 나도 잘 안다. 우리는 겸손해지라는 가르침을 받았고, 여자아이였을 때 이후 성인 여성이 되어서도 우리의 성과를 말하는 것은 생색 내는 일이며 부적절한 처신이라고 배운다. 큰 성과도 작은 성과도 최소화하라고 배운다. 우리는 우리 자신의 재능과 능력을 감춰야 한다고 배운다.

심지어 이르면 초등학생일 때부터, 나는 답을 알아도 손을 들지 않았다고 기억한다. 고등학교에서 '미루기 대장'으로 뽑혔을 때도, 물론 과제를 미루고는 있었지만 세 가지 일을 병행하고 자동차를 살 수 있을 정도로 저축했다는 사실을 아무에게도 말하지 않았다. 대학에 가서도 나만 댄스 동아리에 들어가고 내 친한 친구는 들어가지 못했을 때도, 나는 친구를 위로하며 심사위원이 큰 실수를 했고 나는 그냥 운이 좋았다고 말했다.

우리는 살이 찌고, 다이어트에 실패하고, 다른 사람에게 부당한 대우를 받고, 소셜미디어에서 보정한('가짜'라고 할 수 있는) 사진이 얼마나 잘 나왔는지로 친목을 다진다. 솔직히 말해 모임에 나와서 친구가 "난 뭘 먹어도 살이 찌지 않는 체질이야. 진짜 좋아" 혹은 "내 결혼 생활은 아무 문제 없어. 남편이 오늘 집안일을 다 해 놓고 사랑한다는 쪽지를 써 줬어" 아니면 "내가 커피숍 앞에 도착했을 때 주차하기 딱 좋은 자리가 마침 생겼는데 미터기에 돈도 남아 있었지 뭐야!" 따위의 말을 한다면 어떻게 될까? 우리는 틀림없이 그가 자랑한다고 생각할 것이며, 그 반응이 우리가 어떤 식으로 사회화됐는지 보여 준다.

우리는 청바지 단추를 잠글 수 없었다거나 집 안이 지저분하다고 불평할 때 다른 여성들로부터 즉시 공감을 얻는다는 사실을 재빠르게 습득했다. 여성을 옹호하는 입장이라고 해도, 여성들이 성공이 아닌 인지된 문제와 나약함에 유대한다는 사실을 부인할 수 없을 것이다.

성공을 거론하는 것은 으스대는 것이고 다른 여성들과 연결이 끊어져 고립될 것이라는 두려움은 이제 끝나야 한다! 또한 내가 봤을 때 여성들의 이러한 행위는 서로에게 위협이 되는 경쟁 상대가 아니라는 신호를 주기 위해서이기도 하다. 그런 걱정까지 해야 한다니 정말 짜증 난다.

남성들의 사회화는 다르다. 남자들은 성공하면 서로 보상해 주고 축하해 주도록 배운다. 운동을 해서 근육이 생겼다든지 좋은 자리에 주차하고 미터기에 돈이 남아 있다든지 말이다. 남자들이 자신을 깎아내리면서 보상을 얻는 경우를 본 적 있는가?

우리 자신을 위해, 우리의 자매, 엄마, 이모, 새엄마, 할머니, 증조할머니, 딸, 손녀, 그리고 모든 여성을 위해 우리는 이러한 문화를 바꿔야 한다. 서로의 성공을 축하해 주고 자기 성공처럼 '그녀의' 성공을 축하해야 한다.

여성이 느끼는 '결핍'의 개념을 기억하는가? 탁자에 다른 여성이 앉으면 내 자리는 없다는 생각 말이다. 그것처럼 다른 여성이 성공하면 왠지 나는 그렇지 못한다고 생각하는 경우가 많다. 실제로는 그와 정반대다. 다른 여성이 성공하면 할수록 내가 성공할 자리와 기회도 늘어난다. 우리 자신의 성공과 다른 여성의 성공을 축하하면 할수록, 소녀와 여성들이 볼 수 있는 사례도 많아지는 것이다.

우리는 이 문화를 바꿔야 하고, 그 변화는 나와 여러분으로부터 시작되어야만 한다. 지금 당장. 동의하는가? 미리 말해 두지만 쉽지는 않을 것이다. 하지만 반드시 바꿔 나가야만 한다. 이 문제를 중심으로 변화를 끌어내고 문화를 바꾸기 위해서는 '나'의 성공이 '그녀'의 성공이라고 믿는 것이 너무나 중요하다!

'나'의 힘은 '그녀'의 힘이다! 때로는 '나의' 성공이 다른 여성에게 그들도 가능하다는 믿음의 근원이 되기도 한다.

따라서 다음번에 성공을 거두거나 좋은 일이 생기면, 그 크기와 상관없이 다른 사람과 나누고 함께 축하해라. 그러기에 앞서 불편한 기분이 들면 이 책을 다시 집어 들고 이 장을 다시 읽기 바란다! 크든 작든 자신의 성공을 공유하고 함께 축복해라. 당당하고, 자신 있게.

다른 사람이 언짢아지거나, 불편해하거나, 자존심이 상하는 것을 걱정하며 자신만 알고 있으려는 유혹에서 벗어나라. 상대가 정말로 그렇게 반응할지도 모르지만 괜찮다. 드러내자니 자신이 너무 오만하게 느껴지고, 다른 사람이 불편해하거나 자신을 좋아하지 않게 될까 봐 걱정된다는 게 어떤 얘긴지 나도 잘 안다. 우리는 자라면서 그런 기분을 느끼도록 학습했다.

때로는 내게 일어난 좋은 일이나 성과에 관해 얘기하면 개중에는 분명히 불편해하거나 불안해하거나 내가 자만하고 있다고 생각하는 사람이 있을 것이다. 우리는 자라면서, 나서지 말고 상냥하고 목소리를 낮추고 다른 사람을 기쁘게 하라는 가르침을 받았기 때문이다. 하지만 잘 생각해 보면, 다른 사람을 기쁘게 하는 행위는 표면적으로는 겸손하고 정감이 갈 수 있지만 나 자신을 움츠러들게 만들기 위한 문화적인 가르침의 형태라고 볼 수 있다.

나 자신을 계속 깎아내리면서 어떻게 꼭대기에 우뚝 설 수 있겠는가? 그런 행동으로 일부 사람들을 더 편안하게 느끼게 할 수도 있지만, 중요한 것은 그들이 아니다. 따라서 다른 사람들을 편안하게 만들기 위해 내 이야기에서 영감을 얻고, 이야기를 보고 들으면서 자기 자신도 가능하다고 여길 다른 사람들의 기회를 박탈하지 말길 바란다.

나는 몸을 사려야겠다는 느낌이 들 때마다 그것은 나에 관한 것이 아니며, 어떤 성공도 다른 여성에게는 영감과 해방의 순간이 될 수 있다는 사실을 상기하려고 노력한다. 그리고 그런 의도를 가지고 내 성공을 다른 사람과 공유한다. 또한 그러한 행동은 다른 소녀와 여성들을 돕고 영감을 주기 위한 일뿐만 아니라 나 자신, 그리고 내 안에 있는 어린 나를 위한 일이기도 하다.

작은 소녀였을 때 우리는 우리 자신이 누군지, 우리가 무엇이 될지 두렵고 혼란스러웠을 것이다. 이제 어엿한 여성으로서 어린 나 자신을 찾아가 손을 내밀어 보자. 자신에게 내재하는 힘과 아름다움을 의심하고, 답을 알아도 조용히 있을 것을 학습하면서 상처가 되는 말들을 믿기 시작한 소녀, 그 소녀에게 다가가 이렇게 말해 보자.

"나와 함께 가자. 우리는 이제 강인하단다. 너는 혼자가 아니야. 넌 정말 아름다워. 하나님께서 네 안에 환히 빛날 빛을 주셨단다. 넌 얼마든지 목소리를 내고, 답을 말하고, 너무 환히 빛나서 세상을 밝힐 빛을 뿜어 낼 자격이 충분하단다."

나만의 빛을 흐리지 마라. 무슨 일이 있어도! 내 빛이 흐려지면 그녀의 빛도 흐려진다! 내 안에서 환히 빛날 빛의 힘을 믿어라. 거기에 그녀의 미래, 나의 미래가 달려 있다!

16

기적을
꿈꿔라

애야, 네겐 언제나 힘이 있단다.
그저 그 힘이 있다는 사실을 스스로 알아내면 된단다.

_착한 마녀 글린다, <오즈의 마법사>에서

내가 기억하는 한 아주 오래전부터 언젠가 오프라를 만날 것이라고
믿었다. 내가 어린아이였을 때 그녀는 내 TV 멘토였다. 어릴 때 집에
혼자 있을 때가 많았고, 오프라는 내 언니, 친구, 멘토, 이모, 그리고
가장 좋아하는 선생님이었다. 그녀의 방송을 통해 그리고 그녀가 자
신만의 투쟁, 불안감, 신념, 행복, 승리, 고통에 대한 이야기를 대중들
과 나누는 용기를 통해 나는 혼자가 아니라는 사실을 깨달았다.

수많은 내 친구들에게도 오프라는 같은 역할을 해 줬다. 너태샤가
어렸을 적에 TV에서 자신과 닮고 자신처럼 머리가 곱슬곱슬한 여성
은 오프라 말고 거의 없었다. 그래서 거실에 앉아 매일 오프라를 보며
그녀는 자신도 언젠가 자신의 TV 프로그램을 진행하고 또 곱슬곱슬
한 머리를 해도 괜찮을 것이라고 믿었고, 결국 그렇게 됐다!

나와 내 친구들이 자라면서, 그 밖에도 내가 아는 수많은 여성들에
게 있어서 우리 인생의 선생님과 멘토가 돼 준 오프라의 역할은 한 번

도 변한 적이 없다. 나는 그녀가 현존하는 가장 위대한 스승이라고 믿는다.

내가 아는 모든 사람처럼 나는 늘 그녀를 만나는 꿈을 꿨다. 대체로 내가 아는 모든 사람과 다르게 나는 진정 그런 일이 일어날 것이라고 믿었다. 내가 비록 내 인생에서 공과금을 제때 내기 힘들었던 적이 숱하게 많았지만, 오프라가 내 인생의 문제를 해결해 주거나 공과금을 대신 내 주길 꿈꾼 적은 한 번도 없다. 차를 사 줬으면, 하고 바란 적도 없다. 그저 어떤 식으로든 우리가 연결돼 있다는 느낌을 받았다.

어딘가 나 같은 평생 시청자가 있다면, 1988년 바버라 월터스 인터뷰에서 오프라가 한 말을 기억할 것이다.

"전 언제나 저 자신이 위대해지리라는 사실을 알고 있었습니다."

내가 열한 살 소녀였을 당시, 이 인터뷰를 보며 나도 마음 깊숙한 곳에서 아주 비슷한 기분이 든다고 느꼈다. 이 발언 이후에 오프라는 언론의 맹공격을 받았는데, 예상을 벗어난 일이 아니었다. 당시만 해도 여성들이 그렇게 자신만만하게 말하는 게 흔치 않았으니까. 사회는 여성들이 자신의 빛을 환히 비추려고 할 때마다 반응한다.

여러분 중에 오프라 팬이 있다면 그녀가 햄버거를 그만 먹어야겠다고 말한 뒤 쇠고기 업계로부터 소송당한 '햄버거 소송'을 기억할 것이다. 다른 사람들이 이 주제에 대해 어떻게 생각하는지 모르겠지만 나는 거기에 대해서는 별다른 생각이 없었다. 당시 나는 열아홉 살이었는데, 그저 '세상에, 정말 굉장한 일이야!'라고 감탄하며 여러 측면에서 이건 굉장한 일이라고 생각할 뿐이었다.

얼마나 그 영향력이 대단했으면 여성이 공중파 방송에서 자신의 의견을 말했다는 이유로 소송을 당했을까? 그것도 그냥 여성이 아니라 흑인 여성이! 나는 그것이 의미 있는 일이며, 또 모든 여성의 승리와 다름없다고 생각했다.

그녀가 또 '당신의 영혼을 기억하세요'라는 코너를 시작한 뒤 언론의 공격을 받던 일을 기억할지 모르겠다. 그때 언론은 오프라가 사람들을 종교적으로 현혹한다고 맹비난했다. 그때까지만 해도 영성과 마음챙김이 지금처럼 주류에 편입돼 있지 않았다. 오프라는 언제나 시대를 앞서갔고, 다른 토크쇼나 진행자들이 하는 일로 주의가 산만해지지 않았다. 다른 방송의 시청률이 더 높을 때조차도.

나는 그때 얻은 교훈이 내 안에 뿌리를 내려서 잇 코스메틱에서도 활용할 수 있었다고 확신한다. 나는 직원들에게 늘 눈가리개를 하고 우리의 경쟁자들이 하는 일을 못 본 척하라고 말해 왔다. 또한 잇 코스메틱의 성공을 위협하는 가장 큰 요소는, 경쟁자에 휘둘려서 집중력이 깨지거나 그들의 성공이 우리의 진실된 임무와 우리만의 비법 소스를 희석시키는 것이라고 강조했다.

오프라의 예시를 통해 이러한 교훈을 회사에 심을 수 있었다. 그리고 지금도 확실한 것은, 만일 우리가 다른 경쟁자가 무엇을 하는가에 몰두해서 우리의 집중력이 깨졌다면 우리는 절대 수십억 달러 가치를 지닌 브랜드로 성장할 수 없었을 것이다.

오프라를 만난 적은 없지만 그녀가 내 인생에 얼마나 많은 영향을 끼쳤는지 충분히 설명됐을 것이다. 하지만 진짜 놀라운 일은 이제부터다. 나는 털끝만큼도 예상하지 못했다. 갑자기, 번아웃 상태로 축 늘어져서 샤워조차 하지 못한 날 내가 오프라를 만나게 될 줄은!

어떻게 그 일이 일어났는지, 그 일이 일어나고 어떻게 됐는지 말해 보겠다. 그 뒤에 일어난 일이 더 극적이다. 어쩌면 그 반대일 수도. 어찌 됐든, 이 시점에서 이보다 극적인 상황이 뭐가 있겠는가?

당신 안의
기적을 깨워라

정신없이 바쁜 가운데 내 마흔 살 생일이 다가오고 있었다. 나는 로스앤젤레스에서 오프라의 '슈퍼소울 세션(SuperSoul Sessions)' 행사가 열린다는 소식을 듣고 나와 몇몇 친구들의 티켓을 사 놓은 상태였다. 출장차 LA에 갈 일이 있었기 때문에 타이밍이 딱 맞아떨어졌다.

이전에 딱 한 번 플로리다의 스타디움에 열린 오프라의 '리브 유어 베스트 라이프(Live Your Best Life)' 투어에도 참여한 적이 있다. 이번 행사가 열리는 곳은 UCLA 캠퍼스 내 위치한 극장이었고, 오프라가 연사를 하고 손님을 초청해 무대 위에서 인터뷰하는 방식으로 진행될 예정이었다.

행사가 있는 날 아침, 기대가 너무 커서 과로로 인한 피로도 거의 느끼지 못했다. 나는 내가 가장 아끼는 초록색 원피스를 입고 플랫슈즈를 신은 뒤 나중에 갈아 신을 하이힐을 핸드백에 넣었다. 나는 방송에서는 늘 하이힐을 신고 업무 회의에 참석할 때도 대부분 그렇게 그렇게 했고, 그날도 카메라가 객석을 쭉 비출 것을 알기에 그때를 대비해서 준비한 것이다.

나는 머리를 뒤로 넘겨 하나로 묶었고, 내가 가장 아끼는 '그녀는 할 수 있다'고 믿었다. 그래서 '해냈다'라는 문구가 새겨진 반지와 팔찌를 착용했다. 나는 영감을 주는 명언을 가까이 둬야 한다고 믿었다.

그날 오전, 지가가 말하기를, 비서로 일하는 친구가 내가 산 좌석보다 더 좋은 좌석을 구해다 줘서 티켓이 바뀌었다고 했다. 그게 전부였다. 이후 내게 무슨 일이 생길지 전혀 알지 못했다.

행사장에 도착해서 좌석으로 이동해 보니 정말 좋은 자리였다. 왼쪽에 복도를 끼고 앞에서 다섯 번째 줄 가운데였다. 지가에게 새삼 고마운 생각이 들었다. 좌석에 편히 자리를 잡았을 때쯤 금발 머리를 한 젊은 여성이 지가에게 인사를 한 뒤 내게 자신을 소개했다.

"안녕하세요, 저는 오프라의 수석보좌관 에이미라고 해요. 지금 앉아 계신 자리는 오프라가 배정한 좌석이고요, 이따 점심시간에 다시 와서 오프라를 만날 수 있게 해 드리겠습니다."

"뭐라고요?"

내 입에서는 그 말밖에 나오지 않았다. 이것은 꿈인가? 고개를 돌리자 지가의 눈에 눈물이 맺혀 있었다. 에이미가 물었다.

"모르고 계셨어요?"

"뭘요?"

"직접 말하는 게 좋겠어요."

그녀가 지가를 쳐다 본 뒤 말했다.

알고 보니 지가가 오프라의 수석보좌관에게 사연을 써서 보낸 것이었다. 지가가 어떤 마법을 썼는지는 모르지만, 어찌 된 셈인지 에이미가 편지를 읽고 오프라에게 전달했다.

지금까지도 지가는 편지에 정확히 뭐라고 썼는지 말해 주지 않았지만, 입사 후 첫 주에 나와 함께 차를 타고 스타벅스에 커피를 사러 갔다가 종이컵 홀더에 쓰인 오프라의 명언을 보고 내가 아주 오래전부터 오프라를 인생 멘토로 삼은 뒤 어떤 영향을 받았는지 줄줄 읊었다는 이야기를 썼다고 얘기해 줬다. 그때 지가가 자신은 오프라의 팬이 아니라고 하자 나는 화들짝 놀랐다. 나는 오프라가 현존하는 가장 위대한 스승인 이유를 줄줄 나열했고 지가도 점점 오프라를 존경하게 됐다. 지가가 편지에 이 이야기를 쓴 게 틀림없었다. 거기에 내 개인적인 이야기를 덧붙여 내가 다른 사람들을 위해 한 일과 나와 오프라가 만나게 해 주는 일이 자신이 할 수 있는 가장 큰 선물이 될 것이라는 얘기도.

지가는 비서로 일하는 친구들이 많았지만 오프라 스태프 중에는 아는 사람이 없었다. 그런데 그녀의 편지가 수면 위로 떠오른 것이다.

잇 코스메틱만 해도 편지, 사연, 이메일, 소셜미디어 DM(Direct Message)가 수천 통씩 밀려 들어온다. 내가 일주일 내내 밤낮으로 읽는다고 해도 1퍼센트도 채 다 읽지 못할 것이다. 그 정도로 많은 메시지가 들어온다. 오프라는 어떻겠는가. 우리 회사보다 백만 배는 더 유명하고 우리보다 백만 배 더 많은 이메일과 편지, 소셜미디어 메시지가 밀려들 것이다. 그것도 세계 곳곳에서 말이다.

내가 성공한 CEO라서 이런 일이 내게 일어난 것은 아니었다. 아직 오프라를 만나지 못한, 나보다 훨씬 성공한 사람들이 수백만 명은 존재할 것이기 때문이다.

오프라 쪽에 인맥이 하나도 없는 내 비서가 쓴 한 통의 이메일이 오프라의 팀과 오프라가 읽어 보기도 전에 제대로 전달될 확률은 얼마일까? 아마 10억 분의 1쯤 되지 않을까? 그런 다음 누군가 그 편지를 읽고 나서 오프라에게 전달할 확률은? 아마 1백만 분의 1일 것이다. 마지막으로 자신이 인지한 셀 수 없이 많은 사연 가운데 그 사연에 회신할 확률은?

나는 이런 일이 내게 일어나는 것에는 나보다 큰 어떤 이유가 있다는 것을 온몸으로 알 수 있었다. 그리고 그 안에는 신이 존재한다는 사실도 알 수 있었다.

그날 객석에서 연사들의 통찰에 깊은 감명을 받았다. 게리 주커브 (Gary Zukav)는 살면서 자신이 올바른 방향으로 가고 있는지 아는 방법에 대해 너무도 아름다운 비유를 들어 설명했다. 물 위에 뜬 보트를 생각하라고 했다. 물살을 거슬러 항해하고 있다는 느낌이 들면 우리의 영혼과 같은 방향으로 가는 게 아니다. 흐름의 반대 방향인 것이다. 주커브는 "내 안에서 느껴지는 의미를 따라가다 보면 내 모선(母船)이 원하는 방향으로 항해를 하고 있는 것"이라고 했다.

또한 우리가 우리 자신에게 하는 말이 가진 힘에 관한 안젤라 마누엘 데이비스(Angela Manuel Davis)의 유익한 강연도 들을 수 있었다. 나는 최선을 다해 그 순간에 집중해서 연사들의 열정적인 강연을 모두 소화하려고 애를 쓰면서도, 그날 오프라를 만난다는 생각에 극도로 흥분해 있었다.

> 말로 형용할 수 없는 순간을 위해 살아라.
> _작자 미상

내 친구 중에는 내가 미셸 오바마 여사를 만났을 때처럼 사전 VIP 행사에서 오프라를 만난 사람이 있다. 나도 그 정도만 기대하면 될 줄 알았다. 점심시간이 가까워지면서 나는 점점 감정이 격해져서 참기 힘들 지경이 됐다. "네가 숭배할 존재는 오로지 주님뿐"이라는 너태샤의 조언을 되뇌었다.

잇 코스메틱을 성장시키는 여정에서 톱스타를 많이 만나 봤지만, 떨린 적은 한 번도 없었다. 팬이라고 생각해 본 적이 없기 때문이다. 나는 커피 줄에서 누군가를 만날 때와 다르지 않게, 늘 같은 방식으로, 똑같은 마음가짐으로 누구든지 만날 준비가 돼 있었다. 우리는 모두 인간이고, 우리 모두에게는 동일한 느낌, 사고, 감정, 불안함, 욕구가 있다.

하지만 지금은 오프라가 아닌가! 한 번도 만난 적 없는 내 평생의 멘토. 그녀를 만나는 것이다. 그리고⋯ 그 순간이 다가왔다!

관객들이 점심을 먹으러 자리를 뜨는 사이 오프라의 수석보좌관이 나타나 우리를 무대 뒤편으로 데리고 갔다. 만약 하이힐로 갈아 신을 순간이 있다면 바로 지금이었다. 하지만 어떤 이유에선지 나는 내 하이힐을 가방 안에 그대로 두고 플랫슈즈를 신은 채 그녀를 만나러 갔다. 그 이유는 설명하기 힘들지만 그냥 그러는 게 좋겠다는 생각이 들었다. 의상이라는 겉모습을 그 자리에 두고 내 진실된 모습을 드러내는 방편이었는지도 모르겠다.

무대 뒤편으로 가면서 나는 숨을 깊이 들이마시며 기도했다. 그 순간만큼은 침착하게 굴기 힘들었다. 고개를 들어 앞을 내다봐도 포토월을 기다리는 긴 줄이 보이지 않았다. 사방 어디에도 줄은 없었다. 우리가 도착한 곳은 문 앞이었다.

"여기가 오프라 대기실입니다. 지금 안에 계세요. 준비되셨나요?"

"네? 무슨 말이에요? 오프라가 이 안에 있고, 여기가 대기실이란 말이에요?"

"네, 맞아요."

에이미가 함박웃음을 지었다.

"하나님, 부디 제 입에서 올바른 말이 나와서 오프라가 제 평생 그랬듯 저도 어떤 식으로든 오프라에게 영향을 주고 하나님의 완벽한 뜻이 이루어질 수 있도록 도와주세요. 예수님의 이름으로 기도드립니다, 아멘."

심장이 너무 주체할 수 없을 정도로 뛰자 기도를 했다. 그런 다음 에이미에게 친구들과 함께 들어갈 수 있는지 물었다. 그들에게도 인생에서 한 번 있을까 말까 한 기회였기에 오프라와 가까이 있을 수 있는 이 기회를 함께하고 싶었다. 에이미도 동의했다.

내가 인생에서 가장 좋아하는 일 중 하나는, 중요한 일이 일어나는 기회가 생길 때마다 가능하면 한 명이라도 다른 여성을 데리고 가는 것이다.

성공한 뒤로 가끔 비즈니스적으로 굉장한 만남에 초청되는 호사를 누렸다. 그럴 때마다 나는 가능하면 한 사람을 더 동반하겠다고 이야기를 해 두고 내가 멘토 역할을 해 주는 다른 여성이나 성공하기 위해 노력 중인 다른 여성과 함께 그 자리에 참석했다.

나는 자라면서 놀라운 기회에 노출된 적이 없었고, 그런 기회와 가까이 있다는 것만으로도 진정으로 힘이 됐다. 그러니 여러분도 축복이 주어질 때마다 다른 사람을 동반하는 것을 고려해 보고, 그 자리에 다른 사람과 함께 가 봐라. 업무적인 만남이든, 근사한 행사든, 친척 모임이든, 아니면 이번처럼 오프라를 만나는 자리든!

이 글을 적으면서도 그때 생각에 몸이 반응한다. 다시 긴장으로 몸이 굳는 것 같다. 그럼 다시 하던 얘기로 돌아가 보겠다. 에이미가 문을 열어 줬고 나는 안으로 들어갔다. 그다음 몇 분은 정말로 꿈속에 있는 것 같았다. 대기실 안에 들어서자 홀로 소파에 앉아 있는 오프라가 보였다.

"컨 양."

맞은편에서 오프라가 나를 불렀고, 나는 그저 '엄마야, 오프라가 내 이름을 알고 있어'라는 생각뿐이었다. 나는 그녀에게 다가가 인사를 한 뒤 진한 포옹을 했다. 그런 다음 나는 그저 그녀를 바라보고 서 있었는데 그녀가 내 얼굴에 손을 올렸다. 내가 혼이 나간 걸 눈치챈 것 같았다. 이런 일이 한두 번이 아니었으리라.

오프라는 상냥하고 기품이 넘쳤다. 우리는 함께 사진을 찍고, 내 친구들과도 사진을 찍었다. 그날 내가 한 말 중 기억나는 거라곤 "어떤 식으로든 좋으니 선생님의 인생에서 제가 도움이 될 수 있는 게 있다면 부디 말씀해 주세요"뿐이다. 그 말에 그녀는 내 눈을 바라보았는데 미세하게 놀라는 게 느껴졌다. 그리고 대답했다.

"그럴게요."

몇 분 뒤 우리는 대기실을 나왔다. 나는 방금 내게 일어난 일을 믿기 힘들었다. 그날 행사가 끝날 때까지 객석에 앉아 있었지만 상상하기 어렵지 않을 것이다. 그렇다. 나는 그 짧은 순간을 머릿속에서 재생하면서 내가 한 모든 행동과 모든 말을 자책하기 시작했다(내면의 비평가는 참 재밌는 녀석이다!).

오프라 윈프리와의
재회를 꿈꾸며

다음 날 아침 눈을 떴을 때 나는 완벽한 행복감과 진한 슬픔을 동시에 느꼈다. 말이 되지 않는 줄 알면서도 계속 이런 생각이 들었다.

'만일 그때가 그녀를 만날 수 있는 유일한 기회인데 내가 한 말이 그게 전부라면 어떡하지?'

자기의심이 내게 굉장한 일이 벌어졌다는 기쁨을 앗아 가는 걸 원치 않았기에 나는 기도했다. 그러자 놀랍게도 내 안에서 이번이 우리가 만나는 마지막 기회가 아닐 것이라는 또렷한 목소리가 들렸다.

내 이야기를 포함해 어떤 이야기도 제대로 하지 않았다는 생각에,

그녀를 만난 뒤 너무 흥분해서 혼이 빠져 있었다는 생각에 나는 큰 결심을 했다. 나는 치유 에너지가 요동치는 것으로 유명한 애리조나주 세도나로 주말여행을 떠났다. 여행의 목적은 오로지 오프라에게 감사 이메일을 적는 것이었다.

시간을 내서 나를 만나 준 것에 대한 감사 인사를 하고 내가 겪었던 이야기를 그녀에게 하고 싶었다. 이 편지를 쓸 단 한 번의 기회가 있다고 느꼈다. 왜냐하면 그때도 마찬가지로 오프라의 수석보좌관이 편지를 읽기는 고사하고, 오프라에게 전달해 주기는 고사하고, 왔다는 사실을 알아챌 확률도 극히 미미했기 때문이다.

스파에 딸린 방갈로식 방에 체크인을 했다. 오직 내게 일어났던 일을 되새기며 이메일을 쓰기 위해서였다. 방갈로 앞쪽으로 갔을 때 갑판 바로 아래 사슴 한 마리가 누워 있었다. 몸의 일부를 갑판 그림자 안에 숨기고는 얼굴과 목을 햇살에 드러내 놓고 나를 물끄러미 쳐다보고 있었다. 사슴은 그날 대부분의 시간을 그곳에서 보냈다.

미신을 믿지 않지만, 사슴의 존재가 어떤 신호는 아닌지 혹은 그 사슴이 내 수호동물이 아닐까 하는 생각이 들기 시작했다. '사슴의 영적 의미'를 검색하자 제일 먼저 '사슴은 다른 이들의 귀가를 돕는 사람의 수호동물이다'라는 말이 나왔다. 세상에. 그 사실을 마음에 품고 옳은 말이 나오기를 기도한 뒤 편지를 작성했다.

이 편지가 그다음 벌어진 일과 어떤 연관이 있는지는 알 수 없지만, 연관이 있을 경우를 대비해 이 자리에서 내가 오프라에게 쓴 이메일의 일부를 여기에 공유하고자 한다.

보낸 사람: 제이미 컨 리마

받는 사람: 오프라 수석보좌관(오프라에게 전달 바랍니다)

제목: 오프라에게 - 제이미 컨 리마(잇 코스메틱)

안녕하세요, 오프라.

고맙습니다. 선생님의 시간과 에너지가 얼마나 귀한지 잘 알고 있기에 우리의 첫 만남을 위해 대기실에 초대해 주신 것에 다시 한 번 고맙다는 인사를 드리고 싶습니다. 선생님은 하고 싶지 않은 일은 전혀 할 필요가 없는 축복을 받았기에, 제 마음은 감사함으로 충만한 가운데서도(정말 놀라운 순간이었습니다!) 선생님이 실수로 우리를 만나겠다고 수락하신 건 아닐 거라고 믿고 있습니다.

감사한 마음과 더불어 용기를 내어 선생님께 꼭 하고 싶은 말이 있습니다(지금 이 글을 쓰면서 속으로 〈내 모든 것을 바칩니다〉를 부르고 있어요). 우리 두 사람의 여정이 많은 면에서 유사하기에, 이 글이 선생님의 마음속에서 큰 의미가 있는 공간을 채웠으면 하는 바람입니다.

예전에 스티븐 스필버그 감독으로부터 연락을 받기 전까지 〈컬러 퍼플〉과 얼마큼 연결돼 있었는지 해 주신 말씀이, 지금 제가 이 이야기를 선생님과 나누고자 하는 내 안의 강력하고 선한 에너지의 힘과 확신을 잘 설명해 준다고 생각합니다. 회사를 운영하며 만났던 수없이 많은 사람 중 그 누구와도 나눈 적 없는 이야기입니다. 그 누구도 아닌 오직 선생님과 나누고 싶습니다. 늘 알고 있었지만, 그 이유는 알지 못했습니다. 이번 주 '슈퍼소울 세션'에서 아하! 하는 순간이 찾아오기 전까지는요. 오프라, 전 이제 우리의 모선이 함께 항해한다고 믿습니다(게리 주커브가 한 얘기처럼요). 그 이유는 다음과 같습니다.

- 우리 두 사람은 놀라운 기업을 세운 여성 CEO로서 수백 명의 직원을 책임지고 있습니다.
- 저의 부모님은 캘리포니아주 산타바바라에서 단 하룻밤을 같이 보낸 뒤 헤어졌습니다. 전 태어나자마자 입양됐고요. 선생님과 제가 여기 있는 것은 기적입니다. 정자 하나와 난자 하나가 만났을 뿐인데 짠! 하고 우리가 여기 있는 것입니다!
- 뉴스 앵커로 시작했지만 제가 있어야 할 곳은 그곳이 아니라는 생각이 들었습니다.
- 회사를 키우면서 세포라, 얼타뷰티, QVC에서 셀 수 없을 만큼 많은 거절을 당했습니다. 하지만 저 자신보다 더 위대한 힘과 임무의 인도를 받았습니다. 오늘날 우리 회사는 위 세 곳에서 가장 잘나가는 브랜드가 됐습니다.
- 우리 가족 중에 이만큼 성공한 사람은 저 하나뿐입니다. 어쩌면 저처럼 생각하는 사람도 저 하나뿐일 겁니다. 선생님과 저는 자라면서 모범 사례를 보거나 우리가 지금 하는 일을 할 것이라는 기대를 할 수 없었습니다.
- 마야 안젤루 박사의 말을 빌리자면 우리는 둘 다 '비범한 여성'입니다.
- 저는 매일 회사에서 하이힐을 신지만 선생님을 만날 때는 플랫슈즈를 신었습니다. 그 이유는 오직 제 마음만이 설명할 수 있습니다.
- 내 일상 업무 겸 생활을 맡아서 하는 직원들과 얼마큼 거리를 둬야 할까요? 어떤 실수를 하지 않게 주의해야 할까요?

- 제가 아직 회사를 운영하고 있을 때 TV는 저를 이용하고 있고(QVC는 수익을 창출하려고 하고, 인포머셜은 제품 판매를 하는 식입니다), 저도 역으로 TV를 이용해 여성들과 취약하지만 진정성 있는 관계를 이어 나가고 있습니다. 제 안에 존재하는 거대한 창조의 힘을 활용하기까지는 아직 갈 길이 너무나 멀지만, 나라는 사람의 가시성을 이용해 여성들이 깨어 있고, 온전하고, 영감을 받는 삶을 살도록 고무시킬 수 있는 좋은 아이디어가 있습니다.
- 언젠가 자신이 위대해지리라는 사실을 알고 있다고 말씀하셨지요. 저는 그 뜻을 온전히 이해합니다. 저도 똑같이 느끼기 때문이지요.
- 제가 가장 좋아하는 색은 초록색입니다.

누르고 흔들어 넘치도록 하여…(누가복음 6장 38절) 뷰티 기업 잇 코스메틱의 설립자로서 제가 가장 최근에 한 일은 수백만 명의 여성들이 거울 속에서 자기 자신을 바라보는 방식을 변화시킨 일이라고 믿습니다. 또한 모든 것을 드러내고 저 자신과 제 질환을 이용해서(말 그대로 메이크업을 닦아 내 시뻘건 주사 병변과 숱 없는 눈썹을 보여주는 방식으로) 기꺼이 여성들이 아름다움의 또 다른 이미지를 볼 수 있는 그릇이 됐습니다. 지난 몇 년간 QVC에서 연 수백 회의 방송에 출연하며, 저의 임무는 모든 여성이 심지어 저와 같은 질환을 앓고 있는 여성이 자신이 아름답고 가치 있다고 여기게 만드는 것이었습니다.

저는 용감해지기 위해, 시청자들에게 괜찮다고, 우리는 한배를 탔다는 것을 보여 주기 위해 과감하게 화장을 지웠습니다! 물론 우리 제품은 훌륭하다고 자부합니다만 우리 회사를 성공으로 이끈 것은 이러한 진실된 임무와 메시지라고 생각합니다. 저는 날마다 모든 연령대의 고객으로부터 처음으로, 혹은 오래간만에 자신이 아름답다는 기분을 느꼈다는 고백을 수도 없이 받고 있습니다.

집 안 거실에서 창업한 이 회사는 이제 미국에서 다섯 번째로 큰 명망 있는 화장품 기업으로 성장했고, 불과 몇 달 전 로레알이 잇 코스메틱을 인수하기에 이르렀습니다. 로레알 직원은 8만 6천 명이지만 107년의 로레알 역사상 CEO 직함을 얻은 여성은 제가 처음이었습니다. 동화 속 이야기처럼 들리더라도 사실입니다. 그리고 선생님처럼 저도 앞으로 남은 인생에서 단 하루도 더 일할 필요가 없습니다. 하지만 압니다. 제 일, 제 소명은 이제 막 시작됐다는 것을요! 강력한 선한 에너지의 힘이 내 안에서 눌리고 흔들려 이제 막 넘치기 시작했습니다!

제 여정의 다음 목적지는 수백만 명의 여성들과 연결돼 지금보다 더 위대한 방식으로 더 나은 삶을 창조하고 여성들이 본연의 모습을 마음껏 펼칠 수 있게 만드는 것입니다. 저는 여성들의 삶을 개선하고 그들이 최고의 삶을 살도록 돕는 일에 저 자신이 그릇으로 쓰일 수 있다고 믿으며, 그들을 위해 저 자신을 낮춰 질문하고, 위험을 감수하고, 두려움과 대면하는 일에 쓰여서 여성들이 가장 당당한 자신과 연결돼 주어진 가능성에 대한 인식을 바꾸는 일에 일조하고 싶습니다. 지금까지 저의 모든 여정이 저를 이곳으로 인도했다고 믿습니다.

선생님께서 〈컬러 퍼플〉을 원했던 것처럼, 저는 선생님과 연결되길 원합니다. 너무나 간절해서 심지어 저는 모든 것을 바치겠다고, 신께 모든 것을 가지고 가 달라고 기도한 적도 있습니다. 에이미 수석보좌관이 지난 목요일 아무것도 모르고 있던 제게 다가와 '오늘 오프라를 만나게 될 겁니다'라고 말했을 때, 마치 트랙을 돌고 있던 내게 누군가가 다가와 스티븐 스필버그 감독이 전화했다고 말해 주는 것만 같았습니다.

그리고 마침내 우리가 만났을 때 저는 선생님의 대기실에서 선생님의 에너지와 선생님만의 공간을 보호하고 싶었기에, 이 모든 것을 선생님께 전하기보다는 그 순간이 앞으로 우리가 만날 여러 날 중에 첫날일 뿐이길 기도했습니다. 이 말을 하는 데 용기가 필요했어요. 제 말을 이해하시리라 믿습니다!

그래서 선생님을 만났을 때 그저 '어떤 식으로든 좋으니 선생님의 인생에서 제가 도움이 될 수 있는 게 있다면 부디 말씀해 주세요'라는 말을 했던 것입니다. 이 말이 사실이 될 것이라는 사실을 믿어 의심치 않기 때문이지요. 우리의 모선이 함께 항해하고 있기에 제가 결국 선생님의 마음속에서 큰 가치와 의미가 있는 공간을 채우리라고 확신합니다.

선생님과 다시 만날 기회가 주어진다면 더할 나위 없이 감사할 것입니다. 그 일이 언제, 왜, 어떻게 일어날지에 대한 해답은 선생님께서 알고 있다고 믿습니다.

감사와 사랑과 행복과 용기와 영혼을 가득 담아,

선생님의 자매 모선

제이미

그날 내 안에서 쏟아져 나온 이메일이다. 마지막으로 대기실에서 오프라를 처음 만난 날 찍은 사진과 옳은 말이 나오게 해 달라고 기도하는 나를 오프라가 어루만져 주는 사진 두 장을 붙인 뒤 기도하고 '보내기' 버튼을 눌렀다.

간절히 바라고
원하면 이루어진다

몇 달 뒤 전화가 울렸다. 오프라의 수석보좌관이었다. 오프라가 집에 점심을 먹으러 오라는 말을 했다고 전했다.

"네?"

그녀가 다시 말했다.

"오프라가 집에서 점심을 함께하자고 초대하셨어요."

이 소식은 내가 감당하기에는 너무 심오했다. 마치 신의 가호를 받아서 내가 어떤 이유로 이러한 선물을 받은 것처럼, 신께서 내가 반드시 해야 하는 일을 하라고, 내가 상상할 수 없는 방법으로 그녀나 다른 이들에게 도움이 되라고 계획을 세우신 것처럼 느껴졌다. 그 의미를 짐작조차 할 수 없었지만 마치 꿈꾸는 듯한 기분이 들었고, 내가 이해하기에는 너무 심오했다.

누군가로부터 집으로 오라는 초청을 받으면, 양초나 와인 같은 작은 선물을 가지고 가는 것이 예의다. 하지만 오프라에게는 무슨 선물을 할 수 있을까? 이 질문의 답을 찾아 얼마나 긴 시간 고심하고 기도했는지 여기서 밝히기 부끄러울 정도다. 그런 나 자신에게 화도 났다. 알다시피 내가 가장 좋아하는 명언 중 하나가 피프티 센트의 '기도나 걱정 중에 한 가지만 하라'이기 때문이다. 마침내 내가 가지고 갈 선물을 결정했다.

첫 번째는 작은 참나무였다. 예전에 점을 보러 간 적이 있는데 점쟁이가 말하길 내 내면에 있는 힘이 참나무와 비슷하다고 했다. 또 내가 사람들이 쉴 수 있는 무성한 참나무가 되지 못하면 행복한 삶을 살지 못할 것이라고도 했다. 나는 오프라도 참나무를 좋아한다는 사실을 알고 있었다. 그래서 나는 화분에 심겨 있는 120센티미터 높이의 작은 참나무를 준비했다.

이 나무를 찾기가 얼마나 힘들었는지 묻지 말길 바란다. 사실 나도 이 나무가 로스앤젤레스의 브랜트우드 지역에 있는 줄 알고 있다가 점심 약속 하루 전 그 나무가 실제로는 북부 캘리포니아 지역 브렌트우드시에 있음을 깨달았다. 어쩔 수 없이 직원 한 명을 우버 택시에 태워 보내 나무를 공수해 와야 했다.

두 번째 선물이 무엇이었는지 상상할 수 있겠는가? 아마 놀랄 것이다. 너태샤가 발견한 용감무쌍한 다람쥐 포스터를 기억하는가? 수년간 그녀와 내가 분신처럼 여겼던 그 용감무쌍한 다람쥐를 기억하는가? 그렇다. 오프라에게 줄 두 번째 선물은 바로 그 다람쥐 사진 액자였다. 그런 선물을 하는 게 완전히 잘못됐다는 생각이 들다가 딱 맞다는 생각이 들었다. 만일 두려움을 이겨 내는 방법을 터득해도 우리 모두에게 전수할 사람이 있다면 그건 바로 오프라다. 게다가 이것이 내가 그녀를 알아 갈 수 있는 단 한 번의 기회라면 나는 진짜 내 모습을 보여 주고 싶었다.

딱 맞는 액자가 나올 때까지 얼마나 많은 액자를 사서 시도해 봤는지 말하기 부끄러울 정도다. 약속 하루 전날 우리 집 식탁은 그 다람쥐 사진이 들어간 초록색 액자 열댓 개로 가득 찼다. 이를 비난하지 않길 바란다.

나에게 오프라는 인생에서 이룰 수 있는 강인한 인성의 표상이다. 내가 그녀를 만나기도 전에 그녀는 이미 내 인생 최고의 스승이었다. 그리고 내가 커다란 고환이 달린 다람쥐 사진을 선물로 가지고 가는 유일한 학생이 될 것이라는 모험을 해 볼 것이다.

> 신은 당신이 스스로 꾸는 꿈보다 더 큰 꿈을 당신을 위해 꾸고 계신다.
> 우리가 이 세상에서 할 일은
> 그 신성한 힘에 밀착해 그 힘에 자신을 놓아 주는 것이다.
>
> _오프라 윈프리

오프라는 먼 곳에 있는 멘토에서 현실 멘토가 됐다. 내 모든 친구와 지인의 경우와 마찬가지로 나는 오프라의 사생활을 맹렬히 보호할 것이기 때문에, 그날 그녀의 집에서 점심을 함께 먹으며 어떤 일이 일어났는지 더 자세한 설명은 생략할 것이다.

하지만 오프라와 단둘이 몇 시간을 보냈다는 말은 할 수 있다. 나는 그 일이 무작위로 벌어졌거나 우연이라고 생각하지 않는다. 나는 어떤 식으로든 그녀의 인생에 도움을 줘야 한다고 굳게 믿고 있다. 어떤 식인지는 아직 모른다. 확실한 것은 그날 나는 내가 그리되고자 애쓰는 친절한 사람의 예시를 보는 행운을 누렸다는 것이다.

그날, 나는 맨 앞자리에서 내가 그리 갖고자 애쓰는 강인함의 예시를 보았고, 자기 자신이 누군지 잘 아는 여성의 실제 예시를 만났다. 자신이 남을 비위 맞추지 않으며 자신이 원하는 일만 하는 것에 용서를 구하지 않는다는 사실을 정확히 아는 여성. 내가 타고난 사람이 되기 위한 노력을 계속 이어 나갈 수 있는 영감을 주는 다면적인 힘의 예시를 봤다. 나는 그것을 영원히 감사할 것이며 어떤 식으로든 보답하기 위해 최선을 다할 것이다.

그날 작별 인사를 하며 오프라가 내게 자신의 휴대폰 전화번호와 개인 이메일 주소를 알려 줬다. 그 후로 우리는 문자와 이메일을 주고받았고, 내가 출연한 TV 인터뷰와 방송을 보고 거침없고 솔직한 피드백을 주기도 했다. 지금까지도 내가 문자를 보낸 뒤 그녀가 내게 답장을 하고 있다는 뜻으로 화면에 점 세 개가 나타나면 나는 흥분한다. 내게 있어 가장 멋진 일이다. 그 일이 실제로 일어나고 있다는 사실을 나 자신에게 상기시키기 위해 점 세 개가 나타나는 순간을 스크린샷으로 저장하기까지 했다. 그런데도 그런 일이 일어나고 있다는 사실을 믿기 힘들다. 매번 봐도 그렇다.

가끔 내 인생에서 일어난 일들을 되돌아보면, '이런 일은 계획한다고 해서 일어날 수 있는 게 아니야. 이건 한 편의 영화야. 현실이 아니야'라는 생각이 들다가도 지난 세월 일주일에 100시간씩 일하며 얻은 후유증과 번아웃이라는 전투의 흔적이 느껴지면, '그래, 난 이 모든 걸 내 노력으로 얻은 거야'라고 생각한다. 하지만 진실은 신께서 내 가슴에 꿈을 심어 주셨고, 내가 한 올바른 일은 그것에 귀를 기울인 뒤 그것이 가능하다고 믿은 것이다.

아주 어릴 적부터 나는 언제나 오프라를 만난다는 꿈을 갖고 있었다. 그리고 언젠가 그런 일이 내게 일어날 것이라고 믿었다.

우리가 큰 꿈을 꿀 때 가장 쉽게 일어나는 일은 바로 합리화해서 그 꿈에서 멀어지는 것이다. 기적이 존재하지 않는다고 믿는 것이다. 꿈을 덜 꾸면서 현재에 더 안주하는 것이다. 희망을 품지 않으면 절망할 일도 없다고 마음먹는 것이다. 이게 자신의 얘기라는 생각이 들면 바로 오늘이 다시 꿈을 꾸는 날이 될지도 모른다. 불가능한 꿈을 꿔라. 신의 존재만큼 큰 꿈을 꿔라.

오프라의 말대로 결국 "당신은 당신이 믿는 것이 된다."

17 나 자신보다 큰 사명을 찾아라

두려움이 문을 두드릴 때, 믿음이 답하게 하라.

_로빈 로버츠

여러분은 자기 자신보다 위대하고 강력한 존재를 몸소 느껴 본 적이 있는가? 나는 TV 리포터로 일하던 시절 오리건주에 있는 말 농장에서 취재 도중 그 존재를 처음 느꼈다. 3일 동안 그곳에 있으면서 내게 일어났던 일을 절대 잊을 수 없다.

그 농장은 이루 말할 수 없이 심각한 학대를 겪은 뒤 어른들에게 일절 자신의 괴로운 과거에 대해 침묵하는 어린이와 청소년들을 따뜻하게 맞아 줬다. 그런 다음 아이들을 비슷한 학대와 방임에서 구조한 말들과 짝을 지어 줬는데, 아이와 말을 서로 만나게만 해 준 뒤 농장 관계자들은 자리를 비켰다.

나는 멀찌감치 떨어져 아이들이 처음으로 마음의 문을 열고 그동안 괴로웠던 일을 말에게 털어놓는 것을 내 눈으로 직접 목격했다. 말을 껴안은 뒤 쉼 없이 눈물을 흘리는 아이도 있었는데, 마치 말과 아이가 무언의 사랑과 완전한 일체성으로 서로를 이해하는 것처럼 보였다.

어른들에게 입을 다물었던 아이들이 입을 열어 자신 있게 말과 대화를 나누고 있었다. 글로리아라는 10대 소녀와 짝을 이룬 말이 있었는데, 그 둘 사이에는 너무나 강한 유대감이 형성돼서 말이 초원에 누워 있으면 글로리아가 말의 배에 머리를 기대고 함께 누웠다.

그런 장면을 보는 것은 난생처음이었다. 그때 더 큰 존재의 힘을 느꼈고 감정이 북받쳐 올라 그만 눈물을 흘리고 말았다. 신이 그 자리에 계셨다. 야외에, 그것도 말 농장에. 그때 처음으로 신이 반드시 교회나 특정한 건물에서 모습을 보이시지 않는다는 사실을 깨달았다. 신은 사랑이며 어디에나 존재했다.

이 책을 시작하며 나는 여러분에게 숨겨진 이면을 보여 주겠다고 약속했다. 클릭을 유도하는 헤드라인이 달리지 않은 이야기 말이다.

어떻게 나 자신을 믿게 됐고, 깊게 파인 고통을 이겨 냈고, 10억 달러 회사를 세우고, 그 과정에서 놀라운 사람들을 만나고, 내가 아는 최고의 인생을 건설했는지에 관한 진실하고, 현실적이며, 호불호가 갈릴 여정에 대해서.

내 이야기에서 이 부분을 빼놓는다면 카페라테에 커피를 넣지 않는 것과 같다. 내 안에 존재하는 확실한 힘에 관한 이야기다.

나는 여러분이 느끼는 감정을 바꾸려는 목적을 가지고 믿음이라는 주제에 관해서 이야기하고자 하는 것이 아니다. 당신이 어떻게 느끼든 나는 기꺼이 여러분을 초대해 함께 쿠키를 먹고, 머그잔에 와인을 부어 마시고, 보통 잠옷이나 보송보송한 우주복 형태의 동물 잠옷을 입고 빈둥거리며 깔깔 웃자고 청할 것이다.

여러분들이 믿음과 기도를 어떻게 생각하는지와 무관하게, 혹은 그 두 가지가 여러분의 인생에 부재한다고 해도 나는 여러분을 사랑할 것이다. 하지만 내 여정이 만들어지는 과정에서 믿음이 한 역할을 빼놓는다면 나에 대한 진실을 온전하게 드러내지 않는 것과 같다.

오랫동안 운전석에서 핸들을 조종하는 나 자신만 믿으며 타이어에 구멍이 나거나 스페어타이어가 필요한 위급한 상황에서만 신을 찾았다. 오랫동안 나는 마음 놓고 신께 운전대를 맡기지 않았고 신의 존재를 아예 부정할 때도 많았다. 하지만 내려놓고 신께 운전석을 내어 줌으로써 내 여정이 완전히 바뀌었고, 신과 함께 상상도 할 수 없었던 곳을 향해 나아갈 수 있었다.

나는 어릴 적 루터 교회에 다녔다. 우리 가족은 거의 매주 빠지지 않고 주일 예배에 참석했다. 내가 철이 없어서 그랬겠지만, 목사님이 하시는 말씀이 마음에 와닿은 적이 한 번도 없었다. 공감이 가지 않고 목사님이 하시는 말씀 혹은 성경이 쓰일 당시 사용된 말이 잘 이해되지 않았다.

부모님은 내가 어릴 적에 예배가 끝날 때까지 자리에서 일어나지 못하게 했지만, 내가 이해를 했거나 마음이 움직였던 적은 단 한 번도 없었다. 난 보통 주위를 두리번거리며 귀여운 남자애가 있는지 찾아보거나 예배가 끝날 때까지 시계만 바라보며 예배가 끝나기만을 손꼽아 기다렸다.

시간이 흐르면서 신의 존재에 의문을 품기 시작했다. 닥터 Z가 내게 못 믿겠으면 신께 증명해 보이라는 말씀을 드려 보라고 했다는 말을 앞에서 이미 했다. 그녀는 "왜 그런 의심이 신께 문제가 될 거로 생각하시나요?"라고 말하며 내가 당신을 믿지 못하고 있으며 내가 틀렸다는 것을 증명해 보라는 간청을 드리라고 했다. 이 조언은 내가 지금까지 들었던 어떤 조언보다 강력했다.

그날 이후 내 여정을 완전히 바꾼 계기가 된 일들이 수도 없이 많이 일어났으며, 대개 그것이 신의 뜻이라는 소리가 들렸다. 실제로 그런 소리를 들은 적도 몇 번 있다. 지금 그 이야기를 하고자 한다.

머리로는 도무지
이해할 수 없는 일들

QVC 쇼호스트가 대규모 뷰티 엑스포에서 우리 제품을 발견한 뒤 직접 QVC 바이어에게 내게 한번 기회를 줘 볼 것을 제안했다는 이야기를 기억하는가? 그 당시 그녀는 17년째 QVC에 몸담고 있었는데, QVC에서 잇 코스메틱이 런칭하고 얼마 지나지 않아 그곳을 떠났다. 그 뒤 몇 년간 그녀와 계속 연락하며 지냈다.

그러던 어느 날 갑자기, 그녀에게 안부 전화를 걸어야겠다는 생각이 들었다. 몇 년이 지난 지금 우리가 QVC 역사상 가장 규모가 큰 뷰티 브랜드가 됐다는 소식을 전하며, 우리의 컨실러를 좋아하는 데서 그치지 않고 QVC 바이어에게까지 이야기해 줘서 고맙다고 말했다. 그러자 그녀가 이렇게 답했다.

"제이미, 그 컨실러는 아주 탁월해요. 아직도 난 매일 그걸 발라요.

하지만 그날 내가 QVC 바이어에게 그걸 소개한 이유는 따로 있어요. 드넓은 전시장을 걷다가 그 순간 당신한테 가 보라는 하나님의 목소리가 또렷하게 들렸어요. 신이 하라고 말씀하신 거예요. 내가 한 일은 그 말을 경청한 것밖에 없답니다."

세상에. 온몸에 소름이 돋았다. 존재하시다는 것을 분명하게 보여 달라는 내 간청을 신이 듣고 계셨다. 그녀가 우리 컨실러를 QVC 바이어에게 준 바로 그날 내 인생 행로가 완전히 뒤바뀌었으니 말이다.

다음 이야기는 빅토리아 오스틴 목사의 편지가 들어 있는 페덱스 봉투를 열었을 때 일어났다. 그때까지만 해도 그녀를 만난 것은 그녀와 남편 조엘 오스틴 목사가 강연하는 '희망의 밤' 행사 당일 무대 뒤편에서 잠깐 만난 것이 전부였다. 그 자리에는 수만 명의 인파가 운집해 있었다.

몇 달 뒤 놀랍게도 내게 편지가 왔다. 나를 레이크우드 교회에서 매년 열리는 여성 회의의 게스트로 초청해 무대 위에서 인터뷰를 진행하고 싶다고 정중하게 제안한 것이다. 6천 명 이상의 여성이 모이는 행사였다. 나는 그녀가 내 이름을 기억하고 있을 줄은, 잇 코스메틱이라는 회사를 창업했다는 사실을 기억하고 있을 줄은 몰랐다.

그때만 해도 우리는 작은 회사였고 공개적으로 어떤 성공을 거두지 못한 상태였으며, 뷰티 업계에서조차도 아직 잘 알려지지 않았다. 게다가 레이크우드 교회에 기부한 적도 없었다. 우리는 이메일로 통화 약속을 잡았다. 나는 빅토리아에게 왜 나를 초대했는지 물었다.

"제 마음속에 당신에게 연락해서 게스트로 초청하라는 하나님의 말씀이 들렸답니다."

미리 말하지만 나는 그동안 TV를 통해 빅토리아와 조엘 부부 목사의 메시지와 설교를 들으며 잇 코스메틱뿐만 아니라 삶에서 맞닥뜨린 고난의 시기를 무사히 넘길 수 있었다. 하지만 이런 얘기를 누구에게도 한 적이 없었다.

게다가 늘 대외적으로 개인의 종교를 드러내면 안 된다는 무언의 압박을 받았다. 빅토리아 목사님이 내게 출연 요청을 했을 때 나는 즉각적으로 걱정이 앞섰다. 공개적인 자리에서 종교와 같은 사적인 문제를 한 번도 거론한 적이 없기 때문이다.

빅토리아 목사님을 대단히 존경했고, 이런 기회가 주어진 것이 영광스러운 만큼 솔직하게 털어놓아야 했다. 그래서 정말 솔직하게 말씀드렸다. 레이크우드 교회라는 무대에 서는 일은 내가 생각하기에 '더없이 훌륭하거나 완벽한 기독교인'이 해야 할 일이기에 내가 자격이 되는지 잘 모르겠다고 말씀드렸다.

"목사님, 사실대로 말씀드릴게요. 전 사실 성경을 통독한 적도 없습니다. 회의에 참석하는 6천 명의 여성들은 분명 성경을 통독했을 것이고, 저보다 훨씬 뛰어나고 신앙심이 깊은 기독교인이 하는 말을 듣고 싶을 겁니다."

목사님이 따뜻하게 말했다.

"하나님께서 당신을 초대하라고 하신 데는 이유가 있을 거예요. 회의에 오는 여성들은 그저 완벽한 기독교인이 하는 말을 듣고 싶은 게 아닙니다. 다양한 여성들로부터 영감을 얻고 싶어 해요."

두려움이 완전히 가시지는 않았지만 곧 내가 반드시 이 제안을 수락해야 한다는 직감으로 바뀌었다. 그래서 하겠다고 말씀드렸다. 그리고 그 무대에서 나는 좋든 나쁘든 간에 온전하게 내 본연의 모습을 보여 줬다. 종교를 둘러싼 나만의 여정에 대해서도 털어놓았다. 의심하는 가운데서도 신이 다양한 방식으로 내 삶에 나타나 주시기를 기다리기 위해 애쓰고 있다는 얘기도 빠뜨리지 않았다.

인터뷰 도중 객석을 바라보았을 때 내가 행사에 초대한 친구들이 눈물을 흘리고 있던 장면을 잊지 못할 것이다. 신의 존재가 느껴지면 눈물을 펑펑 쏟는 사람들이 많지만, 그날 내가 데리고 온 친구 중에는 나와 종교관이 일치하지 않는 친구들도 있었다. 그들은 모두 생생한 감동을 받은 것이었다.

내 인생에서 잊지 못할 경험 중 하나였다. 내 신앙심이 깊어지는 여정에서 더욱 그러했다. 그날 나는 우리가 신 앞에 완벽한 모습을 보일 필요가 없다는 사실을 온몸으로 뼈저리게 느꼈다. 우리는 그저 모습을 보이기만 하면 됐다. 신 앞에. 나머지는 모두 당신이 하실 것이다.

특히 잇 코스메틱을 성장시키는 과정에서 '신은 당신이 꾸는 꿈보다 더 큰 꿈을 당신을 위해 꾸고 계신다'라는 오프라의 명언이 진실임을 거듭 확인할 수 있었다. 거절과 멸시라는 산을 넘으며, 그때마다 나를 믿어 주지 않는 사람들을 만나야 했기에 다음에 이어질 말을 생각하니 울컥해서 목이 멘다.

회사에 3년간 잔류하기로 한 로레알과의 약속이 끝나고 다음 여정을 시작하기 위해 회사에서 물러난 지 얼마 지나지 않은 2020년, 잇 코스메틱이 공식적으로 미국 럭셔리 메이크업 회사 가운데 1위를 차지했다. NPD 그룹이 제시한 자료에 따른 결과다.

럭셔리 메이크업이라는 범주에서 잇 코스메틱이 내가 평생 동경한 다른 브랜드—맥, 랑콤, 에스티 로더, 샤넬, 크리니크 등—보다 더 크게 성장했다는 뜻이다. 데니스에서 서빙하며 받던 팁을 모아 맥 립스틱과 랑콤 아이라이너를 사곤 했었는데! 우리 집 거실에서 출발한 이 회사가 그들을 제치고 1등을 차지했다니! 꿈꾸던 소녀가 시작한, 불가능해 보이던 일이 이제는 저만치 앞서 나가게 됐다.

확신하는 게 한 가지 있다. 사람들이 내가 자수성가했다고 말하지만, 일부만 맞는 얘기다. 나는 부분적으로 자수성가했지만, 근본적으로는 신수성가(神手成家)했다고 말할 수 있다. 나는 상상하기 힘들 정도로 열심히 일했고 믿음을 잃지 않기 위해 노력했다. 나머지는 전부 신이 하신 일이다…. 호의, 열린 문, 닫힌 문, 뜻밖의 연결, 그리고 비할 데 없는 축복까지 전부.

모든 것을
깨닫는 날이 온다

믿음을 향한 여정이 진화하면서 나는 점점 더 내가 옳다고 느껴지는 일에 집중했고, 그 결과 하나님께서 내게 말씀하실 때 더욱 집중할 수 있게 됐다. 물론 문자 그대로 그랬다는 뜻이 아니다. 실제로 하나님의 목소리를 들은 적은 없다. 하지만 그것은 내 안에서 감지되는 확신의 형태를 하고 있다고 생각한다. 언제나 옳은 말을 하는 내 직관과 직감이 내는 고요하고 낮은 목소리 말이다.

나는 신의 존재를 텍사스주 레이크우드 교회나 캘리포니아주 할리우드에 있는 모자이크 교회 등 내가 가 본 교회에서 느끼기도 했지만, 단순한 환경, 자연, 다른 사람의 빛나는 눈동자 속에서도 느꼈다. 주의 깊게 집중하면서 신은 정말로 우리 주변 곳곳에 계시며 우리가 당신을 찾고 의지하기를 기다리고 계신다는 믿음이 확고해졌다.

신의 존재가 얼마나 강력한지는 한 대리모와 만나 우리 딸 원더를 얻게 된 여정을 통해 이미 설명했다. 처음에는 두려움이 가득했지만, 대리모와 그 가족을 처음 만났을 때 신은 나와 파울로가 더없이 평온한 기분을 느끼게 해 주셨다. 여정을 함께하며 그녀와 나는 우리가 힘을 합쳐 한 아이를 세상에 나오게 하는 일이 신의 계획하에 이뤄지고 있다고 믿었다.

딸아이가 세상에 태어나고 1년 뒤에도 우리는 계속해서 서로의 삶의 일부가 됐다. 그런데 어느 날 갑자기 그녀가 내게 연락해서 만일 우리 부부가 둘째 아이를 갖길 원하면 기꺼이 자신이 다시 한 번 더 대리모가 돼 주겠다고 말했다. 우리가 아닌 다른 사람은 못하겠다며. 나는 아이처럼 엉엉 울었고, 우리 부부는 또 한 번 다 같이 아이를 가지는 데 찬성했다. 그리고 그 후로 1년 뒤 그렇게 했다.

임신으로 인한 기복이 있었지만, 우리는 신이 모든 것을 관장하고 계신다는 생각에 평온함을 잃지 않았다. 우리는 함께 기도했고(특히 이번에는 의사가 제때 분만실로 들어와 달라고!) 이 아름답고 이례적인 여정을 함께할 수 있음에 깊이 감사했다. 그리고 함께 아들 와일더를 세상에 맞이할 수 있었다. 와일더는 너무나도 사랑스럽고, 꼭 껴안고 싶었으며, 며칠 동안 팔다리에 미쉐린 타이어맨 같은 살집이 남아 있었다!

아직 내게는 강력한 지도가 필요한 의문들이 남아 있었다. 수년간 성장시키는 데 몰두한 회사를 매각한 뒤 우리는 그 과정에서 희생당한 결혼 생활과 대면해야 했다. 10여 년간 미뤄 왔던 일이었다. 다른 중독과 마찬가지로 일중독과 분주함은 우리를 무감각하게 만들고 우리를 우리 자신으로부터 분리했다. 우리는 결국 정제되지 않은 진정한 감정을 느끼고, 살고, 경험하는 것에서 분리되고 말았다.

우리 부부는 각자 모든 에너지를 회사에 쏟아부었고, 이제는 개인으로서 또 부부로서 정체성을 다시 발견해야 하는 여정을 시작해야 한다는 사실을 깨달았다. 잇 코스메틱을 키우느라 우리가 누구인지 완전히 잃어버린 것이다. 매일 하나님께 재발견과 치유의 길로 안내해 달라고 빌었다.

사실 엄마가 된 지금도 여전히 어떤 형태의 일이라도 가족보다 우선시하려는 경향이 나타난다. 내가 멘토링해 주는 여성 중 한 명에게 전화가 오거나 내가 도움이 되면서 큰 영향력을 끼칠 수 있는 좋은 강연 자리가 있거나 이사회가 소집되거나 투자자 미팅이 잡히면, 중요한 가족 행사에 불참할 것을 각오하고 먼저 일을 하고 싶다는 생각이 든다. 아직도 말이다. 그래서 하나님께 나를 지도해 주시고, 올바른 길로 안내해 주시고, 이 문제도 헤쳐 나갈 수 있게 힘을 달라고 기도했다.

엄마가 되고 보니 엄마가 되는 데 얼마나 많은 힘이 드는지 경외심이 생겼다. 물론 큰 축복이 내린 일이며 그만한 가치가 충분하지만, 이것만은 확실하다. 나는 10억 달러 회사 CEO도 해 봤고 엄마도 해 봤지만, 단연 엄마가 더 힘들다.

거듭된 경험을 통해 하나님께 존재를 보여 달라고 간청할 때마다 그렇게 해 주신다는 사실을 깨달았다. 때로는 가장 강력하고 예상하지 못한 방식으로 나타나셨다.

나는 아직 친아빠가 누군지 알지 못한다. 하지만 알고 있다고도 말할 수 있다. 그러니까 이런 말이다. 지금 하려는 이야기는 너무나 개인적인 이야기지만, 여러분 중에도 나처럼 낳아 준 아빠를 알지 못하는 사람이 있을지도 모른다. 아니면 아빠가 싫다거나, 훌륭하고 사랑을 주시는 아빠나 엄마가 안 계실 수도 있고, 부모로부터 상처를 받았을 수도 있고, 부모 자격이 없는 사람을 부모로 두었을 수도 있고, 인생에서 어떻게 채워야 할지 모르는 물음표와 빈칸이 있을 수도 있다.

친아빠가 누군지 모른다는 사실은 오랜 시간 나를 아프게 했다. 낳아 주신 엄마를 만났는데도 아빠를 찾는 데 도움을 받을 수 없다는 사실을 받아들이기 힘들었다. '그게 무슨 말씀이에요, 아빠 이름을 기억하지 못하신다니요? 그게 가능해요?' 하고 생각했다.

나는 엄마를 만나고 나서도 엄마에게서 얻은 모든 단서를 바탕으로 인터넷을 뒤졌다. UCSB 도서관을 다시 방문해서 졸업장을 뒤지며 나와 조금이라도 닮은 사람이 있는지 살폈다. TV에 나와 조금이라도 닮은 남자가 나오면 그가 UCSB에 다녔는지 검색했다.

트로이 던이 한 유명한 표현대로 나는 조각을 전부 모으기 전까지 절대로 평온해질 수 없었다. 심지어 나는 '23앤드미(23 and Me)'와 '앤세스트리(Ancestry)'와 같은 유전자 분석 회사에 타액을 제출하기도 했지만, 아직 내 생부나 생부의 직계가족을 찾지 못했다. 인터넷을 이 잡듯이 뒤지며 아빠를 찾느라 밤을 새운 적이 수도 없이 많고 아직도 가끔 그렇게 한다.

어느 날 밤 더는 고통을 참지 못하고 나는 울기 시작했다. 그리고 기도했다. 수년간 아빠를 찾아 헤매는 것이 고통스러웠기에 집착을 내려놓을 수 있게 해 달라고 신께 간청했다. 그때 갑자기 신이 내 앞에 나타나 정신이 번쩍 드는 듯한 기분이 들었다. 모든 게 이해가 됐다. 나는 아빠를 알고 있었다. 하나님이 내 아빠였다. 지구상에서 친아빠가 누군지는 모를지언정 내 '진짜' 아빠가 누구인지 알게 됐다.

그 순간 나는 잊힌 게 아니라는 것을 알 수 있었다. 그 순간 신이 목적을 가지고 나를 창조하셨음을 알 수 있었다. 비록 내가 어릴 때 입양됐다고 하더라도 나를 창조하신 내 진짜 아빠는 나를 알고 계셨다. 내게 도장을 찍으셨다. 위대해질 것이라는 표식을, 가치 있다는 표식을, 훌륭하다는 표식을 남기셨다(하나님께서는 여러분에게도 똑같은 도장을 찍어 주셨다!). 갑자기 모든 것을 느끼고 깨달았다. 그 순간 치유되기 시작했다.

어쩌면 아직도 나를 구성하는 모든 부분을 알지 못할지도 모르지만 내가 누구의 딸인지는 확실히 안다. 내 진짜 아빠가 누구인지 안다. 그리고 하나님께서 의도적으로 나를 만드셨으며 내 안을 목적으로 채

우셨음을 안다.

나는 완벽하지 못하고 인생에서 수많은 실수를 저질렀지만 신은 완벽한 사람 앞에 나타나지 않으시리라 생각한다. 하나님은 당신을 사랑하고 찾는 불완전한 사람 앞에 나타나신다. 그리고 마지막으로 나는 조각을 전부 모으지 못했지만, 마침내 평온해졌다.

내 뜻대로 되지 않아
더 잘된 일들

내가 수년간 느낀 것에 공감할 수 없거나 신이나 나 자신보다 위대한 힘의 존재가 의심된다면, 내가 한 대로 해 볼 것을 권한다. 신께 신의 존재가 의심된다고 말하고 내 말이 틀렸다는 것을 증명해 달라고 간청해라. 그리고 가장 예상치 못했던 방식으로 답을 듣게 될 거라는 사실을 받아들여라. 클 수도 있고 단순하고 작은 방식일 수도 있다.

하룻밤 만에 일어나지 않을 것이기에 신의 존재를 찾기 시작하면 삶에 어떤 일이 생기는지 느긋이 앉아서 구경하길 바란다. 마음을 열고 삶에서 믿음을 찾는 일이 처음이거나 혹은 오랜만이라면, 자기 자신에게 너그러운 마음을 가지길 바란다. 토니 로빈스 말대로 '사용하지 않는 신념은 확장하지 않고 수축한다.' 좋은 소식은 시작점과 관계없이 머지않아 확장의 시기에 접어들 것이다.

나 자신보다 위대한 힘에 마음을 활짝 여는 일은 사람마다 다른 방식으로 이뤄질 수 있다. 명상하거나 영적 수행을 하거나 조용히 기도하는 사람이 있는 반면 춤을 추거나 큰 소리로 기도하는 사람도 있다.

기도하는 방법에 옳고 그름이 있다고 생각하지 않는다. 내게 맞는 방법이 올바른 방법이다. 어떤 방식이 내게 잘 맞는다는 생각이 들면 주기적으로 실천해 볼 수도 있다.

나는 거의 매일 내 인생에 올바른 사람이 찾아오고 잘못된 사람이 떠나가게 해 달라고 기도한다. 이러한 믿음은 직원들이 경쟁사로 이직할 때 느끼는 고통을 완화해 줬다. 매번 그들이 없으면 어떻게 될지 모른다는 걱정을 하지만 결국 그 역할에 더 잘 어울리는 사람을 찾는다. 파트너를 찾고 있거나 새로운 친구를 사귀려고 하거나 주위에 있는 사람들을 평가할 때도 효과적인 기도라고 할 수 있을 것이다.

"하나님, 부디 내 인생에 올바른 사람이 찾아오고 잘못된 사람이 떠나가게 해 주세요."

단순한 기도지만 내게는 어떤 기도보다 강력한 힘을 지녔다.

"당신의 뜻이 이루어지도록 간구합니다."

이 역시 내가 좋아하는 기도다. 특히 일이 내 마음대로 되지 않을 때 열린 문과 닫힌 문에서 신이 선택하시는 시기를 믿는 것이 중요하다. 신에 대한 믿음에 집중할수록 내 직감은 더 강력하고 정확해졌다.

계획은 그만 기다리고 그저 모든 이를 사랑하라.

밥 고프

여러분 중에 믿음을 자라게 하는 여정을 막 시작했거나 그 여정을 다시 시작하는 사람이 있다면, 옳다고 여겨지는 것이 옳은 것임을 알게 될 것이다. 기억해라, 진정성은 꾸며 낼 수 없다는 것을. 망칠까 봐 두려워하지도 걱정하지도 마라.

다양한 책을 읽거나 영적 수행을 시도해 보거나 여러 교회를 탐색해 봐도 좋다. 내 마음이 옳다고 느끼는 것을 알아챌 것이다. 어디에 정착하든 나 자신보다 위대한 힘—그것을 신이든, 사랑이든, 창조자든, 우주라고 부르든 상관없다. 내게 그 이름은 예수님일 뿐이다—을 믿는다는 것은 우리가 인간으로서 모든 인류와 연결돼 있으며, 우리의 인생이 영적인 존재에 의해 계획됐다는 것을 알 수 있는 유일한 방법이라고 할 수 있다.

우리에게 매달릴 수 있는 영적 기반이 존재하지 않는다면 우리는 너무나 쉽게 자신을 잃어버릴 수 있다. 만일 내가 그것을 발견하지 못했다면 나에게 일어났던 것과 같은 성공은 일어나지 않았을 것이며, 무엇보다 내가 지금 느끼는 삶과 타인(여러분)과 연결된다는 느낌을 받지 못했을 것이다.

그렇다고 내게 모든 해답이 있다는 뜻은 아니다. 신념의 일반적인 정의, '눈에 보이지 않는 것에 대한 믿음'이라는 의미는 우리 중에 그런 사람이 없다는 뜻이다. 나는 그저 하나님이 우리를 있는 그대로 사랑하시며, 우리는 그분의 사랑을 받기 위해 어떤 것도 바꿀 필요가 없다는 사실을 확신할 뿐이다.

내게는 결점이 수없이 많다. 강한 믿음이 있지만 욕을 하기도 한다(어떨 때는 뱃사람들처럼 험하게). 때로는 경로에서 빠져나와 몇 날 몇 주를, 심지어 몇 달 동안 기도를 하지 않은 적도 있다. 때로는 의심이 다시 마음 속에 들어온다. 성경도 아직 통독하지 못했다. 그런데도 나는 신이 나를 사랑하신다고 확신한다.

신은 우리가 나이가 많든 적든, 동성애자든 이성애자든, 혹은 그 사이에 있는 어떤 것이든 상관없이 우리를 사랑하신다. 우리가 성적 영역에서 어디에 있든지 상관없이 신은 우리를 사랑하신다. 우리가 최근의 정치적 논쟁에 어떤 생각을 하고 있는지, 논란이 되는 사안에서 우리가 어떤 입장인지와 관계없이 신은 우리를 사랑하신다.

우리가 과거 어떤 실수를 했든, 우리가 하나님을 건물에서 발견하든, 오솔길에서 발견하든, 아이의 반짝이는 눈망울에서 발견하든 하나님은 우리를 사랑할 준비를 하고 기다리고 계신다.

만일 신이 우리가 전부 똑같기를 바라시거나 우리가 전부 완벽함이라는 정의에 꼭 들어맞길 원하셨다면 우리를 전부 똑같이 완벽하게 만들었을 것이다. 하지만 그렇게 하지 않으셨다.

하나님은 우리를 만드실 때 우리가 인생의 여정에서 발견하고 성장하고 역경을 극복하는 동시에 다른 사람을 돕는 법과 우리가 전부 연결돼 있다는 사실과 우리의 판단을 모두 버리는 법과 서로를 무조건 사랑하고 당신을 신뢰하는 법을 배우라는 의도를 가지고 계셨을 것이라고 믿는다.

어쩌면 여러분도 내가 오랫동안 겪었던 것을 겪고 있을지도 모르고, 하나님과 친교를 맺거나 내 앞에 나타나 달라고 기도하거나 간청하기에 자기 자신이 너무 결함이 많고, 불완전하고, 지금까지 너무나 많은 실수를 했다고 생각할지도 모르겠다.

만약 그렇게 생각하고 있다면, 당신은 혼자가 아니다. 그리고 절대 늦지 않았다. 내가 생각하기에 신은 '완벽한' 사람에게 모습을 드러내지 않는다. 오히려 하나님은 당신을 사랑하고 당신을 찾는 불완전한 사람 앞에 나타나고 싶으실 것이다.

"당신은 거절당했어. 당신은 해고야. 당신 몸은 틀려먹었어. 당신은 여기 어울리지 않아. 안 되겠어. 안 되겠어. 안 돼, 안 돼, 안 돼, 안 돼!" 내가 다른 사람들한테서 무수히 들은 말이다. 하지만 하나님이 내게 한 말은 아니다. 여러분에게도 마찬가지다. 다른 사람이 내가 누군지 정할 수 없다. 내가 누구인지는 나와 신만이 안다.

의심과 불안이 심하게 느껴지는 날에는 힘을 달라고 기도해라. 하지만 내가 필요한 힘이 이미 내 안에 있다는 사실을 잊어서는 안 된다. 외로움이 느껴지는 날에는 사랑을 달라고 기도해라. 그리고 신이 나를 사랑스럽고 많은 사랑을 받을 충분한 가치가 있는 사람으로 만들었다는 사실을 기억해라.

몸매에 대한 자신감이 떨어질 때는 신이 나를 창조하셨을 때 내 안에 있던 자신감을 달라고 기도해라. 아마 하나님은 나를 올바른 비율을 가진 완벽한 인간으로 만들었다고 말씀하시며 우리 허벅지에 있는 울퉁불퉁한 자국을 보고 우리가 아이의 보조개를 볼 때 느낄 때와 마찬가지로 자부심을 느끼신다고 말씀하실 것이다.

하나님은 지금 여러분을 내려다보시며 '음, 저 여자는 아름답군. 저 여자는 완벽한 창조물이로군. 저 여자가 결점이라고 생각하는 것들을 내가 줬지만, 실은 내가 생각하는 대로 완벽하게 만들어졌다는 사실을 깨달았으면 좋겠군' 하고 말씀하고 계실 것이다.

자식의 재능과 재주를 보며 기뻐하는 아빠처럼 하나님께서는 당신이 계획하신 방향으로 움직이는 우리의 동작 하나하나를 전부 지켜보고 계신다. 지금도 여러분을 내려다보고 계시며 여러분이 눈에 넣어도 아프지 않은 존재이기에 매우 흡족해하고 계실 것이다.

여러분이 이 책을 읽는 것을 보고 계실 것이며, 당신이 원하는 여성으로 여러분이 성장하기 위해 노력하는 모습을 보며 첫걸음마를 떼는 아기를 보는 부모처럼 얼굴 가득 미소를 짓고 계실 것이다. 하나님은 당신이 실수하지 않으신다고 말씀하실 것이며 당신께서 생각하는 대로 우리를 만들었다고, 사랑하는 마음과 사랑을 재료로 써 가며 만들었다고 말씀하실 것이다.

여러분은 거듭해서 타인으로부터 멸시를 당해 왔을지도 모르지만, 여러분이 '나는 충분하지 않아'라고 말하는 순간에도 하나님은 여러분에게 넘치도록 훌륭하게 만들었다고, 이미 여러분은 내면에 모든 것을 가지고 있다고 말씀하실 것이다.

여러분이 신념에 대해 어떤 생각을 하고 있더라도 나 스스로 과소평가하거나 내가 자격이 없다는 생각이 들 때마다 이런 말들이 내 인생을 바꿨다. 여러분도 꿈이나 소명을 좇기에 앞서 자기의심이 생기거나 자격 미달이라는 생각이 들면, '신은 자격을 갖춘 사람을 부르지 않는다…. 부름에 응한 자들에게 자격을 준다'라는 말이 여러분의 인생을 바꿀지도 모르겠다.

마음속에 떨칠 수 없는 큰 꿈이 있다면 그것이 여러분의 소명이다. 그리고 소명이 있다면 '신은 자격을 갖춘 사람을 부르지 않는다…. 부름에 응한 자들에게 자격을 준다'라고 했기 때문에 여러분은 이미 자격을 얻은 것과 같다. 여러분은 태어날 때 이미 내면에 필요한 모든 것을 갖추고 있었다. 그리고 이 생에서 가장 훌륭한 여정 중 하나는 그 사실을 믿는 법을 터득하는 것이다.

18 나는 충분히 훌륭하다는 사실을 의심치 마라

> 인간이 떠나는 가장 긴 여행은
> 머리와 심장의 거리 50센티미터다.
>
> _작자 미상

오프라가 내게 자신의 휴대전화 번호를 알려 준 지도 3년이 다 돼 가지만, 나는 아직 단 한 번도 전화를 건 적이 없다. 문자와 이메일은 주고받으면서도 그녀의 전화번호를 누른 적은 없었다. 혹자는 '뭐라고! 대체 왜? 정신 나간 거 아니야!'라고 말할지도 모르겠다. 그 이유가 궁금한가? 그 이유를 깨닫기까지는 어느 정도 시간이 걸렸고, 깨달은 뒤에도 그 사실이 부끄러웠다.

내가 오프라에게 전화를 걸지 않은 이유는 내 마음속 깊은 곳에서부터 아직 내가 충분하고 가치 있다는 생각이 들지 않았기 때문이다. 그 생각을 온전히 받아들일 수가 없다.

오프라나 그 밖의 다른 사람들이 나와 가까운 친구가 된다는 것은 그들에게 축복이라는 사실을 너무나 잘 알고 있고 내가 보호본능이 뛰어나고, 의리 있고, 친절하고, 동정심이 많고, 관대하고, 놀라운 친구인 동시에 다른 사람이 진정으로 잘 되기를 바라는 사람임을 누구보다 잘 알지만, 마음 깊숙한 곳에서는 아직 내가 그녀에게 전화를 걸 자격이 안 된다고 생각했다.

나는 내가 오프라와 어울리기에는 아직 부족하다고 생각한다. 이것은 누가 봐도 내가 발명한 내면의 소리이고 내가 해결해야 한다. 그것이 사실이 아니란 걸 잘 알고 있기 때문이다. 그런 줄 알면서도 아직 온전하게 받아들이지 못하고 있다.

사실 오프라에게 전화를 걸지 못하는 것은 더 큰 문제에 대한 증상일 뿐이었다. 내게 뿌리내린 충분하지 못하다는 생각은 내 삶의 다른 방면에서도 존재감을 나타냈는데, 그중 하나가 체중 그리고 감정 섭식과의 전쟁이었다. CEO인데다 자신을 믿으라는 책을 쓴 저자가 아직도 부족하다는 느낌을 받는다는 고백을 들은 사람들은 진심으로 놀랐으리라 생각한다.

내 삶의 다른 방면에서 제한적 믿음을 여러 차례 극복해 왔지만, 일부는 아직 진행 중이다. 내가 이런 이야기를 굳이 하는 이유는 내 이야기를 통해서 여러분이 자신의 이야기를 볼 수 있기 때문이다. 만일 그렇다면, 우리가 치유되는 여정에, 있는 그대로 충분하다는 것을 진정으로 알아차리는 여정에 함께 들어선다면 더 바랄 것이 없겠다.

내가 들은 말 중에 자기의심과 분투를 가장 알기 쉽게 설명한 말이 있다. 바로 우리 모두에게는 자신의 가치에 대해 아주 오래된 믿음이 있고, 우리가 우리의 가치보다 더 높은 것을 성취하게 되면 스스로 망쳐 버린다는 것이다. 이와 유사하게, 우리에게 우리의 가치보다 낮은 것이 주어질 때 우리는 더 향상시키기 위해 노력한다.

이를 좀 더 쉽게 이해하기 위해 많은 선생님과 사상가들은 다음과 같은 비유를 사용했다. 어떤 방의 온도를 23도로 맞춰 놓았다고 상상해 보자. 방이 너무 더워지면, 예를 들어 27도가 되면, 온도조절장치가 감지하고 에어컨을 작동시켜 다시 23도로 만든다. 그리고 방이 너무 추워지면, 예를 들어 -1.5도가 되면, 온도조절장치가 히터를 작동시켜서 방을 다시 23도로 만든다. 내가 온도조절장치에 맞춰 놓은 숫자가 방 안의 온도를 내가 원하는 대로 정확하게 유지시키는 것이다.

이제 나의 존중감, 혹은 내가 생각하는 나의 가치가 마음속에 있는 온도조절장치라고 생각해 보자. 아마 자각하지 못했겠지만 나는 그것을 어떤 숫자에 맞춰 놓았을 것이다. 그 숫자는 바로 내가 반무의식적으로 매긴 나의 가치 수준을 의미한다.

나는 내가 24도 정도 가치가 된다고 생각한다고 가정해 보자. 그리고 건강한 식단에 적응해서 살이 빠졌다거나, 나 자신을 C급 학생이라고 생각했는데 학교 과제에서 A를 받았다거나, 너무 잘해 주는 남자친구가 생겼다거나, 같은 좋은 일들이 일어났다. 이런 일들이 나의 온도를 30도로 상승시켰다. 내가 생각한 나의 가치 기준에서 벗어났기 때문에 나는 불안함을 느끼게 되고, 온도를 다시 24도로 되돌려 놔야 한다는 압박을 받는 것이다. 그래서 예전의 건강하지 못한 습관으로 돌아가고, 다음 과제에서 C를 받는다. 잘해 주는 남자는 친구로 남는 것이 낫다고 생각한다.

그 반대의 경우도 마찬가지다. 내 삶의 한 부분이 엉망진창이 되어서 매일 가던 체육관에 몇 주째 가지 않거나 연달아서 보통 때보다 더

많은 음주를 하거나 누군가의 험담을 하는 내 모습을 발견하고 기분
이 좋지 않다면, 온도가 떨어졌다는 것을 감지하고 내 가치가 그것보
다 높다고 생각한다. 그래서 온도조절장치를 다시 작동시킨다. 내려
간 온도의 행동을 멈추는 것이다. 실수를 바로잡고, 내 가치와 삶의
온도를 본래 있던 자리로 돌아가게 만드는 것이다.

공감이 가는가? 이러한 성향에 대해 알게 된 후 이 책을 통해 여러
분과 나눈 모든 교훈과 배움에 더해져 내 자존감의 온도를 높일 수 있
었다. 인생의 여러 방면에서 나는 높은 온도를 설정해 놓았고, 그 온
도는 떨어질 일이 없다. 미래학자이자 창의성 전문가, 작가인 어윈 라
파엘 맥마너스가 말했듯 '내가 누구인지보다 내가 누가 되는지 아는
것이 더 중요하다.'

내면의 비평가를
잠재우는 일

자신과 한 약속을 지키는 일은 내면의 비평가를 인지하고 조용히
시키는 것과 더불어 매우 중요하다.

왜 있잖은가, 온종일 거짓말을 하면서 우리가 부족하다는 말을 쉴
새 없이 지껄이는 '넌 나쁜 엄마야', '넌 좀 모자라', '네 몸매는 좋아지
려면 멀었어', '넌 그 남자보다 좋은 사람 못 만나', '여기서 나가면 넌
외톨이가 될 거야', '넌 승진이나 연봉 인상을 요구할 만큼 재능이 있
진 않아'와 같은 머릿속 자기의심의 목소리 말이다.

우리가 비평가의 목소리를 제때 잠재우지 못하면 그 거짓말을 믿기

시작한다. 그리고 그 거짓말이 자신에 대한 믿음으로 뿌리내리면, 우리의 자존감을 무너뜨리고 우리 인생의 모든 부분에 영향을 미칠 것이다. 우리 중 상당수가 내면의 비평가와 독이 되는 관계를 유지한다. 그 목소리를 통제해야 한다. 우리의 생각은, 특히 그것이 우리 자신에게 하는 말일 때 우리의 가장 든든한 아군이 되어야 한다. 결국 우리는 우리 스스로가 누구라고 말하기 때문이다.

지나온 여정을 생각해 보니, 내 안에 깊이 뿌리내린 내가 부족하다는 생각이 내가 해로운 관계를 일찍이 정리하지 못한 이유였던 것 같다. 나는 그것을 바꿔 보고자 무던히 노력했다. 과거 내 험담을 하고 늘 상냥하지 않은 친구들을 내 곁에서 쫓아내지 못한 이유이기 때문이다. 나는 온도를 높이기 위해 애를 쓰면서 새로운 친구들을 사귀었다. 그리고 방치라는 방면에서 온도를 낮게 유지한 것이 내가 그동안 해가 되는 직원을 해고하는 데 망설인 이유라는 사실도 이해할 수 있었다. 이 또한 바꾸기 위해 열심히 노력했다.

나는 생각을 제때 알아차리고 통제하려고 노력했다. 그러한 노력이 감사기도, 집념, 신의 은총과 더해져 내 인생에 벌어지는 놀라운 일들을 받아들일 수 있게 만들었다.

주사증에 대한 인식도 바꿨다. 안절부절못하던 때에서 나만의 온도를 올려 그것이 내게 주어진 선물이라고 믿게 됐다. 나는 실제로, 정말로, 온전하게 내 주사증이 아름답다고 생각한다. 다른 사람에게 힘을 줄 수 있는 고마운 선물이라고 생각한다. 주사증에 대한 내 믿음을 바꾸고 다른 여성들이 자신의 아름다움을 바라보는 시각을 바꾸겠다고 생각하면서 내 인생이 완전히 바뀌었다. 내 회사에 대한 아이디어가 떠올랐고, 바르기가 너무 쉽고 간편한데다 발라도 진짜 피부처럼 보이는 메이크업 라인을 탄생시켰다. 바르지 않은 날에도 당신은 똑같이 아름답다는 더 큰 메시지를 품은 메이크업 라인이 탄생했다.

나는 진정으로 믿었기에 성공할 수 있었다. 내가 세포라와 얼타뷰티 매장에, 그리고 QVC 방송에 소속될 자격이 충분하다는 믿음이 있었기에 매번 거절당해 쓰러진 몸을 다시 일으켜 세울 수 있었다. 내가 10억 달러 가치의 회사를 세울 만한 자격이 충분하다는 결정과 믿음이 내가 그 일을 성공시킬 수 있었던 밑거름이었다.

하지만 '고작 여기서 멈추려고 여기까지 온 게 아니다'라는 말처럼 이 글을 쓰고 있는 지금 이 순간에도 나에게는 아직 갈 길이 많이 남아 있다. 신이 만드신 의도대로 되기 위한 여정에서 나는 내 온도조절장치의 숫자를 높이기 위한 노력을 끊임없이 하고 있다.

나는 여전히 인생의 어떤 부분에서 온도를 높이기 위해 사투를 벌이고 있다. 이것이 바로 내가 매번 건강한 식습관을 유지하는 데 실패하고, 내 기분을 느끼고 싶지 않을 때 음식을 찾으며 아직도 내 몸을 사랑하고 받아들이기 위해 노력하는 이유이기도 하다.

내 목표는 공개된 장소에서 비키니를 입고 셀룰라이트가 흔들리는 것을 개의치 않으며 당당하게 걸으면서 다른 생각을 전혀 하지 않는 것이다. 하지만 아직 멀었다. 그리고 그 때문에 화가 난다. 진정으로 여성들에게 영감을 불러일으키는 브랜드 CEO가 수영복 하나 가지고 벌벌 떤다는 게 말이 안 되기 때문이다. 나는 수영복을 입은 사람을 보며 흉을 보거나 관심을 가지기는커녕 그것을 의식하지도 못하는 사람이지만, 내 딸아이에게 가르치고 싶은 자신감에 대한 교훈에 집중하거나 움직일 수 있는 건강한 몸이 있다는 것에 감사함을 느끼는 대신 나 자신에게는 엄한 잣대를 들이민다. 이제는 멈춰야 한다. 인생은 너무나 짧다!

나는 적어도 한 가지는 포기해야 한다는 교훈을 얻었고, 이렇게 생각하는 것이 얼마나 어리석은지 알고 있다. 이를 바꿀 수 있는 유일한 방법은, 힘들지만 내면의 온도조절장치 숫자를 올려 나는 이대로 충분하고 그 자체로도 가치 있다고 믿는 길뿐이다. 또 각각의 문제에서 내가 진실이라고 믿고 있는 생각을 바꾸고 내면의 비평가를 상대로 승리하기 위해 노력하는 것이다. 나는 최선을 다하는 중이다. 그리고 성공할 것임을 안다. 나에 대한 이런 제한적 믿음을 바꿀 방법을 더 잘 알게 되면 내게 어떤 방법이 유효했는지 계속해서 공유할 것을 약속한다.

아직 오프라에게 전화하지 못했지만, 문자를 쳐서(정말 미친 듯이 기도했다) 이 책의 초고가 완성됐으며 읽고 솔직한 의견을 줄 수 있는지 물었다. 그리고 그녀로부터 좋다는 회신이 왔다(좋다는 문자를 얼마나 읽고 또 읽었는지 모른다). 나는 원고를 그녀에게 보냈고 몇 달 뒤 오프라가 직접 적은 피드백과 쪽지가 도착했다. 정말 많은 도움이 됐고, 이 책에 쓴 그녀의 이야기에 대해 승인을 받은 뒤 비로소 마음을 놓을 수 있었다. 우리 집 식탁이 고환을 드러낸 다람쥐 사진 액자로 가득 채워진 것이 재미있었다는 말에 행복해졌다.

나는 언젠가 오프라에게 전화할 것이고, 그녀가 전화를 받았을 때 내가 놀라지 않길 바란다. 최종 목표는 오프라가 설사 전화를 받지 않는다고 해도 내가 부족한 것이 하나도 없다는 믿음에 전혀 영향이 가지 않을 그럴 날이 찾아오는 것이다.

현재에 머무르지 말고 더 큰 미래로 나아가라

이 책은 순수한 성공 이야기가 아니라 현실적인 이야기다. 나는 아직 완성되지 않았다. 그리고 내가 원하는 사람이 아직 되지 못했지만 나는 먼 길을 왔고 그 사람이 되기 위해 매일 노력한다.

책을 닫기 전에 여러분이 나와 한번 시도해 보면 좋은 일이 있다. 먼저 여러분이 지금 있는 곳에 도달하기 위해 어떤 장애물을 넘었는지 잠시 동안 곰곰이 생각해 보길 바란다. 여러분이 살아남기 위해 극복한 역경, 여러분이 싸운 전투와 그것을 말해 주는 흉터, 잃어버리고 얻은 사랑 이야기, 고통스러웠던 이야기, 축복받은 이야기를 떠올려 보라. 두려움을 극복할 힘을 얻게 된 승리의 기억, 사랑을 선택함으로써 승리한 기억, 그리고 그저 얼마나 멀리까지 왔고 얼마나 강인해졌는지 생각해라. 여러분이 바로 움직이는 기적이라는 증거 말이다.

그런 다음 심장 위에 손을 올리고 그동안 쉬지 않고 뛰어 줘서 고맙다고 인사해라. 지금 이 순간에도 심장은 여러분을 위해 일하고 있다. 잠시도 쉬지 않고. 여러분의 심장은 가장 힘든 시기에 아픔을 이겨 냈고 가장 좋은 시기에 빠르게 뛰었다. 또 여러분이 자기 자신과 세상을 사랑으로 채울 수 있도록 계속해서 기회를 주고 있다. 심장은 한 번도 여러분을 실망시키지 않았다. 늘 여러분을 위해 할 일을 했다. 잠시 시간을 내어 뛰고 있는 심장과 나를 인도하는 영혼에 감사의 인사를 전해 보자.

그다음, 함박웃음을 짓고 하늘을 올려다보자. 미소를 지은 채 눈을 감고 온몸으로 자기 믿음에 집중할 때 느껴지는 완전한 힘과 더없는 행복을 상상해 보자. 그리고 그것을 잠시 느껴 보자. 명상이라고 불러도 좋고 기도라고 불러도 좋다. 옳다고 생각하는 이름을 붙여라. 마음을 잠시 안정시킨 뒤 내가 여기까지 온 것을, 내가 주어진 도전과 의기양양하게 극복한 장애물을 감사하게 생각해 보자.

나는 '내가 감사하면 그 가치가 올라간다'라는 말을 믿는다. 그러니 자기 자신을 감사해라. 여러분은 실재하는 기적이고, 살아 숨 쉬는 선 (善)이다. 그리고 자기 자신뿐만 아니라 대담한 꿈을 믿는 힘은 여러분 안에 있다. 하나님께서 여러분이 그 꿈을 꾸도록 하셨고 그 소명을 다 하는 데 필요한 모든 것을 이용해서 여러분을 창조하셨다. 그것은 여러분 안에 있다. 지금 여러분 안에 대담한 꿈을 이루는 데 필요한 모든 것이 이미 갖춰져 있다면? 실제로 가능하든 가능하지 않든 상관하지 않고 그저 그 꿈이 이루어진다고 믿으면 어떤 일이 벌어질지….

어떻게 거실에서 시작해 아이디어 하나로 창업해서 10억 달러 가치의 회사로 키울 수 있었냐는 질문을 수도 없이 받았다. 나는 정말 정말 열심히 일했고 포기하지 않았다. 하지만 내가 한 가장 중요한 일은… 내가 할 수 있다고 믿은 것이다. 누가 뭐라고 하든 나는 할 수 있다고 믿었다. 전문가들이 불가능하다고 아무리 강조해도 나는 할 수 있다고 믿었다.

나는 태어나자마자 입양됐지만, 목적을 가지고 신의 계획하에 이 세상에 태어났다고 믿었다. 거절은 다양한 형태로 찾아왔고 늘 상처를 줬지만, 신께서 우리가 이루게 될 꿈의 무게를 감당할 수 있도록 우리를 강인하게 만드는 과정이라고 진정으로 믿었다. 이제는 때가 됐다. 신이 우리를 믿는 대로, 우리가 첫걸음을 떼는 아이를 믿는 것처럼 우리 자신을 믿어야 할 때가 됐다. 우리가 거리낌 없이 남에게 주는 믿음과 자신감, 행복을 이제 우리 자신에게 줄 때가 됐다.

이 책을 통해 내가 인생에서 얻은 중요한 교훈을 여러분과 나눌 수 있어서 영광이었다. 때로는 고생 끝에 얻은 교훈들이었다.

나는 여러분이 마음속 깊은 곳에서 여러분 본연의 모습, 타고난 모습이 되라는 소리에 귀를 기울이기를 바라며 또 그렇게 될 수 있도록 기도할 것이다. 그리고 온 마음을 다해, 당당하게, 여러분 마음대로 크고, 대담하고, 거침없이, 그리고 온몸으로 내 안에 있는, 나의, 바로 나인 힘을 전적으로 믿어라. 우리는 한배를 탔으며 여러분과 이번 생을 함께하고 있어서 영광이다. 나는 여러분을 사랑한다. 여러분은 위대한 희망을 품고 대담한 꿈을 꾸고 모든 조건 없는 사랑을 받을 가치가 충분하다. 믿어라.

빌리브 잇
3

유리천장을 뚫고 로레알 정상에 오르며 깨달은 자기확신의 힘

빌리브 잇

1판 1쇄 2021년 8월 25일
1판 2쇄 2021년 10월 4일

지은이 제이미 컨 리마
옮긴이 한원희
펴낸이 유경민 노종한
기획마케팅 1팀 우현권 **2팀** 정세림 금슬기 최지원 현나래
기획편집 1팀 이현정 임지연 **2팀** 김형욱 박익비 **라이프팀** 박지혜
책임편집 박익비
디자인 남다희 홍진기
펴낸곳 유노북스
등록번호 제2015-000010호
주소 서울시 마포구 월드컵로20길 5, 4층
전화 02-323-7763 **팩스** 02-323-7764 **이메일** uknowbooks@naver.com

ISBN 979-11-90826-73-0 (03190)